U0548194

本书由广西人文社会科学发展研究中心"科学研究工程"专项项目"普惠金融促进农民共同富裕的法治保障研究"（项目批准号：WKZX2022003）资助

农民金融发展权的权利构造与法律实现

张 霞●著

知识产权出版社
全国百佳图书出版单位
—北京—

图书在版编目（CIP）数据

农民金融发展权的权利构造与法律实现 / 张霞著 . — 北京：知识产权出版社，2023.7
ISBN 978-7-5130-8658-5

Ⅰ . ①农… Ⅱ . ①张… Ⅲ . ①农村金融—金融法—研究—中国 Ⅳ . ① D922.280.4

中国国家版本馆 CIP 数据核字（2023）第 004097 号

内容提要

本书从金融的实质公平价值出发，提出以农民金融发展权的赋权和保障作为农村金融立法的重要内容。从农民的金融需求出发促进内生金融发展以解决农村金融资源不足、供需结构矛盾等问题。

本书为农村金融法制建设提供了科学的借鉴参考，适合金融法实务工作者及理论研究人员阅读。

责任编辑：龚　卫　　　　　　　　　　　责任印制：刘译文
封面设计：杨杨工作室·张冀

农民金融发展权的权利构造与法律实现
NONGMIN JINRONG FAZHANQUAN DE QUANLI GOUZAO YU FALÜ SHIXIAN
张　霞　著

出版发行	知识产权出版社 有限责任公司	网　　址	http://www.ipph.cn
电　　话	010-82004826		http://www.laichushu.com
社　　址	北京市海淀区气象路 50 号院	邮　　编	100081
责编电话	010-82000860 转 8120	责编邮箱	gongway@sina.com
发行电话	010-82000860 转 8101	发行传真	010-82000893
印　　刷	天津嘉恒印务有限公司	经　　销	新华书店、各大网上书店及相关专业书店
开　　本	880mm×1230mm　1/32	印　　张	10.5
版　　次	2023 年 7 月第 1 版	印　　次	2023 年 7 月第 1 次印刷
字　　数	245 千字	定　　价	48.00 元

ISBN 978-7-5130-8658-5

出版权专有　　侵权必究

如有印装质量问题，本社负责调换。

前　言

　　农业是国家发展的基础，农村金融是农业发展的重要支撑，农村金融法制是农村金融健康发展的必要保障。从20世纪90年代以来，我国先后颁布了中国人民银行法、商业银行法、证券法、保险法等金融法律，但尚无专门的农村金融法律。从金融法制的内容来看，我国金融法律制度侧重于调整城市工商业基础上的金融法律关系，较少涉及农村金融。从金融法制的层次来看，金融监管部门颁布了大量行政法规、部门规章，各级地方政府颁布了各类地方性法规，但由于制度规范的效力层级较低，各类规章制度的临时性、碎片化显现出较大的局限性。从金融法制的立法理念来看，我国现行农村金融法制大多侧重于对农村金融机构的监管，而忽视了农民在农村金融发展中的主体作用，缺乏对农村金融内生发展的激励促进制度。

　　本书从金融的实质公平价值追求出发，结合自然法的自然权利学说、马克思主义关于"人的全面自由发展"理论、现代人权理论，提出农民金融发展权的权利构造与法律实现。农民金融发展权是农民作为社会弱势群体获取金融资源、参与金融活动、获得国家金融扶持、表达金融需求的一种基本权利。金融资源是农民参与经济活动、扩大农业生产的基础性资源，金融资源配置是否公平关系到农民在现代社会生存和发展的各项权利能否实现，因此，农民金融发展权是实现农民其他经济权利的基础性权利。同时，由于农民是我国人口的大多数、农业是社会运行的基础保障，农民金融发展权不仅仅是农民个人的权利，还关系到城乡一体化发展、可持续发展、乡村振兴等国家发展战略。在城乡二元经济结构背景下，由于我国农村金融供给不能适应农民金融需求导致金融机构难以充分发挥金融支农功能，农村金融资源大量流向城市进一步削弱了农村经济发展的资金支持。对于农村金融供给需求结构矛盾，本书提出从农民金融发展权角度保障农民作为农村金融需求者和金融活动参与者的主体地位，从而优化我国农村金融服务供给模式、完善农村金融市场体系等创新思路。

本书对农村金融理论、金融内生发展理论等相关研究成果进行了深入的分析总结，综合运用历史分析、对比分析、实证调研等研究方法，按照理论证成—逻辑分析—制度构建的层次开展研究，提出农民金融发展权从应然权利到实然权利、从抽象权利到具体权利的实现路径。本书通过分析我国现行农村金融法制在立法理念、立法路径、立法技术等方面的不足，借鉴美国、德国、日本等发达国家扶持农民金融发展的法制经验及印度、孟加拉国等发展中国家发展小额信贷、乡村银行的成功经验，提出制定中华人民共和国农民金融发展权保障法，保障农民金融发展权。通过农民金融发展权保障法的指引作用，引导农村金融克服外生型强制性制度变迁的弊端，平衡农村金融市场规律与国家干预的关系，通过法制途径培育市场主体公平竞争、市场服务体系完善、金融风险调控得当的农村金融制度环境，以农民金融发展权的实现带动农业生产力提高、农村经济发展、农村社会进步，实现乡村振兴战略。农民金融发展权研究对于深入探究我国农村金融法制的系统整合、科学创新与协同推进具有不可替代的理论意义，对促进农村金融服务农业、农村、农民的"三农"需求及金融支农的可持续发展具有重要的现实意义。

本书围绕农民金融发展权的权利构造与法律实现这一主题，从以下方面进行了深入的研究。

绪论针对我国农村金融法制偏重于监管、规制，对农民权利保障重视不足等问题，从农民金融发展权的视角研究农村金融法制建设。农民金融发展权理论有利于优化我国农村金融立法理念，为破解农村金融发展困境提供正确思路，为实现农民金融发展权提供制度保障。在国内外研究综述的基础上提出农民是农村金融市场主体的重要组成部分，应当以农民金融发展权作为农村金融立法的价值出发点，从农民的金融需求出发解决农村金融供需结构性矛盾等问题。

第一章为农民金融发展权的基本理论。通过辩证分析自然法的自然权利学说，从马克思主义关于"人的全面自由发展"理论、现代人权理论、金融发展理论的不同角度分析农民金融发展权的理论渊源及内在逻辑，指出农民金融发展权是建立在我国特定国情基础上的平等发展权的具体体现。通过深入探析农民金融发展权的权利主体、权利客体及具体内容，提出农民金融发展权是实现金融实质公平的突破点、提高金融效率的驱动本源、保障金融安全的重要基础。

第二章为基于农民金融发展权的农村金融发展新理念。通过分析农民金融发展权在整个农村金融、农村经济、城乡经济结构中的定位、价值及主要功能等，从微观层面分析农民金融发展权促进农民权利的实质公正、提高农民掌握金融资源的能力、改善农民参与金融活动的环境等作用。从中观层面分析农民金融发展权解决农村金融供需结构矛盾、提高农村土地资本价值、创新农村金融发展的机制。从宏观层面全方位论证农民金融发展权在促进农业转型升级及实现乡村振兴战略、可持续发展战略、城乡一体化发展战略中的作用，从而揭示农民金融发展权对农村金融发展的促进作用。

第三章为我国农村金融法制对农民权利保障不足的原因分析。在城乡二元经济结构背景下，系统梳理我国农村金融法制建设的起步、停滞、初步建立、整合探索、逐步发展的历史脉络。针对农民金融发展权存在的权利保障机制不完善、权利实施机制不健全、市场服务制度缺失、金融监管制度不足等困境，基于对农村金融现实状况的深刻理解来分析金融抑制下的"金融工具主义"立法观、强制性制度变迁下的路径依赖、偏重应对性规范而忽视基本立法等立法问题导致的农民金融发展困境。

第四章为农民金融发展权视角下的农村金融法制域外借鉴。从农民金融发展权实现的视角，选取发达国家及发展中国家的代表性国家进行对比分析，着重研究域外法制经验对中国的借鉴作用。分析日本的农村金融法律制度立足农民金融需求发展支农业务的法制经验；分析德国以国家担保体系促进政策金融发挥支农效应的多元筹资、财政扶持、农业保险等制度；分析美国金融法律制度激励农村金融服务弱势群体的机制。对发展中国家服务农民的金融创新模式进行了借鉴，包括印度以"微型金融机构"制度满足农民金融发展需求、孟加拉国的乡村银行制度促进农民金融发展能力等。

第五章为农民金融发展权的构造体系。从宪法基本权利角度解读农民金融发展权的宪法依据及法理关系，分析农民金融发展权与人民权利的融合、农民金融发展权对平等发展权的具体扩展、国家对农民金融发展权的保障义务等问题。在完整系统分析农民金融发展权的权利体系基础上，分析农民获取金融资源权利相关的利益激励机制、创新融资组织机制、发展小微金融机制；农民参与金融活动权利相关的农业产业链金融、农村内生合作金融组织、农村民间金融等途径；农民获得金融扶持权利相关的行政权力制约机制、金融与财政支农协同整合机制、农村基本金融服务均等化机制；农民表达金融需求权利相关的信息公开机制、意见反馈机制、法制宣传教育机制等。

第六章为农民金融发展权的法制框架。农民金融发展权保障法立足于赋权、保障、激励机制促进农民的全面发展。通过农民参与式赋权、法制赋权、全面赋权实现农村金融主体利益均衡；在权利保障中注重政府扶持与市场机制相结合、权利与义务平衡等原则；通过制度激励引导社会资源投入农村金融。基于农村金融基本法的定位，在农民金融发展权保障法中明确规定地方金融监管职责、农村金融基本规则，与各地实施细则相结合、完善地方立法的创新制度等。提出以法制赋权促进农民金融发展权转化为实然人权，以法制保障促进农村社会资源分配的实质正义，以法制激励促进农民与农村协同发展。

第七章为农民金融发展权的配套制度。从国家责任角度加强对农民金融发展权的扶持，包括财政间接激励对市场失灵的矫正、财政支农资金的运行约束制度、财政支农对金融支农的引导机制等。在多元化的农村金融体系中应当完善对农村政策性金融机构的激励制度、保障农民在农村合作金融组织的合法权益、保障农民在农村商业金融机构获得普惠金融资源的权利，从而形成功能互补、协调运转、良性竞争的农村金融供给体系。完善农民金融发展权的配套市场服务制度，包括完善农民土地权利抵押担保制度、构建有效的农村金融风险分担制度、强化农村金融基础设施建设制度等。根据农民金融发展需求应当建立以地方金融监管为重点的农村金融差异化监管制度，通过保障农民参与农村金融监管的权利，进一步完善地方金融监管制度，完善对新型农村金融机构的监管制度，对农村金融机构实施差异化监管指标等降低农村金融交易成本和金融风险，提高农民对金融资源的可获得性。

综上，金融的本质并不是暴利、剥削，而是科学合理的资源配置。"人是万物之灵"，人权强调普适性、公平性，追求使人人享有平等发展的权利。经济学家尤努斯提出："信贷是人权。"农民的发展首先建立在劳动的基础上，但单纯的劳动往往只是重复生产，并不能实现资产、资源的升级转型，也难以分享社会经济发展带来的福利。金融既是撬动生产资源的重要工具，也是参与社会经济活动的桥梁，从某种意义上来说是每一渺小个体拥抱世界的一扇大门，但同时也是一个"潘多拉魔盒"，如果运用不当，所有的劳动积累都将毁于一旦。农民作为国家公民拥有法定的政治、经济、文化等权利，但是在城乡二元经济结构背景下，农民在教育、就业、社会保障等方面与其他社会群体均存在一定差异，尤其在农村金融领域，金融抑制、金融排斥等加剧了农村与城市的发展差距。农民金融发展权理论正是针对农民权利实现的困境，提出通过法律制度保障农民获取金融资源、参与金融活动、获得金融扶持、表达金融需求，从而为农民通过经济发展实现自身全面发展提供必要保障。权利建立在人们的主观认知基础上，同时必须依托于制度保障才能实现。法律制度一方面规范权利主体合理正当行使权利，实现设立权利的价值目标，另一方面制约权力对权利的干预，平衡各方利益。农民金融发展权制度通过赋权、保障、激励的方式鼓励农民参与金融活动，帮助农民发展现代化农业、促进农村社会进步，进而实现乡村振兴战略。

Contents 目 录

绪 论 / 001
  第一节　研究的背景与意义　　　　　　　　　　　　　/ 002
    一、农民金融发展权的研究背景　　　　　　　　　　　/ 002
    二、农民金融发展权研究的理论意义　　　　　　　　　/ 004
    三、农民金融发展权研究的现实意义　　　　　　　　　/ 007
  第二节　农民金融发展权的国内外研究综述　　　　　　/ 010
    一、国外研究综述　　　　　　　　　　　　　　　　　/ 010
    二、国内研究综述　　　　　　　　　　　　　　　　　/ 020
  第三节　农民金融发展权的研究方法　　　　　　　　　/ 033
    一、规范分析方法　　　　　　　　　　　　　　　　　/ 033
    二、历史分析方法　　　　　　　　　　　　　　　　　/ 034
    三、比较分析方法　　　　　　　　　　　　　　　　　/ 035
    四、实证研究方法　　　　　　　　　　　　　　　　　/ 036
  第四节　农民金融发展权的研究框架和主要内容　　　　/ 036
    一、农民金融发展权对发展权理论的深化　　　　　　　/ 038
    二、农民金融发展权对破解农村金融发展困境的作用　　/ 039
    三、农民金融发展权的制度构建模式　　　　　　　　　/ 040

四、农民金融发展权的法制化实现路径　　/ 041
　第五节　农民金融发展权的研究创新点　　/ 042
　　一、研究视角的突破和创新　　/ 042
　　二、研究内容的突破和创新　　/ 044
　　三、研究方法的突破和创新　　/ 045

第一章　农民金融发展权的基本理论　　/ 046

　第一节　农民金融发展权的理论渊源　　/ 046
　　一、自然法的自然权利学说　　/ 047
　　二、马克思主义关于"人的全面自由发展"理论　　/ 050
　　三、现代人权理论　　/ 054
　　四、现代金融发展理论　　/ 059
　第二节　农民金融发展权的概念　　/ 062
　　一、农民金融发展权主体　　/ 062
　　二、农民金融发展权客体　　/ 066
　　三、农民金融发展权的基本内容　　/ 070
　第三节　农民金融发展权的价值体系　　/ 073
　　一、农民金融发展权是实现金融实质公平的突破点　　/ 073
　　二、农民金融发展权是提高金融效率的驱动本源　　/ 077
　　三、农民金融发展权是保障金融安全的重要基础　　/ 080

第二章　基于农民金融发展权的农村金融发展新理念　　/ 084

　第一节　以农民金融发展权增强农民发展能力　　/ 084
　　一、农民金融发展权促进农民权利的实质公平　　/ 085
　　二、农民金融发展权提高农民掌握金融资源的能力　　/ 087
　　三、农民金融发展权改善农民参与金融活动的环境　　/ 090

第二节 以农民金融发展权优化农村金融资源配置效率 / 092
　一、农民金融发展权解决农村金融供需结构矛盾 / 093
　二、农民金融发展权提高农村土地资本价值 / 097
　三、农民金融发展权创新农村金融内生发展模式 / 100
第三节 以农民金融发展权促进农村经济社会全面发展 / 105
　一、农民金融发展权促进农业转型升级 / 105
　二、农民金融发展权支持乡村振兴战略 / 109
　三、农民金融发展权落实可持续发展战略 / 115
　四、农民金融发展权促进城乡一体化发展 / 118

第三章 我国农村金融法制对农民权利保障不足的原因分析 / 124

第一节 我国农村金融法制建设的历史脉络 / 125
　一、计划经济时期农村金融的起步与停滞
　　（1949—1977 年） / 125
　二、农村金融法律制度初步建立时期（1978—1995 年） / 128
　三、农村金融法律制度整合与探索时期
　　（1996—2007 年） / 131
　四、农村金融法制逐步发展时期（2008 年至今） / 135
第二节 我国农村金融法制对农民权利保障不足的表征 / 139
　一、农民权利的保障机制不健全 / 140
　二、农民参与金融活动的市场服务法律制度缺失 / 143
　三、农村金融监管制度未能充分保障农民权益 / 146
第三节 我国农村金融法制对农民权利保障不足的
　　　　内在因素 / 148
　一、立法理念的扭曲：金融抑制下的"金融工具主义"
　　立法观 / 149

二、立法路径的错位：强制性制度变迁下的路径依赖　/ 151
三、规制措施的错位：偏重应对性规范而忽视基本立法　/ 154

第四章　农民金融发展权视角下的农村金融法制域外借鉴　/ 157

第一节　发达国家保障农民权利的农村金融法制借鉴　/ 157
一、日本：立足农民金融需求发展支农业务　/ 158
二、德国：国家担保体系促进农村金融发挥支农效应　/ 160
三、美国：金融法制体系激励商业金融服务弱势群体　/ 163

第二节　发展中国家保障农民权利的农村金融法制借鉴　/ 167
一、印度："微型金融机构"制度满足农民金融发展需求　/ 167
二、孟加拉国：乡村银行制度促进农民金融发展能力　/ 170

第五章　农民金融发展权的构造体系　/ 174

第一节　农民金融发展权的宪法解构　/ 174
一、农民金融发展权与人民权利的融合　/ 175
二、农民金融发展权是平等发展权的具体类型　/ 177
三、农民金融发展权是公民基本权利与国家义务的统一　/ 181

第二节　农民金融发展权的权利体系　/ 184
一、农民享有获得金融资源的权利　/ 185
二、农民享有参与金融活动的权利　/ 187
三、农民享有获得金融扶持的权利　/ 190
四、农民享有表达金融需求的权利　/ 192

第三节　农民金融发展权的保障机制　/ 194
一、农民获得金融资源权利的保障机制　/ 194
二、农民参与金融活动权利的保障机制　/ 197
三、农民获得金融扶持权利的保障机制　/ 200

四、农民表达金融需求权利的保障机制 / 202

第六章 农民金融发展权的法制框架 / 206

第一节 农民金融发展权的法制形成路径 / 206
一、以法制赋权促进农民金融发展权转化为实然人权 / 207
二、以法制保障促进农村社会资源分配的实质正义 / 210
三、以法制激励促进农民与农村协同发展 / 213

第二节 农民金融发展权保障法的立法模式 / 216
一、农民金融发展权保障法定位于农村金融基本法 / 216
二、农民金融发展权保障法采用保障型法律模式 / 220
三、基于农民金融发展权保障法完善农村金融法制体系 / 224

第三节 农民金融发展权保障法的框架建构 / 230
一、农民金融发展权保障法的基本原则 / 231
二、农民金融发展权的激励促进机制 / 235
三、农民金融发展权的具体保障机制 / 239

第七章 农民金融发展权的配套制度 / 242

第一节 国家财政对农民金融发展权的扶持机制 / 242
一、财政间接激励对市场失灵的制度矫正 / 244
二、财政支农资金的运行约束制度 / 247
三、财政支农引导农村金融机构服务农民金融需求 / 249

第二节 从农村金融供给角度提高农村金融机构支农效率 / 252
一、提高农村政策性金融机构的支农效率 / 253
二、保障农民在农村合作金融组织的合法权益 / 257
三、促进农村商业金融机构发展普惠金融 / 261

四、规范农村内生金融发展模式　　/ 263
第三节　完善农民金融发展权的市场服务制度　　/ 267
　　一、完善农民土地权利抵押担保制度　　/ 267
　　二、构建有效的农村金融风险分担机制　　/ 273
　　三、强化农村金融基础设施建设制度　　/ 275
第四节　建立农村金融差异化监管制度　　/ 280
　　一、保障农民参与农村金融监管的权利　　/ 280
　　二、进一步完善地方金融监管制度　　/ 283
　　三、完善对新型农村金融机构的监管制度　　/ 286
　　四、对农村金融机构实施差异化监管指标　　/ 292

结　语　　/ 296

**附　件　中华人民共和国农民金融发展权保障法
　　　　（立法建议稿）**　　/ 300

参考文献　　/ 310

绪 论

发展意味着机会和选择，也意味着风险与不确定，"农民"这一资源禀赋处于相对弱势的群体如何实现发展？从权利赋予和保障的角度来实现发展有其必要性和合理性。首先，权利的赋予激发农民的发展积极性和能动性。再完备的法律都不可能涵盖社会生活中的一切矛盾，也难以解决不断出现的新问题，法律的保守性、滞后性是其客观特征，而农民金融发展权的赋予是通过农民的主观能动性解决发展动力不足问题，实现发展灵活性。其次，农民金融发展权具有重要的现实指导意义。农民金融发展权通过由内而外的辐射作用，通过农民的行为影响农业生产、农村经济，通过自下而上的推动作用实现农村金融制度探索，在不断探索的过程中推进符合中国具体国情的金融制度完善。最后，在农村金融法制建设中农民金融发展权是基础和起点，在农村金融立法尚未形成制度体系的时代背景下，先行制定农民金融发展权保障法，从实质正义的价值目标出发，明确农村金融以农民利益为核心的基本价值体系、发展动力、基本路径，正是制定其他具体法律制度的基础。

第一节 研究的背景与意义

农民是我国人口的大多数,农业是国民经济体系的基础,农村是中国社会稳定的重要根基,因此,农业、农村、农民这"三农"问题一直受到国家的高度重视。虽然国家对"三农"领域的扶持力度不断加强,但农村金融发展的结构性矛盾及内生动力不足等问题并非单纯的资金扶持能够解决,而是需要从农村金融法制建设角度提供科学有效的制度供给。

一、农民金融发展权的研究背景

发展是第一要务,社会发展离不开法律制度的保障和促进,如何通过法律制度优化资源配置,解决城乡发展不平衡问题,实现效率与公平、自由与秩序等价值追求,推动经济与社会的良性运行和协调发展是法学研究中的重大命题。

(一)社会发展理念日益重视"人的发展"

经济增长是社会发展的重要推动力,但社会发展中由于收入分配差距过大,导致经济增长趋向缓慢,陷入中等收入陷阱。高效、可持续的社会发展离不开正确的发展理念,科学发展观是坚持以人为本,树立全面、协调、可持续的发展观,促进经济社会和人的全面发展。在脱贫攻坚战役取得胜利后,我国农民已经全面解决生存权的问题。在新的历史发展阶段,国家提出乡村振兴战略,实现全体人民共同富裕。可以看出,我国发展观从"效率优先,兼顾公平"转向更加注重公平。农村金融是分工和交换的产物,而决定金融交易成本的主要因素并不是交易规模,而是交易次数以及交易双方的信息对称性程度。农村金融交易实质上是交易主体通过对交易对象"合理性"的判断,即对可能获得的收益与风险损失和交易成本进行权衡,从而实现收益最大化的过程。农民是农村金融发展的内在推动力量,但我国农村金融法制偏重监管、规制,对农民权利保障重视不足,农村金融法制存在理念落后、立法滞后、制度创新不足等问题。农民金融发展权强调通过农民的发展带动农村经济社会全面进步,通过激发农民发展生产的积极性,促使农业成为经济增长的强大动力。

(二)市场经济对农村金融法治的内在需求

市场经济本质上是法治经济,要求在法治框架下处理政府与市场的关系。特定的社会结构会产生特定的功能,通过法律调整实现区域经济结构、产业结构等经济结构和社会结构的优化,才能够产生促进发展的宏观调控效果。随着现代农业发展,农民对生产经营资金的需求明显增加,但在城乡二元经济结构背景下,"融资难、抵押难、担保难"等农村金融供需结构矛盾日益突出。近年来,我国各类农村金融机构的贷款增长幅度明显落后于金融机构整体增长情况,农业获得的金融支持处于相对薄弱状况,与农业的基础地位极不相称。由于在农村金融市场难以实现利润最大化的经营目标,部分农村金融机构成为农业信贷资金外流的渠道,资金互助社等合作金融组织容易成为农村地区金融诈骗的新形式。农村金融资源外流使得金融未能充分发挥促进农村经济发展的功能,反而使得农村经济和金融之间陷入恶性循环状况。农民参与农村金融活动的渠道狭窄、获取金融资源的能力较弱,难以通过农村金融资源实现自身全面发展。

（三）经济法促进社会发展的功能不断扩展

促进社会整体均衡发展是良法善治的具体体现，促进发展的法律制度的形成、实施和完善，离不开法学理论的指导。经济法的功能包括社会分配、风险防控、促进发展等，但学术界对经济法的发展促进功能仍未形成系统的理论体系。农民金融发展权是发展权的特定化，农民金融发展权利保障关系到实现中华民族伟大复兴的中国梦。农民金融发展权的价值论有助于提供研究视角和指导思想，方法论有助于提供具体的制度完善路径和理论研究路径，而范畴论则有助于进行类型化研究，并进而发现各类范畴以及各类理论之间的内在关联，从而更有助于指导制度建设。在国家提出乡村振兴战略的背景下，从农民金融发展权的视角研究农村金融法制建设具有突出的创新价值，有利于发展农村金融，实现农村经济社会进步。

二、农民金融发展权研究的理论意义

农民金融发展权作为一种新型权利，是平等发展权在农村金融领域的具体体现，是人权基本理论与中国国情相结合的产物。在理论层面研究农民金融发展权的内涵、外延、价值目标及法律制度保障等，将为农村金融法制建设的创新提供有益参考。

（一）金融实质公平理论的丰富和完善

金融具有资源属性，金融实质公平理论主张每个社会成员都有平等获得、使用金融资源的机会。由于时代背景、市场机遇、资源禀赋等因素，市场主体差异不可避免。金融资源配置的道德风险、经济逻辑、逆向选择、社会转型过程中的矛盾等导致了金融公平的缺失。❶ 金融实质公平包括主体地位平等、机会公平、过程公平等，但如果交易双方的能力及资源禀赋差距过大，将导致弱势者的合法权益无法得到保障。通过法律规范约束强势主体、保护弱势主体，才能实现金融实质公平。金融法从利益平衡与资源配置的角度对金融体系运行和金融利益分配进行调节，通过金融实质公平来平衡金融安全与金融效率，实现金融发展。农民金融发展权保护在尊重金融资源配置市场规律的基础上对弱势群体的金融需求予以倾斜性支持，体现了国家干预与金融市场规则的相互制衡。国家促进农民金融发展权不是对农民单方面施舍或单纯物资赠予，而是尊重农民发展需求，通过法律制度激励农民发展能动性，保障农民获得发展所需金融资源。因此，农民金融发展权制度是协调金融市场主体利益、促进农村金融法治的基础。同时，农民金融发展权蕴含的实质公平发展理念是法治价值追求的目标。赋予农民金融发展权能够促进农民在金融交易活动中自主决策、自由选择交易对象，并能够促使农民对金融交易条件具有协商和谈判的机会和能力，在金融交易中不受歧视性的差别对待等，从而实现金融交易的实质公平。综上，农民金融发展权理论既是金融实质公平理论在农村金融领域的具体运用，也是对金融实质公平理论的丰富与完善。

（二）发展权理论与中国实践相结合的理论创新

权利体系是随着社会发展而不断完善的开放体系，现代社会不断涌现出日照权、净水权、安乐死权等新类型权利，随着社会

---

❶ 窦鹏娟. 消费金融公平发展的法律突破路径——基于普惠金融视角的思考[J]. 现代经济探讨，2014（4）：70.

利益的多元化，权利类型必将日趋多样化。从人权角度来看，人的需要包括生存与发展两个层次，而发展的基础在于机会均等，每一名社会个体通过公平竞争参与社会活动，不仅是谋求个体发展的必要途径，也是提高社会资源配置效率的重要手段。党的二十大报告指出：中国式现代化是人口规模巨大的现代化，是全体人民共同富裕的现代化，是物质文明和精神文明相协调的现代化，是人与自然和谐共生的现代化，是走和平发展道路的现代化。农民的高质量发展是推进中国式现代化的重要内容，国家先后部署实施新农村建设、脱贫攻坚、乡村振兴，对农业、农村、农民的发展高度重视。农民金融发展权不仅促进农民的高质量发展，也有利于解决农村金融发展中的供需结构性矛盾，促进现代化农业发展。农民金融发展权凸显农民在农村金融活动中的主体作用，是结合中国社会发展状况对农民权利研究的一种创新，因此，农民金融发展权的权利构造及法律实现的研究有利于增强我国发展权理论研究的广度和深度。

（三）农民金融发展利益的确认

法律权利是国家通过法律确认和保障的特定社会主体享有并以一定自由行为表现，是实现的正当利益。法律权利由利益、资格、自由行为的内部要素构成，并通过法律确认这一外部要素赋予强制执行力。权利并非由法律创造，而是法律对社会发展中的利益确认，其正当性通过法律的强制性进行保障。经济利益在人类社会中处于基础性、决定性地位，它深深影响着经济关系，从而决定上层建筑，成为社会发展的动力和保障。[1] 金融利益是农村

---

[1] 商晨. 利益、权利与转型的实质[M]. 北京：社会科学文献出版社，2007：42.

金融基础性、本源性的内核，没有农民金融利益的适度增长，就难以提高其参与农村金融活动的积极性，导致农村金融活动的停滞和衰减，进而影响农村社会的繁荣进步。农民金融发展权是农民金融利益的法律确认，有利于解决农村金融发展结构性矛盾及发展动力不足等问题，促进农村金融健康发展。农民金融发展权的实现离不开理论体系支撑及制度保障，应将农民获取金融资源的利益需求以法律规则的形式加以确认，并提供法律制度层面充分有效的保障。一方面，国家应当为农民金融发展权提供制度保障，促使其由应然权利转化为实然权利。另一方面，农民金融发展权受到侵害时，法律能通过强制手段惩治侵权行为，以确保权利的实现。

三、农民金融发展权研究的现实意义

农民金融发展权是解决农村金融发展目标、发展路径、发展方法等一系列基础问题的重要依据。研究农民金融发展权的权利构造与法律实现对于解决农村金融供需矛盾、促进农村金融法制建设、促进农民金融发展权保护具有重要的现实意义。

（一）解决农村金融供需矛盾

农村金融供给不足、供需结构失衡等问题的根源既有市场失灵因素，也有国家干预不当因素。国家宏观调控不仅追求经济效益，更重要的是追求社会全面发展。农村金融发展路径不在于增加农村金融机构的数量，而是金融的功能结构与农村经济紧密结合。农村金融市场环境与城市有较大的区别，我国现行金融法律制度在市场准入、调整方式、绩效评估等方面未能体现农

村金融特征及农民发展需求。农村金融资源供给符合农民金融需求，才能真正融入农村金融供需结构。制度创新是经济发展的重要推动力，通过制度优化社会资源的合理配置，有利于促进社会增量财富的增长。农民金融发展权法律制度保障农民在农村金融活动中的主体地位，引导金融资源服务农民金融需求，规范金融业务以保障农民获得普惠安全的金融服务。金融法律制度承担着维护金融市场秩序、维持金融体系稳定、促进社会宏观经济均衡发展等职能，农民金融发展权法律制度通过优化农村金融发展的市场环境以降低交易成本，促进金融资源服务农村实体经济，从而实现金融资源配置促进经济结构均衡的重要功能。农民金融发展权法律制度通过调整对农民的扶持方式、激励金融机构积极开展金融支农业务、为农民开展内生金融合作营造良好的制度环境等，实现农业、农村、农民的协同发展，并最终缩小城乡发展差距。

（二）促进农村金融法制建设

金融法体系包括私法性质的金融交易法、金融组织法及公法性质的金融监管法、金融调控法，是兼有公法、私法特质的法律。金融法强调社会本位，主张国家适当干预社会经济生活以保护和扶持因自然条件和社会条件差异形成的相对弱势群体，法律的价值取向由形式平等向实质公平转变。在农业生产发展方面，小农经济的落后生产方式不仅制约农民收入增加，还影响着农业生产力提高，也不利于国家统筹城乡发展的乡村振兴战略实施。农业、农村、农民的高质量发展离不开金融资源的支持，但是，国家通过财政补贴和低息贷款等外生"输血性资金投入"难以契合农村经济发展需求，并且，金融资源配置中的负外部性、委托代理问题大大削弱了农村金融发展效率。农民金融发展权是分析、检视农村金融问题及解决对策的重要思路和方法。只有真正赋予农民金融发展权,实现农民与其他市场主体的实质权利平等,才能从根本上解决农业、农村、农民发展问题。"农村金融法律制度是降低农村金融市场交易成本、维护农村金融市场交易秩序,促进农村金融市场健康发展,并最终使农村资金高效转化为农村生产资本,加快农村经济发展、实现城乡统筹的必由之路。"❶综上,构建农民金融发展权法律制度是促进农村金融制度供给与需求契合、引导农民全面发展、实现农村金融与农村经济发展良性循环的根本保障。

(三)为实现农民金融发展权提供制度保障

金融资源是农民获得经济发展机会的基本要素,而农民物质贫困的根源恰恰在于权利贫困,因此,农民金融发展权是促进农民参与经济社会发展的基础性权利。农民在难以获得基本金融资源时,享有要求获得国家金融帮助的基本权利。权利和权力并不是简单的对等关系,而是权力源自权利、服从权利、服务权利,因此,权利保护状况是评价公权力运行合法合理的重要依据。通过法律制度明确权利与权力的界限,才能避免国家公权力对农民私权利的侵害。一方面农民金融发展权实现机制建立在尊重市场经济规律的自由竞争基础上,另一方面还需要国家公权力采取各种扶持措施加以保障。农民金融发展权的法制构建提出对农民赋权的同时,也明确了国家保障义务的具体内容。从国家与农民的权利义务关系来看,农民服从国家宏观调控、积极发展农业生产的同时,国家对城乡居民

---

❶ 王煜宇. 农村金融法制化的他国镜鉴[J]. 改革,2017(4):158.

收入差距过大、农村金融发展滞后等问题也应当采取各项措施加以解决。农民金融发展权制度要求国家积极履行社会经济管理职能保障农民能平等获取金融资源、参与金融活动、获得金融扶持、表达金融需求,从而实现农民金融发展权。

第二节 农民金融发展权的国内外研究综述

农民金融发展权是实质公平价值追求下发展权在农村金融领域的一种具体权利形态。从权利属性来看,农民金融发展权是人权中的平等发展权在农村金融领域体现,也是我国宪法规定的公民基本权利的具体引申内容。农民金融发展权的实现最终要通过经济法的规范、引导功能,具体落实于农村金融市场规制、农村金融监管等法律制度。因此,法学分析是研究农民金融发展权的基本立足点,法制建构是农民金融发展权从抽象权利到实体权利,从应然权利到实然权利的基本途径。从功能作用来看,农民金融发展权不仅强调金融的经济属性,更强调金融的社会功能,因此,法社会学、农村金融学、制度经济学等理论成果从不同角度构成了农民金融发展权的理论基础。国内外各理论学科的相关研究成果是开展农民金融发展权理论研究的重要基础和支撑,同时,农民金融发展权的研究成果也对农村金融、农村金融法制等理论提供了创新性的学术视域和观点。

一、国外研究综述

国外理论研究虽然没有提出系统的农民金融发展权理论,但西方经济学理论将经济发展目标与人的需求满足目标相统一的观点、金融发展理论关于内生金融发展动力及路径的研究成果、农村金融理论关于国家与市场关系的研究方法等，为研究农民金融发展权的权利构造与法律实现问题提供了重要的理论参考及方法借鉴。

（一）西方经济学理论为农民金融发展权提供逻辑立足点

西方古典经济学认为经济发展的目标在于满足人的需求，实现国家富裕与人民富足。亚当·斯密将"富国裕民"作为经济学追求的目标，这与中国古代将"经济"理解为"经世济民"可谓异曲同工。亚当·斯密认为提高劳动生产率主要依赖于社会分工、市场交换及资本积累运用，因此，应当实行自由经济、取消政府的不适当干预、由市场规律调整经济活动。1759年，亚当·斯密在《道德情操论》中提出：个人利益最大化增进社会公益的前提是由正当行为规则构成的法治秩序、市场自由交易制度、道德及法律规则体系来规范个人的自利努力，否则，竞争并不会天然有利于社会公共利益。国家富强的基础在于建立公正的市场交易规则、保障市场主体权利平等。西方古典经济学将经济发展目标与人的需求满足目标相统一，并强调通过公平的市场交易规则来实现社会发展。这一观点为农民金融发展权与农村金融、农村经济发展目标的协调统一提供了理论依据和逻辑支撑。

西方古典经济学认为，在市场主体追求利益最大化的过程中市场机制能实现资源配置最优化和经济效率最大化，经济增长能整体解决社会贫困及资源配置不公平等问题。20世纪20年代产生的福利经济学意识到"理性经济人"存在有限性和失灵问题，认为实现社会福利最大化需要提高国民生产总量，通过政府转移支付和收入再分配等国家干预才能实现社会福利最大化。但福利经济学并未关注到制约社会福利最大化的社会弱势群体倾斜性资源配置及市场主体自由、权利等因素。美国经济学家阿玛蒂亚·森强调社会分配及权利、自由等非效用因素，其提出的权利贫困理论认为：权利贫困是其他贫困问题的根源，只有让人们能够享有更多的经济发展机会，才能从根本上消除贫困。个人能否获得金融资源，对于其自由（权益）有关键性的影响。❶个人自由的扩展需要通过合理的社会制度保障，同时，个人自由的扩展也能促进社会制度更加高效。阿玛蒂亚·森主张通过赋予社会个体应有的权利，实现人与社会的发展，强调价值理念和社会伦理对市场机制的影响和作用。❷

经济增长为促进劳动者发展创造必要物质条件，劳动者发展也会对经济增长产生积极和有益的影响，但是，如果片面地追求经济增长而忽视劳动者的发展，往往导致贫富差距、供给与需求结构矛盾等问题，经济增长很难实现可持续发展。具体结合中国农村金融发展实际，中国农村金融发展中出现的农村金融资源供给不足、城乡社会贫富差距等问题与农民金融发展权弱化有着密切关系，农民难以通过贷款、参与合作金融等方式扩大生产规模，也就难以获得社会经济发展中的机会和福利。农民的权利保障不足不但导致农民发展相对落后，也制约着农村经济整体发展。因此，农民金融发展权作为经济权利的核心，对实现农村经济增长

---

❶ 阿玛蒂亚·森. 以自由看待发展［M］. 任赜，于真，译. 北京：中国人民大学出版社，2002：32.

❷ 阿玛蒂亚·森. 以自由看待发展［M］. 任赜，于真，译. 北京：中国人民大学出版社，2002：47.

和农民自身发展具有重要意义。农民是否拥有改善其生产、生活质量的能力及相关权利是衡量农村经济发展的重要标准。发展的实现不仅需要经济增长等手段或工具,还需要权利赋予、公共物品供给、社会经济制度等保障。

(二)金融发展理论揭示了农民对农村金融发展的原动力

金融发展理论主要研究金融发展与经济增长的关系,其核心问题在于如何建立有效的金融体系以最大限度地促进经济增长。金融发展理论根源于自由主义经济学,哲学上表现为重视个人的主权,个人财产的所有权被视为个人自由最重要的部分,强调自由放任的经济政策,反对国家政策干预。1973年,经济学家罗纳德·麦金农(Ronald I.Mckinnon)出版《经济发展中的货币与资本》及经济学家爱德华·S.肖(Edward S.Shaw)出版《经济发展中的金融深化》,之后初步形成以发展中国家(地区)为研究对象的金融发展理论。具体而言,罗纳德(Ronald I.Mckinnon)和爱德华(Edward S.Shaw)提出的理论认为,健全的金融体制能动员储蓄资金并将其引导至生产性投资,从而促进经济发展。由于发展中国家对利率和汇率进行严格管制,致使利率和汇率不能真实准确地反映资金供求关系,从而降低信贷资金的配置效率。而且,利率过低导致市场主体的储蓄积极性降低,金融媒介功能降低,致使经济发展缓慢。为了充分发挥金融中介促进经济增长的积极作用,必须把金融资产实际利率提高到使资源供给与需求相平衡的水平。因此,发展中国家应采用金融优先发展策略,发挥金融引导资源的主动功能。在此基础上,现代金融发展理论引入逆向选择、道德风险、监督成本等因素来分析金融机构和金融市场的形成,认为金融资金在经济发展初期起到主导作用,并随着经济发展逐步转化为经济需求促进金融发展。现代金融发展理论认为，只有解决由收益不确定而导致的生产性风险、交易成本、信息不对称等问题，才能提高资源配置效率。金融中介或金融市场可以将投资者资金集中进行投资组合从而有效管理流动性风险；采用高效率的技术以抵消单个投资项目特有的非系统性生产风险；全面掌握市场信息从而提高资源配置效率；通过投资者分摊信息收集成本从而降低交易成本。

在金融发展理论的影响下许多发展中国家实行金融自由化政策，但效果并不理想。东南亚金融危机的爆发促使金融发展理论进一步探讨国家对金融活动的调整方式及调整途径。针对发展中国家在经济转轨过程中存在的信息不畅、金融监管不力等问题，现代金融发展理论认为，发挥政府在市场失灵下的作用并非直接干预经济，而是通过间接调控引导市场竞争。放松金融管制并不等于放松金融监管，经济可持续增长不能忽视完全金融深化所必须具备的内在制度刚性要求。政府可利用自身掌握和拥有的信息能力，为金融中介机构创造持久有效经营的激励机制。贝克（Beck）、肯特（Demirgue Kunt）和莱文（Levine）研究发现，在金融发展过程中社会贫困人口的平均收入增长水平远远高于整个社会的人均国民生产总值增长水平，因此，金融发展能够有效减小社会各群体的收入分配差距。❶ 多拉尔（Dollar）和克雷（kraay）研究发现，金融发展带来的经济增长通过"涓滴效应"影响到社会生产生活的方方面面，从而使全社会都能从中获得经济利益。❷

---

❶ BECK T, KUNT A D, LEVINE R.Finance, Inequality, and Poverty: Cross-Country Evidence [J]. NBER Working Paper, 2004.

❷ DOLLR D, KRAAY A.Growth is Good for the Poor [J]. Journal of Economic Growth, 2002（7）：195-225.

政府的职责不是直接提供担保和保护,而是促进金融体系市场约束机制发挥作用,积极促进信息的传播并充分发挥金融机构和民间组织的优势,从而实现政府的宏观调控功能。

金融发展理论对于我国农村金融发展的启示意义在于:政府对金融机构提供过多的债务担保,是造成金融机构道德风险和逆向选择的根本原因。国家在放松金融管制过程中应注重金融市场化的渐进性、层次性和持续性,根据经济发展成熟程度和经济运行内在逻辑作出合理安排,金融改革要结合我国现实基础,逐步建立与经济可持续发展相协调的金融体系。金融发展不仅带来金融总量增加和金融结构完善,更是一种制度变迁过程。❶ 完备的法律制度有利于降低金融交易成本以及信息不对称的程度,发达的金融市场和金融中介有利于促进经济发展。金融是推动经济增长的重要资源,金融资源分配正义要求市场主体享有平等获取金融资源、参与金融活动的权利。现代金融发展理论揭示了内生金融的发展动力及发展路径,为研究农民在农村金融发展中的主体地位及农民参与农村内生金融发展奠定了理论基础。

(三)农村金融理论关于国家与市场关系的研究

农民信用信息不完善、资金需求小额分散、抵押担保物不足等特征导致农村金融高成本与高风险,与金融资本追逐利润最大化的原则形成较大矛盾冲突。对于如何发展农村金融这一问题,农村金融理论的分歧根源在于如何处理国家与市场的关系,在不同的历史条件下形成了以下三种主要理论观点。

---

❶ 江春,许立成. 内生金融发展:理论与中国的经验证据[J]. 财经科学,2006(5):3.

1. 农业信贷补贴理论

20世纪60年代,农业信贷补贴理论主张以金融供给刺激农村金融需求增长,强调国家干预下的外生型金融发展及制度供给,提倡国家出资设立非营利性农村政策金融机构以降低贷款资金利率,通过信贷补贴、利率管制及严格限制农村非正规金融发展等措施发展农村金融。我国在计划经济时期遵循的就是农业信贷补贴理论,但实践中产生了一系列弊端:金融机构因对财政补贴的依赖及缺乏成本约束而忽视贷款质量,造成贷款使用效率低;政府的信贷补贴资金只是单纯的投入而没有收益,财政负担过重影响着整个国民经济发展;低息贷款被富裕农民获取,农业信贷资金并未配给到贫困农民,农业信贷补贴不但没有缩小贫富差距,反而扩大了农村金融资源配置不平等;信贷定量配给往往导致权力寻租,农业信贷资金被挪用于非生产用途,农业生产仍然难以得到有效信贷供给。资金运用效率低下、国家干预成本过高、支农目标偏差等"政府失灵"充分表明忽视农民内生发展需求,单纯的信贷补贴并不能实现农村金融可持续发展。

2. 农村金融市场理论

20世纪80年代,农村金融理论开始逐渐强调市场机制对农村金融的调节作用,并认为农村金融体系能在自由市场条件下自动实现供需均衡。让市场供需决定利率水平能真实反映资本稀缺程度,从而使农村金融机构能够补偿其经营成本并获得可持续发展。非正规金融弥补正规金融服务缺失是农村金融体系自主平衡的体现,应当建立多元化、多层次的农村金融机构,降低农村金融市场准入标准以优化竞争秩序,通过各类农村金融机构良性竞争来提高农村金融资源供给效率。农民将政府贷款视为无偿援助,导致农村贷款资金回收率较低,通过市场机制配置信贷资源有利于实现农村金融机构的支农服务功能。❶ 农村金融市场理论建立在信息完全公开、市场完全竞争的基础上,主张通过市场主体自由竞争来提高资源配置效率,但是,现实中农村金融市场却处于竞争不完全和信息供给不对称状态,市场机制自发运行很容易造成"市场失灵"。

3. 不完全竞争市场理论

不完全竞争市场理论根据信息供给不对称、竞争不充分的市场经济状况,主张放宽农村金融市场准入标准,通过国家干预与市场机制的均衡来促进农村金融优质高效持续发展。经济学家斯蒂格利茨(Stiglitz)主张引入政府担保融资等援助手段及行政监管、政策引导、法律规制等措施,但政府干预不能损害金融机构最基本的利益诉求。❷ 詹森(Jensen)认为,农业信贷体系完全由政府控制运行导致效率低下,因此,必须引入市场机制和商业金融支农体系。❸ 约翰(Johan Rewilak)认为,政策性金融是介于商业性金融与财政的中间地带,有利于弥补市场与政府作用的空白。❹

---

❶ 刘玉春. 金融效率视角下的农村金融体系重构研究 [D]. 呼和浩特:内蒙古农业大学,2014.

❷ See STIGLITZ J E, WEISS A.Credit Ratiioning in Markets with Imperfect Information. [J]. American Economic Review, 1981, 73 (3): 393–410. HOFF K R, STIGLITZ J. The Economics of Rural Organization: Theory, Practice and Policy [M]. Oxford University Press, 1993. RICHARD L, NAGARAJAN M G.Rural Financial Markets in Asia: Policies, Paradigms, and Performance [M]. Oxford University Press, 1999.

❸ JENSEN F E. The Farm Credit System as a Government-sponsored Enterprise [J]. Review of Agricultural Economics, 2000, 22 (2): 326–335. MONKE J. Agricultural Credit: Institutions and Issue (CRS Report For Congress) [EB/OL]. www.national lag law center.org/assets/crs/RS2, 2005 (23).

❹ REWILAK J.The Role of Financial Development in Poverty Reduction [J]. Review of Development Finance, 2017, 2 (7): 169–176.

不完全竞争市场理论强调政府对市场的有限干预，认为政府的主要功能不是直接参与市场或提供资金，而是农村金融制度建设和提供社会公共产品以鼓励竞争、抑制垄断。斯蒂格利茨（Stiglitz）认为，市场机制不能解决垄断、信息不对称、收入分配等问题，很难自发形成帕累托最优，因此，政府应当加强法制建设来塑造市场竞争规则。❶

综上，农村金融理论各种观点的区别主要在于如何处理市场和国家的关系，包括是否需要政府干预、如何形成市场利率、对各类农村金融机构如何监管等，农村金融理论的主要观点比较，如见表0-1。

表0-1 农村金融理论主要观点比较

争议焦点	农业信贷补贴理论	农村金融市场理论	不完全竞争市场理论
农村金融是否需要国家干预	积极性的国家干预	不需要国家干预	在市场失灵范围内进行国家干预
农村金融如何形成市场利率	政府管制	市场机制决定	政府根据市场需求调整
农村金融资金来源	政府提供资金	农村内部组织动员	农村内部资金为主，外部资金为补充
农村金融监管	政府扶持并强化监管	监管不必要，实行自由竞争	农村金融发展初期扶持，发展成熟后最低限度监管
农村金融是否无偿支农	不强制要求偿还贷款	市场手段强化贷款回收	金融手段强化贷款回收

---

❶ 杨天宇. 斯蒂格利茨的政府干预理论评析［J］. 学术论坛, 2000（3）: 27.

续表

争议焦点	农业信贷补贴理论	农村金融市场理论	不完全竞争市场理论
非正规金融定位	禁止发展	规范发展	政府适度监管
政策性金融定位	国家对政策性金融实施专项贷款	没有必要发展政策性金融	允许政策性金融在一定范围内存在

从表0-1可以看出，农业信贷补贴论主张依靠国家低息贷款支农，这导致农村金融机构收益无法覆盖成本，难以形成可持续发展模式。农村金融市场论主张通过市场机制配置资源，但商业金融追求利润最大化的本质与农民金融需求的矛盾难以平衡，弱势的农民事实上很难获得信贷服务。不完全竞争市场论主张通过国家对经济的有限干预以弥补市场机制缺陷。我国农村金融发展离不开国家财政扶持和宏观调控，虽然市场主体竞争是提高农村金融资源配置效率的有效手段，但是我国农村金融市场发育程度较弱的现实决定了市场机制不可能自发实现金融效率、公平、安全等价值目标平衡，农村金融需要国家宏观调控来弥补市场机制的缺陷，实现农民金融发展权也离不开市场机制与国家干预共同促进。

（四）国外理论研究热点及基本结论

国外对农村金融的研究视角主要偏重经济学、金融学，研究内容主要集中在对农村金融市场规律、国家宏观调控、资本运作等问题，从金融定量分析、模型构建等途径开展的实证研究较多。国外研究普遍认为：农村金融对服务农民、农村中小企业等弱势群体具有独特优势；农村金融必须以普惠金融价值观解决金融发展不平衡问题；农村金融法律制度完备有助于农村金融优质高效发展。国外理论研究成果是特定历史条件和历史环境的产物，我国对于农民金融发展权的研究不能片面摘取国外农村金融理论并简单嫁接于中国现实环境，应依据我国经济发展阶段、社会发展模式等实际情况来适用国外农村金融理论。借鉴国外研究理论是一种批判的吸收过程。首先，分析国外理论的先进性及其与中国现实需要的结合，明确为什么借鉴。其次，根据国外理论的基本意蕴分析借鉴什么。最后，结合实证研究对国外研究理论进行创新性发展。农村金融理论、制度经济学理论等研究成果为我们揭示出：农民作为农村金融市场主体的重要组成部分，并不是农村金融活动及农村金融法制变迁的被动接受者，而是通过其农业生产活动催生农村金融发展内在动力，是推动农村金融法制变迁的根本力量。借鉴国外研究成果必须在整体系统的辩证分析基础上，通过研究方法和视角的融贯，才能形成农民金融发展权理论的丰富性及包容性。

二、国内研究综述

农民金融发展权研究涉及金融发展权、农民发展权、农民权利等相关研究成果，通过对中国知网数据库中的文献资料统计，主题涉及农民金融发展权、金融发展权、农民发展权、农民权利相关文献量的时间分布，如图 0-1 所示。

从图 0-1 可见，农民金融发展权的理论研究是随着金融发展权、农民发展权、农民权利的相关理论研究而逐渐发展起来。金融发展权、农民发展权、农民权利的相关理论研究在 20 世纪 90 年代开始兴起，在 2000 年以后研究成果迅速增加。而农民金融发

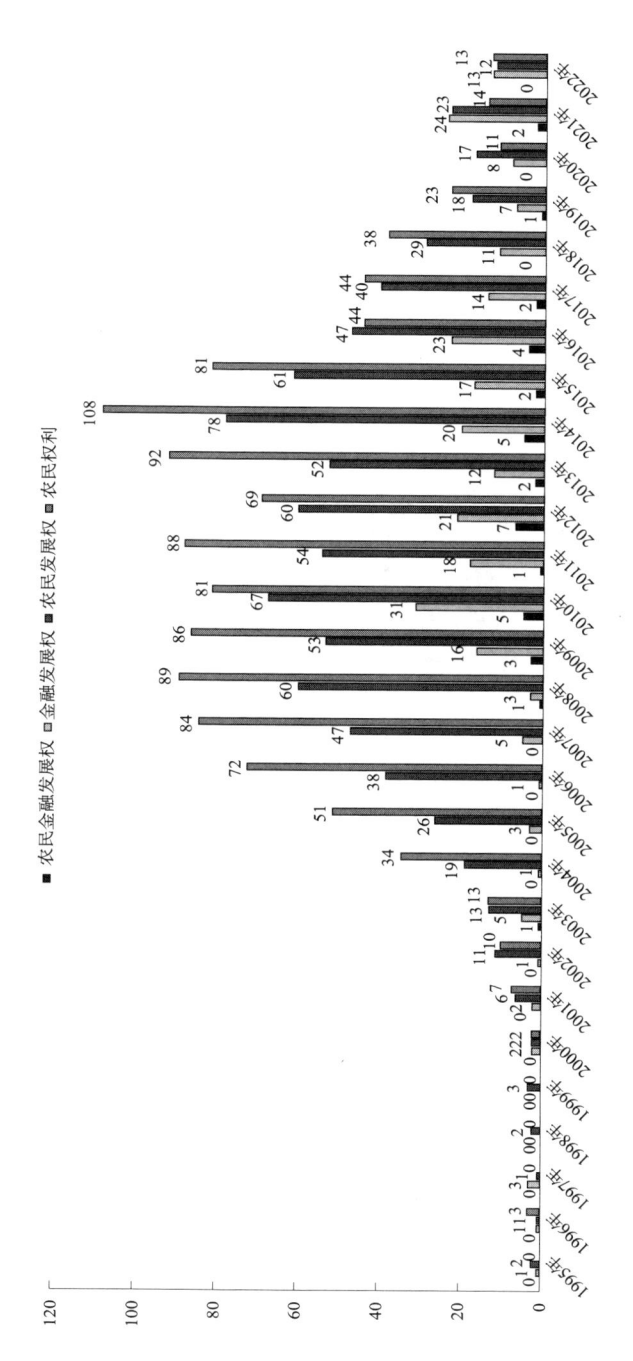

图 0-1 农民金融发展权相关文献量的时间分布（1995—2022 年）

资料来源：统计数据来源于中国知网的中文文献。

展权研究的最早一篇文献发表于2003年,近年来才逐渐形成一定的理论研究成果,国内理论界对农民金融发展权的研究在总量上并不多,仍有许多需要扩展的内容。❶同时,通过农民金融发展权相关文献的学科分布可以分析该理论研究的主要领域。农民金融发展权相关文献的学科分布如图0-2所示。

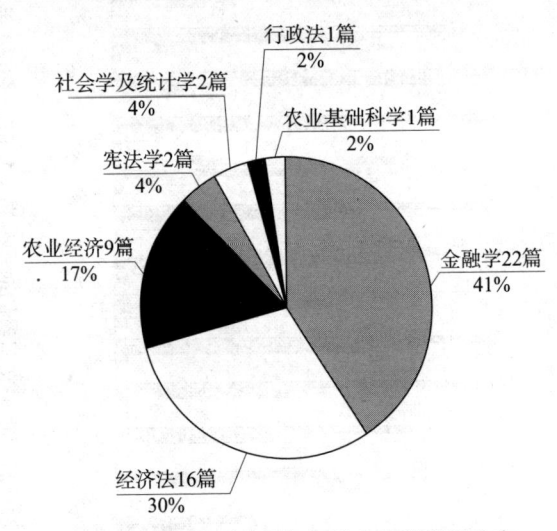

图 0-2 农民金融发展权相关文献的学科分布

资料来源:统计数据来源于中国知网的中文文献。

---

❶ 姜庆丹. 金融发展权视角下农村合作金融法制创新研究[D]. 沈阳:辽宁大学,2014;刘姣华. 金融排斥、农民金融发展权与村镇银行可持续发展研究[D]. 武汉:华中农业大学,2015;左平良. 农村金融调节法治问题研究[D]. 长沙:中南大学,2014.

从图0-2可见，农民金融发展权研究涉及金融学、经济法学、宪法学、行政法学、农业经济学、社会学等，对交叉学科知识的运用尤为重要。

（一）人权理论视角下的农民金融发展权研究

我国在1978年实行改革开放以后，学术界逐渐对人权理论展开研究。在改革开放之初，由于解决人民的温饱问题是突出的社会矛盾，人权理论研究更偏重于生命权、健康权、人格权等生存权领域。随着社会经济发展，我国全体公民的生存问题得到基本解决，而城乡差距、贫富差距等发展不平衡问题日益突出。在全面建成小康社会的背景下，人权理论研究的主要关注点在于如何保护贫困人口及农民等弱势群体实现发展的机会公平、规则公平与权利公平，实现社会均衡健康的可持续发展。人权研究领域的"农民发展权""金融发展权""农民金融发展权"均是发展权的不同具体形态，相互之间存在一定的理论融贯。

农民金融发展权理论与马克思主义关于"人的全面发展"理论一脉相承，以"人民主体地位""以人民为中心"等发展理论为基础，针对农民难以获取金融资源及农村金融发展滞后等问题，提出以农民金融发展权保障为突破点实现农业、农村、农民的协同发展，是人权理论与中国具体国情相结合的理论创新结果。丁德昌认为，发展权具有主体性、动态性、目标性，农民发展权保护应当确立农民发展权的法律主体地位、强化政府职能、引导农民组织化维权、提高农民的法律意识等，主张从基本法律层面制定中华人民共和国农民权益保护法。❶王莹丽认为，国家应通过将

---

❶ 丁德昌.农民发展权保护的法律机制［J］.行政论坛，2009（3）：52.

发展权列入宪法内容、构建农民权益保障法、完善金融法律制度等保障农民金融发展权的具体实现。❶方晓红认为，农民金融发展权源于公民权理论、资源平等主义理论等，基于提高金融资源配置效率的视角来探讨农民个体需求满足与农村金融结构优化、农村经济发展的良性促进机制，主张通过金融发展权入宪、制定单行法、完善相关金融制度来完善农民金融发展权的法律保护。❷左平良认为，农民应享有由宪法原则确立、由基本金融法律确认的金融权利，国家通过提供公共产品、规制市场秩序、调控金融市场等途径对农民金融发展权予以保障。❸汪习根认为，中国特色的发展权理论包括整体主义与个体主义相结合的战略进路、法律规范与行动方案相连接的救济方式、形式理性与实质公平相统一的价值导向、权利主体与权利客体相融合的行为模式。❹李长健和孙富博认为，金融发展权包括金融需求表达权、金融分配资格权、金融活动参与权、金融服务获取权及金融资源共享权，应当在金融利益衡量与金融资源权利化保障的基础上融入金融公平、对弱势群体倾斜保护、差异性动态监管等理念，构建以宪法为核心，包含金融法总则、市场主体法律制度、市场规制法律制度、宏观调控法律制度、可持续发展法律制度等内容的多元化法制体系。❺

---

❶ 王莹丽. 农民金融发展权及其法律保障机制 [J]. 上海经济研究, 2010 (7): 46.

❷ 方晓红. 论我国农民金融发展权的实现障碍及其解决对策 [J]. 改革与战略, 2012 (10): 70.

❸ 左平良. 农村金融调节的正当性及其法治保障 [J]. 经济法论丛, 2014 (1): 238.

❹ 汪习根. 中国特色发展权的实现之道, 光明日报 [N]. 2016-12-07(10).

❺ 李长健, 孙富博. 普惠金融、赋权转向及制度实现——以金融发展权为视角 [J]. 世界农业, 2018 (3): 4.

人权视角下的农民金融发展权研究普遍认同对社会弱势群体倾斜保护以实现社会实质正义,主张由宪法、专门法、配套制度等构建农民金融发展权的法制保障体系。但对于农民金融发展权从抽象人权到具体人权的研究仍有待具体细化,对农民金融发展权的人权话语体系与制度保障强化等仍需进一步开展深入研究。

(二)社会学视角下的农民金融发展权研究

虽然农业的自然风险及市场风险较大,但农业是正外部效应极强、社会效益突出的产业,"三农"问题涉及经济发展、社会稳定、基层治理等多个方面,需要结合农村的特征进行全面统筹发展。传统的农村金融研究主要从剖析农村金融需求和供给着手,集中于农村金融机构的组织、运行、功能、模式等研究,而金融学理论模型建立在市场主体完全理性、信息完备的基础上,但现实中的金融市场既不是一种完全竞争的市场,市场参与者也不会像经济人一样完全通过理性实施行动。社会学关于农民金融发展权的研究更多涉及乡村社会治理、民间法及乡土社会金融机制运行特征等。

社会学从行动与结构、个体行动者的自主性与社会结构的制约性等范畴解释金融现象:从社会结构视角往往能有效解释人们的非理性行为和非经济因素对市场机制的影响;从社会建构视角往往能发现市场主体行为对市场制度的塑造力量及社会历史背景对金融市场的影响。社会学对金融现象的解释充分体现了其理论张力,费孝通先生的《江村经济》《禄村农田》《乡土重建》等著作是从社会学角度研究中国农村金融的经典著作,其通过对互助会的分析揭示农村借贷行为嵌入于以亲属关系为核心的社会网络差序格局;通过高利贷分析农村社会分层、土地占有不平等、乡村工业衰落等问题。❶黄宗智提出，由于富裕农民获取金融资源的能力强且融资成本低，而贫困农民则处于相对弱势地位，因此，应当着重保护贫困农民的金融发展权益。❷周雪光认为，法律制度可以塑造社会事实，对所有社会成员产生影响。❸王启梁认为，社会规范表达着特定群体的价值判断或行为方式，不同社会控制之间相互协调有利于建构法治秩序。❹孙奎立认为，赋权激发当事人改变不利社会地位的内在动力，修复缺损的社会功能，然后通过社会政策扶助，使得当事人具有控制生活能力的信念并重新回归社会生活。❺

社会学中的社会关系网络理论将经济行为嵌入于社会结构中研究，认为市场行为和决策并非孤立进行，而是受到外在社会结构约束。刘景东通过实证研究发现，农村金融中的社会关系网络有利于促进农户间的信任、降低借贷成本、提升借贷水平，从而保障借贷活动顺利进行。❻陈氚认为，市场经济制度是国家、组织等以社会行动构建而成，我国民间金融市场合法性的变迁并非强

---

❶ 费孝通. 江村经济——中国农民的生活[M]. 北京：商务印书馆，2001：56.

❷ 黄宗智. 略论华北近数百年的小农经济与社会变迁[J]. 中国社会经济史研究，1986（2）：11-18.

❸ 周雪光. 组织社会学十讲[M]. 北京：社会科学文献出版社，2003：75.

❹ 王启梁. 习惯法/民间法研究范式的批判性理解——兼论社会控制概念在法学研究中的运用可能[J]. 现代法学，2006（5）：19-27.

❺ 孙奎立. "赋权"理论及其本土化社会工作实践制约因素分析[J]. 东岳论丛，2015（8）：92.

❻ 刘景东. 农村民间金融组织的稳定性和脆弱性研究——基于社会网络的研究视角[J]. 金融经济学研究，2016（4）：118-128.

制性制度变迁,也不能将其简单归结为诱致性制度变迁,而是应当结合国家、权力、社会资本、制度扭曲等因素研究法律规范与实践之间的差距。❶马磊认为,金融体系的有效运行依赖于区域法制、文化环境等非经济因素,形塑或影响乡村金融活动秩序的社会因素包括社会关系网络和乡村传统文化。社会关系网络中蕴含的信任机制、声誉机制都是根植于乡村传统文化。我国农村的非正规金融蕴含着丰富的社会关系网络、文化建构、权力分配等非经济因素。❷

社会学研究普遍认为中国农村社会形成的信息供给和信任机制影响着农村金融运作模式、违约制裁措施、金融活动秩序,并影响着农村金融制度发展变迁。社会学将金融现象结合具体社会背景考察,将社会系统内外的各种金融现象相联系并探究金融现象和其他社会现象之间的关系,实现理论视野和本土实践的有效结合。同时,社会学研究从公权力与私权利、法律制度与非正式制度等范畴提出对农民自主性的尊重和倡导;从制度的社会建构性理念来研究农民金融发展权与农村社会治理、农村民间秩序的关系,有利于促进农村金融与农村社会的协调发展。

(三)农村金融理论视角下的农民金融发展权研究

农村金融理论研究与国家发展战略结合较为紧密,在国家对农村金融发展的重视程度不断加深及农村新型金融机构蓬勃发展的时代背景下,随着我国人权研究的兴起和普惠金融、金融扶贫

---

❶ 陈氚. 理解民间金融的视角转换:从经济学反思到金融社会学[J]. 福建论坛, 2014 (4): 182-183.

❷ 马磊. 中国农村非正规金融研究述评——经济学与社会学的视角[J]. 现代经济探讨, 2019 (4): 54-58.

实践的发展，农民金融发展权的研究成为新的学术拓展领域。农村金融理论研究普遍认为农民金融发展权与农村金融发展息息相关，我国特有社会结构下，农民由于依赖心理而形成寻求国家援助的惯性，需要完善的法律制度促进农业、农村、农民的全面发展，但对于农业、农村、农民在生产力发展中的相互作用规律则缺乏系统的研究。

关于农民金融发展权的实现基础，温铁军和杨帅认为，精英率先求偿、优先受益的利益要求大量侵蚀公共利益空间，导致农贷资金难以公平传递、农贷政策目标偏离、过程扭曲和实施错位。❶ 冯果和袁康认为，通过法律赋予市场主体"权利自觉"，能够避免其过度依赖行政权力并促使其行使金融权利以实现金融公平。❷ 温涛、朱炯等学者认为，分散的农民很难真正成为农贷市场的主体，国家的农贷援助也难以解决农民获取金融资源的交易费用过高问题。❸ 张军认为，地方政府干预金融资源配置不仅影响区域经济结构转型，而且难以解决金融资源稀缺问题。❹ 靳文辉认为，资本逻辑演绎出空间正义问题，公共规制通过利益平衡、利益激励、机会提供等规范和约束资本运行。❺ 关于农民金

---

❶ 温铁军，杨帅. 中国农村社会结构变化背景下的乡村治理与农村发展[J]. 理论探讨，2012（6）：78-79.

❷ 冯果，袁康. 从法律赋能到金融公平——收入分配调整与市场深化下金融法的新进路[J]. 法学评论，2012（4）：85-91.

❸ 温涛，朱炯，王小华. 中国农贷的"精英俘获"机制：贫困县与非贫困县的分层比较[J]. 经济研究，2016（2）：124.

❹ 张军. 地方政府行为与金融资源配置效率[J]. 经济问题，2016（12）：37-41.

❺ 靳文辉. 空间正义实现的公共规制[J]. 中国社会科学，2021（9）：92.

融发展权的具体内容，王莹丽提出农民有参与并促进金融发展、享受金融发展成果的权利，并分析了农民金融发展权的法律保障机制。❶

关于对农民的金融资源供给，谢平认为，"行政力量强制捏合"的农村信用合作社并未体现合作金融互助共济性、自愿性、民主管理性等特征，由于社员的基本权利缺乏法制保障，我国的合作金融并没有减少农民的金融交易成本。❷杜晓山对农村小额信贷进行了深入系统的研究，强调财税、利率等扶持措施是实现小额信贷可持续发展的必要条件，面对规模、深度、成本效益等发展要素，应将小额信贷有机整合到主流金融体系中，为贫困农民提供小额、及时、便利的贷款。❸谭正航认为，农村普惠金融法治体系应坚持市场主导调节、彰显金融公平、促进公众参与、差异化调整、强化金融消费者权益保护。❹

关于农民金融发展权的法制保障，李昌麒、许明月等学者提出了农村金融法律制度建设的基本思路与主要框架，认为政府干预农村经济的措施包括引导、鼓励、调控、服务等，应当通过法律对政府干预行为进行约束，通过市场作用可以解决的问题政府就不应当加以干预；❺李长健通过分析我国农村在经济、制度、文

---

❶ 王莹丽. 农民金融发展权的法律保障机制［J］. 经济研究参考，2010（60）：24.

❷ 谢平. 中国农村信用合作社体制改革的争论［J］. 金融研究，2001（1）：2.

❸ 杜晓山. 小额信贷的发展与普惠性金融体系框架［J］. 中国农村经济，2006（8）：72.

❹ 谭正航. 我国农村普惠金融发展法律保障体系的构建［J］. 求实，2018（2）：97-108.

❺ 李昌麒，许明月，等. 农村法治建设若干基本问题的思考［J］. 现代法学，2001（2）：32.

化等方面的困境，提出农民是农村法治的重要主体，应当培育农民的主体意识和自主能力，在尊重农村社会特定秩序和发展规律的基础上实现法治秩序与社会秩序的融合，政府推进结合社会与民众内在推动以实现农村法治。❶王煜宇通过分析农村金融法制规律和演进逻辑，认为我国农村金融受制度制约而发展滞后，制度创新激励机制一方面要发挥政府作用，另一方面要充分调动农民积极性，以制度创新满足农村经济主体需求。❷田春雷认为，农村金融立法应在金融资源配置公平原则下，构建包容性的金融监管制度和扶持性的金融资源配置制度。❸张宇润和江玉荣主张在尊重农民的基础上给予农民更多的金融自主权并实行服务型监管、正式的农村金融法律制度与非正式制度结合等农村金融法制创新。❹吴玉宇、杨姗等学者认为，农村"互联网+产业链"模式是微观经济主体在市场客观供求刺激下内生的金融创新活动，其有效促进了农村金融供需匹配和农村外生金融内生化，但应当通过制度规制来完善其发展模式。❺徐孟洲主张制定金融法总则统领协调金融法体系，并通过法律法规的制定、修改、废除、解释等形式固

---

❶ 李长健.我国农村法治的困境与解决方略研究［J］.武汉大学学报（哲学社会科学版），2005（5）：625.

❷ 王煜宇.中国特色农村金融法律制度：历史语境、现实障碍与未来选择［J］.浙江社会科学，2011（2）：33-40.

❸ 田春雷.金融资源公平配置的法学分析——兼论中国金融法的新价值［J］.法学评论，2013（3）：33-40.

❹ 张宇润、江玉荣.农村金融创新的法律激励机制探析［J］.学术界，2013（10）：94-103.

❺ 吴玉宇，杨姗，张蔚怡.互联网+产业链：农村金融内生化的新路径［J］.西部论坛，2015（5）：18.

定和保障金融改革成果。[1] 何广文、何婧等学者认为，为了满足农民信贷需求，应当通过整合地方金融监管、放松农村金融市场准入管制等金融制度促进农民获得金融资源。[2] 魏后凯、刘长全认为，农民是农村经济改革与发展的受益主体，乡村振兴建立在农民收入持续增长的基础上，应当通过基层创新与顶层设计相结合，通过市场化手段实现对农村金融市场主体的激励及优化农村金融资源配置。[3]

（四）国内理论研究热点及基本结论

国内理论研究大多主张加强对农村金融内生力量培育、降低农村金融市场准入门槛及资本金或资本充足率要求，以形成多元化的农村金融组织体系，但在制度建设和风险控制上应对民间金融积极引导和规范，对非法集资、高利贷等严重扰乱农村金融秩序的非法行为应当严格防控，否则易引发法律价值失范，将不利于保护农民利益。现有理论研究对农民金融发展权的实现机制虽然有很多创新观点，但呈现出"碎片化"特征，缺乏独立系统的农民金融发展权理论。

农民金融发展权是人权体系中发展权的一项具体内容，也是化解农村金融供需结构矛盾、解决农村金融抑制问题的一项重要制度。我国东部经济发达地区的农村经济已逐渐实现多元化、产业化发展，经济发展对金融资源的需求激励农村金融转型升级，

---

[1] 徐孟洲. 金融立法：保障金融服务实体经济——改革开放四十年中国金融立法的回顾与展望［J］. 地方立法研究，2018（6）：62-73.

[2] 何广文，何婧，郭沛. 再议农民信贷需求及其信贷可得性［J］. 农业经济问题，2018（2）：38-49.

[3] 魏后凯，刘长全. 中国农村改革的基本脉络、经验与展望［J］. 中国农村经济，2019（2）：16.

而我国中西部地区的大部分农村仍然处于金融资源引导经济发展的供给领先型阶段。因此，我国农民金融发展权制度面对地域差异、发展差距，应当结合国家法律、行政法规、地方性法规制度，形成多元化多层次逐步推进的制度保障。

国内对农民金融发展权研究的不足主要体现在：

（1）研究视角不全面。现有研究侧重于金融效率和金融安全的价值追求，注重从国家利益的角度来研究农村金融法律制度，而缺少从农民金融发展权的角度来分析农村金融法律制度的内在发展动力，对农民金融发展权的权利属性、具体内涵研究较少。目前学界大多数研究基于"机构观"研究农村金融组织的市场规制，主要集中在市场准入、组织管理和监管法律等金融公法，而较少从农民权益保障出发进行法律制度的设计，忽视金融私法属性；体现出强调金融安全和效率而忽视金融公平，强调农村金融供给而忽视农村金融需求的研究视角局限。

（2）实证研究不足。我国对农民金融发展权的研究方法多为规范分析和文本分析的理论研究，缺乏以金融环境和农民金融需求的实证调研为基础进行法律制度设计，理论研究回应性和适应性不足。农民金融发展权涉及农村金融的供给与需求、成本与效率等深层次问题，需要开展全方位、多角度的研究。国内学者对农民金融发展权的研究大多缺乏充分的经济学、统计学等定量分析工具，对农村金融法制建设具体问题进行实证分析尤为薄弱。

（3）揭示规律不够深入。法学理论研究缺乏深入探究农村金融立法价值和主体间权利义务关系。对农民金融发展权的需求分析、功能定位、制度逻辑等问题研究过于分散，尚未形成完善的学术体系。理论界对农村发展应建立扶持、激励性制度形成了一致认识，但对农村金融活动中权利保障的特殊规律缺乏法制层面的深入研究。

第三节　农民金融发展权的研究方法

农村金融法制的创新发展需要不断完善法学理论支撑,针对农村金融发展的对策型研究虽然具有较强的实用性,但往往只限于制度完善的局部,不能从根本上构建促进农村金融长远发展的制度体系。基于金融法理论的基本范畴及共识,运用历史分析、比较分析、实证研究等多种方法研究农民金融发展权制度的构建目的、价值取向、运行规律等,才能有效实现金融法学的理论创新。

一、规范分析方法

规范分析方法通过各种要素对研究对象的各个侧面进行分解,从而深入揭示事物的本质。农民金融发展权法制涉及我国现有的农业产权制度、金融监管制度、财政扶持制度等制度规范整合,并且,农民金融发展权法制是涵盖法律、行政法规、地方性法规等多层次的立体化制度体系。本书通过对相关制度规范条文的语义分析和概念梳理以寻求规范的深层次含义,通过法律规范与法律功能分析,揭示法律规范的实效机理,为农民金融发展权法制的建构和反思提供论证基础。

对于农民金融发展权"应该是什么?"这一问题,本书基于我国农村经济、政治、社会发展状况分析农民金融发展权的构成要素、构成体系、类型特性等具体内容,结合现有农村金融法律制度对农民利益诉求进行分析、衡量与整合,探索使各方利益均衡的实现途径；在分析农民金融发展权的概念、内涵、外延及其基本原则、权利义务等内容基础上，结合我国农村金融法律制度构成状况与深层机理揭示农民金融发展权法制体系的发展脉络；根据金融公平、效率、安全的价值均衡判断，结合现代人权理论及农村金融理论提出制定农民金融发展权保障法。

二、历史分析方法

社会发展变化遵循一定的客观规律，历史分析方法通过联系社会现象发展的不同阶段，揭示研究主题的学术价值与社会价值。本书通过分析农村金融法律制度的发展过程以探寻农民金融发展权的法律实现路径及制度之间的内在联系。中国农村金融发展经历了不同的历史时期，并随着各个阶段经济发展目标调整而表现出不同特征。

中华人民共和国成立初期，我国农村金融发展服务于国家工业化发展战略，农民金融发展权处于被抑制状态。改革开放以后，农村经济得到极大发展，但农村金融机构脱离"三农"需求的趋势加剧了农村金融抑制问题。农民金融发展权研究的主要背景问题之一在于如何处理农村金融与农村经济的互动关系。金融发展是金融需求和供给相互作用的结果，在经济发展初期阶段的金融要素供给能刺激经济发展，随着经济进一步发展，市场主体扩大生产规模的资金需求引发的金融服务需求也会刺激金融增长，由此形成金融与经济发展相互促进的良性循环。

我国从计划经济转化为市场经济，农村信用合作社、农业保险等农村金融机构经历了设立、合并、撤销、改制等曲折的发展过程，农民权利意识随着市场经济发育而逐渐觉醒，从"谋生存"

转化为"求发展"。农民金融发展权形成于特定的社会时代背景，本书通过对我国农村金融发展变迁进行纵向的历史分析及比较，提出我国农村金融法制应当按照从局部到总体路径以解决问题为导向的渐进式发展，农民金融发展权的法制保障更加侧重于促进金融资源供需平衡、创新农村金融产品、完善农村金融市场体制、发展农村金融风险防控体系等。

三、比较分析方法

农村金融在国外有较为成熟的法律制度，比较国内外农村金融法律理念、原则、制度的特点，重点比较各种制度模式的构成要素、组织体系与运行机制等内容的相同点与不同点，就不同国家保护农民金融发展权的法制模式、法律法规内容、制度体系的异同作出对比分析，才能揭示制度差异背后的制约因素，为我国农民金融发展权法制保障提供有益借鉴。因为农村金融具有较强的地域性和层次性，各类农村金融组织的功能不同，必须培育多层次、多形式、多元化的金融服务主体及服务模式，构建功能互补、有序竞争、协调运转的农村金融体系。比较研究立足于各国农村金融法律制度的差异性和多样性，既比较各国农村金融法律制度的内容异同，也比较其实际运行效果的优劣。

通过不同角度、不同层次的比较研究揭示各个国家农村金融法制发展演变的规律、特点和趋势，揭示出农民金融发展权法制保护的一般规律和共同趋势。本书在不同时间维度与社会维度的多重视角下，比较国外发达国家、发展中国家的农民金融发展权价值追求、立法原则、立法技术等与我国农村金融、经济发展状况的契合度。通过比较分析方法的运用，在宏观视角下定位我国农村金融法制的现实情况,从而准确分析我国农民金融发展权法制保障的模式选择、价值目标、基本原则及法律框架等。

四、实证研究方法

农民金融发展权理论的研究对象是一种客观存在的现状,实证研究方法独立于伦理立场和价值判断,通过客观分析社会现象来揭示社会活动的客观特征及规律。规范分析方法关注于"事物应该是什么",实证研究方法关注于"事物是什么"。本书针对我国东西部地区农村经济发展差异较大的实际,选择具有典型意义的农村地区进行走访调查、样本分析、数据统计等实证研究,具体包括:调研各类农村金融机构的发展状况;了解不同收入水平的农民参与金融活动的意愿、需求和风险偏好等;走访村委会、专业农业合作社对农村土地使用权流转、农业保险、国家补贴等金融发展配套制度的认识和看法。

通过对农民金融发展权相关制度的现状、发展轨迹及制约农民金融发展权的相关影响因素进行评估、分析和检验,在实证研究基础上对农民金融发展权的实现途径进行定性及定量分析,从而发现制约农民金融发展权法律制度实施的各类社会因素及其相互作用,使学术研究建立在大量客观真实的实证资料基础上。

第四节 农民金融发展权的研究框架和主要内容

在理论研究中,本书遵循"理论回顾与借鉴→理论框架建立→理论演绎"的思路,在既往理论研究内容的基础上,通过理论演绎和实证分析得出农民金融发展权基本价值目标的理论依据和实现机理。遵循"问题揭示→原因分析→国际经验→功能定位→法制构建"的研究思路,深刻揭示制约农民金融发展权的历史因素、现实障碍和主要矛盾。在对策研究中,充分意识到农民金融发展权对农村金融权利配置和农村金融市场培育的重要作用,注重法制模式的均衡性、协调性、整体性和可操作性。对农民金融发展权的主体、客体、内容等基本概念进行准确的界定,对法律规范的特点做出深入的揭示,对农村金融法律规则体系进行逻辑分析。

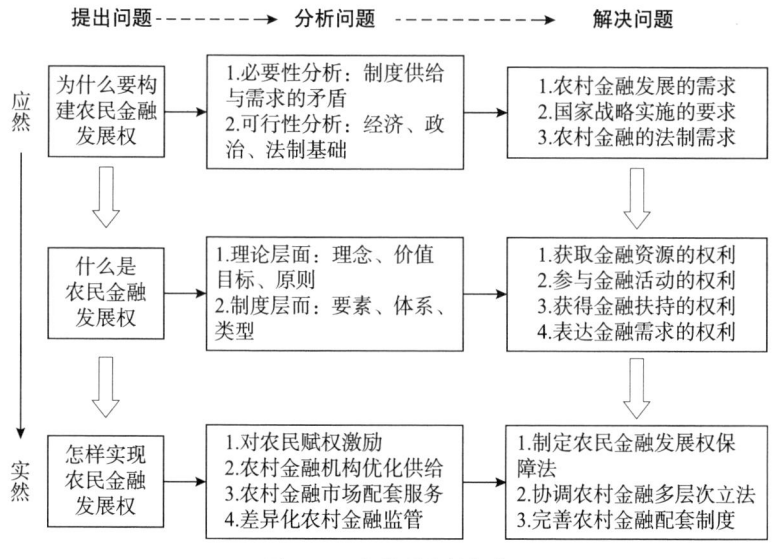

```
              提出问题 --------→  分析问题 ---------→  解决问题

       ┌──────────┐    ┌──────────────────┐    ┌──────────────────┐
       │为什么要构 │    │1.必要性分析:制度供给│    │1.农村金融发展的需求│
   应然│建农民金融├───→│  与需求的矛盾    ├───→│2.国家战略实施的要求│
       │发展权    │    │2.可行性分析:经济、政│    │3.农村金融的法制需求│
       └────┬─────┘    │  治、法制基础    │    └──────────────────┘
            │          └──────────────────┘
            ▼
       ┌──────────┐    ┌──────────────────┐    ┌──────────────────┐
       │什么是    │    │1.理论层面:理念、价值│    │1.获取金融资源的权利│
       │农民金融  ├───→│  目标、原则      ├───→│2.参与金融活动的权利│
       │发展权    │    │2.制度层面:要素、体系、│   │3.获得金融扶持的权利│
       └────┬─────┘    │  类型            │    │4.表达金融需求的权利│
            │          └──────────────────┘    └──────────────────┘
            ▼
       ┌──────────┐    ┌──────────────────┐    ┌──────────────────┐
       │怎样实现  │    │1.对农民赋权激励  │    │1.制定农民金融发展权│
   实然│农民金融  ├───→│2.农村金融机构优化供给├──→│  保障法          │
       │发展权    │    │3.农村金融市场配套服务│   │2.协调农村金融多层次│
       └──────────┘    │4.差异化农村金融监管│    │  立法            │
                       └──────────────────┘    │3.完善农村金融配套制度│
                                               └──────────────────┘
```

图 0-3　本书研究的框架

本书从农村金融法律制度的供给与需求出发,立足于农民在市场经济中的主体地位,采用整体化视角进行理论研究。从历史与现实、国内与国际、历时与共时、宏观与微观、需求与功能、制度与行为、实证与理论、定量与定性等多维角度,全面剖析和深刻揭示农民金融发展权的现实问题和主要障碍。从农民金融发展权的概念内涵与价值追求、历史发展与现状、必要性与可行性、内容体系与实现路径等方面开展研究,探寻使我国农民金融发展权从应然状态走向实然状态的路径与方法。

本书围绕以下核心问题展开论述:(1)农民是农村金融的发展主体,还是被动的发展对象?(2)在市场规律与国家宏观调控的结合中如何定位农民金融发展权的功能?(3)在比较外生型强制性制度变迁与内生型激励性制度变迁的基础上,分析农民金融发展权的基本立法采取何种模式?(4)农民金融发展权的法制框架是单一法律形式还是多层次的法律体系?

一、农民金融发展权对发展权理论的深化

发展权是社会个体平等参与发展过程、享受发展成果的抽象权利。[1] 经济发展权是发展权下各项具体权利存在的基础和实现的前提条件。从经济法的视角研究发展权,有利于把发展权问题进一步转化为国内法问题,促进中国特色社会主义市场经济法制建设的完善。由于金融资源在技术、人力、物资等资源配置中具有重要的中枢作用,金融发展权是经济发展权的重要组成部分。

农民金融发展权是金融发展权针对农民这一特殊主体的权利

---

[1] 联合国《发展权利宣言》指出:"发展是在全体人民和所有个人积极、自由和有意义的参与发展及其带来利益的公平分配基础上,不断改善全体人民和所有个人的福利。"

类型具体化，现代化农业生产离不开金融的支持，农民通过金融资源的杠杆作用及资源配置引导功能提高农业生产力、提高经济收入从而获得自身的全面发展，因此，发展必须落实为每个人应该而且必须通过制度化程序来主张的权利。农村金融法制建设应该突破以"物"为中心的发展理念，树立以"人"为核心的发展理念，农民金融发展权法制建设要求国家注重私权保护、将农民金融发展权的价值追求融入农村金融法制理念，通过具体法律制度树立农民的经济主体地位、保障健康有序的市场竞争环境、促进农村经济全面发展。

二、农民金融发展权对破解农村金融发展困境的作用

在城乡二元经济结构下，农村金融市场发育滞后突出表现为农村资金外流、贷款难、金融服务匮乏、金融基础设施缺乏等问题。农业是国民经济的基础产业，但其高风险性及弱质性难以符合金融资本追逐利润最大化的要求，因此，市场机制难以培育出适应农村经济发展需要的金融市场，需要国家宏观调控对农村金融发展给予倾斜性保护和支持。

同时，农村金融发展并不单纯以经济目标为价值追求，而是具有社会政治因素的考虑，农民通过农业生产获得收入增长是社会稳定和乡村振兴的基础。农民金融发展权的实现并不是依靠捐赠或施舍等模式，而是强调整个农村金融体系通过合理机制进行资源配置，在市场规律基础上实现农村金融可持续发展。依靠国家的物质帮扶并不能实现农村金融可持续发展机制，只有充分保障农民通过金融资源获得参与经济活动、分享社会福利的能力与机会，通过促进农民金融发展权的实现，才能实现人与社会共同

进步的最终目标。国家的金融扶贫、金融支农均需要通过农民的主体能动性转化为生产活动。实践证明国家提供的无息贷款难以发挥激励作用，需要通过国家的制度激励来优化资源配置。农民金融发展权的实现过程也就是通过农民的主体活动将国家扶持资源高效投入农业经营，根据市场竞争来提高生产效率的过程。农民通过金融手段发展生产，实现收入增长也必然带动农村经济繁荣、社会进步的良好局面，因此，农民金融发展权是协调市场机制与国家宏观调控的结合点，通过立法将国家扶持农民发展的意图和目标及时归纳、转化为法律，以法律制度促进和保障农民金融发展权。

三、农民金融发展权的制度构建模式

农民金融发展权的法律调整模式应当与我国农村金融法制的理念、价值追求、基本原则相互协调一致，农民金融发展权从应然状态走向实然状态、从法律理念走向法律规范的基础是制定法律以明确相关权利义务内容。我国长期以来实行的外生型强制性制度变迁并未破解农村金融抑制、农村金融服务与农村资金需求脱离等矛盾，而农村民间金融萌发的合会、互助基金等内生金融模式虽然能灵活高效的满足农民资金需求，但也产生了非法集资、民间高利贷等严重危害农民利益的行为。

法律制度设计如何协调外生型制度供给与内生金融需求的矛盾，成为农民金融发展权立法模式选择需要考虑的重要因素。农村金融法制中大量的各类"管理办法"均属于监管型立法规范，难以充分实现对农民权利的赋权、保障、激励等功能。农民金融发展权的实现需要国家通过法制手段对农民进行扶持，因此，制

定农民金融发展权保障法是农民金融发展权的具体法律实现。通过农民金融发展权保障法明确农民金融发展权的法律属性及国家对农民金融发展权的保障义务,有利于增强农民对金融资源的可获得性,促进农村金融及农村经济的发展。

四、农民金融发展权的法制化实现路径

农村金融法制受到整个农业法律体系制约,特别是与农村生产要素流转、抵押、担保制度密切联系。在土地流转制度没有完善、现代农业结构没有调整到位时,农村金融法制在宏观上无法超越整个农业经济发展、农业法律体系的制约。法制建设的首要原则是把握农村金融与农村改革、金融改革的相互关联,制定农村金融整体法律框架和原则,明确农村金融法制化发展的战略定位。同时,深入探究我国农村金融相关利益主体、利益诉求及其利益的衡量与整合,制定合理有效的农村金融法律制度。

本书根据我国农村金融立法的经济基础、历史基础、体制基础的分析,提出适应我国农村金融发展现状的农村金融立法模式设计:制定农民金融发展权保障法确立农民金融发展权的基础法律关系,同时,综合运用行政法规、地方性法规、规章制度等形式从组织法律制度、市场法律制度、服务法律制度和监管法律制度等角度构建农民金融发展权的具体制度。根据农民获取金融资源、参与金融活动、获得国家帮助等农民金融发展权的具体内容,探索多层次协调的农村金融立法体系。

第五节 农民金融发展权的研究创新点

农民金融发展权的研究是在发展权理论的基础上，结合我国农村金融发展内生动力不足、金融资源向城市流失等结构性矛盾，提出的农村金融发展理论创新及农村金融法制建设探索。农民金融发展权理论以农民利益为核心，通过农民发展带动农村金融、农村经济及农村社会发展，为中国特色社会主义法制理论的丰富和完善做出积极贡献。

一、研究视角的突破和创新

农村金融理论主要存在机构观和功能观的争议。机构观立足于研究农村金融机构微观效率提升和治理机制优化来促进农村金融发展，提出了调整农业发展银行业务范围、农村信用社进行股份合作制改革等具体发展对策。但是，实践中农业发展银行、农村信用社等农村金融机构并未能有效满足农民金融需求，农村金融资源外流的状况难以遏制。因此，仅仅完善农村金融机构的治理机制并不能解决农村金融发展的内生动力不足及农村金融供给需求结构性矛盾等问题。功能观从农民金融需求和农村经济增长的视角开展农村金融制度研究，在分析农村金融系统与外部经济环境关系的基础上把握农村金融功能，但存在农村金融功能定位过窄的缺陷，难以把握农村金融的多元化需求和多层次特征。

本书针对农村金融机构非农化倾向和农村金融资源外流严重、农村金融功能被弱化等问题，从农民金融发展权的视角研究农村金融。❶ 农村金融是指与农村经济发展的金融需求相对应、具有促进农村经济发展功能的金融。而不是仅在农业和农村领域开展业务活动的地理意义上的农村金融机构及其组织体系。为适应农村经济发展的金融交易需求，在分工和交换体系中逐渐形成和发展起来的金融机构、金融市场和组织体系均属于农村金融的范畴，即农村金融的交易功能决定了农村金融机构和组织体系的形态。农村金融发展并不表现为农村地域范围内的金融机构、金融工具增加，而是农村金融和农村经济发展相互促进。

本书从农民金融发展权的视角对农村金融发展思路进行了深层次的反思与重构，从农村金融发展的基本动力入手，分析农民金融发展权对农村金融发展的根本作用。本书创造性的提出农民金融发展权作为农村金融立法的价值出发点，从农民的金融需求出发促进内生金融发展以解决农村金融供需结构性矛盾等一系列问题。从权利性质角度分析农民金融发展权与人权、公民基本权利、农民权利等相关概念的契合。从对策建议角度提出在法律层面制定农民金融发展权保障法，通过农民金融发展权的落实来提升农村金融发展效率，并在配套法规层面完善农村金融市场体系及地方金融监管制度，从而完善我国农村经济发展方式、提高农村经济发展质量。

---

❶ 基于传统货币银行理论形成的农村金融范式以农业为对象，以信贷为特征，以人为认定身份、依靠行政手段赋予职能为标准，以地理意义上的农村金融机构为载体的机构范式，遵循机构—功能—行为绩效的分析范式认为农村金融服务供给不足的根本原因在于农村金融机构的不足。机构范式的"农村金融"把农村金融发展等同于单纯的农村金融机构增加，导致农村金融政策缺乏有效的实施和传导载体，农村金融功能无法具体落实。农村金融职能被限制在只有农村概念，而不一定具有相应意愿和能力的金融机构范围内，致使农村金融资源配置失衡，加剧了城乡金融二元结构。

二、研究内容的突破和创新

法学理论研究首先要解决"是什么"的事实解析,其次关注"应当是什么"的价值追求,最后提出"可以是什么"的路径探索。法制背后的原理和规律同样分为"存在的现实合理性"与"存在的价值正当性"。经济发展权的实现以各类主体的基本权利为基础,是高位阶的综合性权利。由于经济发展权包括多层级的多元化类型,对不同领域的经济发展权展开类型化研究,有利于经济发展权的具体实现。在我国城乡发展不平衡及实施乡村振兴战略的背景下,在发展权框架中明晰和界定农民金融发展权是符合我国国情的经济法理论创新,有利于加强发展权的国内法保护。

本书对农民金融发展权的内涵外延、价值目标、基本原则、立法模式、制度设计等进行全面系统的界定与分析,从而揭示农民金融发展权的发展变迁规律,对解决农村金融问题提供全面系统的理论指导,实现对农村金融法制研究内容的突破与创新。农村金融的资金动员、转移、配置功能对全社会的资源配置及生产要素流动产生重要影响,是实现金融安全、公平、效率价值目标的重要途径。农村金融市场环境为农村金融主体提供支付设施、信用体系、风险分担途径等发展环境,而农民实现金融发展权的活动也推动着农村金融发展。农民金融发展权的实现与农村内生金融发展具有密切的共生、互动关系。农村正规金融机构在追求利润最大化的原则下往往偏离"三农"需求,难以解决农村金融供需矛盾,农村内生金融因其信息供给充足、融资形式灵活等优势而有效满足农民的多层次金融需求,因此,引导农村内生金融规范发展,形成以农民金融发展权为主导的内生型农村金融发展模式，有利于弥补农村正规金融的服务"盲区"，促进农民对金融资源的可获得性。

三、研究方法的突破和创新

本书注重吸收借鉴农村金融学、法学、经济学最新研究方法，分析农民金融发展权的权利构造与法律实现等问题。按照"调整对象→法律价值→基本原则→法律体系"的分析路径，围绕国家宏观调控与市场机制的关系，提出立法具体建议。本书在研究农民金融发展权理论架构与实现机理时，将法律规范方法与制度变迁理论、金融发展理论有机结合，通过交叉学科的运用拓展农村金融法制研究视域。

法律制度发挥着分配稀缺资源的作用，本书将法制构建设定为农村金融环境下各种利益主体在特定交易环境中的"交易"结果，分析有限资源如何平衡农村金融各方利益需求，确定最有效率的行为方式和制度模式，使法律制度得到更为广泛的接受和认可，最终实现社会效益最大化。农民金融发展权基于金融实质公平的价值理念，提出从农民金融需求出发创新农村金融发展模式是解决农村金融供需结构矛盾的重要途径，以保障农民金融发展权激励农村金融发展内生动力，从基础理论、基本法制框架、基本途径等方面明确了农村金融发展的系列基础性问题。农民金融发展权保障法在相对分散的农村金融法规、制度规范之间形成统领性的发展脉络，促进农村金融理论研究融会贯通，充分体现理论体系的逻辑力量。

第一章
农民金融发展权的基本理论

农村金融对农村经济水平提升、农村发展至关重要。在农村金融快速发展和主动适应农村发展需求的过程中，其逐渐从最初的信贷功能，进一步延伸到更多元化的金融产业链、保险等领域。我国长期以来实行国家主导下的农村金融法律制度，农民仅仅被定位为农村经济发展、农业生产中的劳动者、被帮扶者。缺乏农民主体地位的认识不仅是农村金融法律制度供给失衡的根本原因，更是农村金融创新难以规范有序发展的重要原因。树立农民在农村金融发展中的主体地位，首先必须完善农民金融发展权的理论，通过农民金融发展权理论对农村金融发展路径及价值追求进行深入探讨，进而推动农村金融法学理念、价值目标的完善。

第一节 农民金融发展权的理论渊源

权利在静态上表现为人的正当利益，在动态层面上表现为人对自身利益的实际获取方法，它展示的是人在社会关系中的主体地位和自主性。权利和法之间发生转化须经过必要的中介，依赖于一定的条件。❶权利的发展遵循一定的规律,立法使应有权利发展为法定权利,法律实施使法定权利发展为实有权利,实有权利的实现进一步激发人对权利的需求,从而展开螺旋式上升的发展过程,推动着法律的制定、修改和废止。

一、自然法的自然权利学说

在古希腊哲学的基础上,西方古典自然法理论的自然权利学说认为人的权利来源于自然本性,自然法高于一切实在法。为了维护权利行使的秩序,个人让渡权利并订立契约生成国家权力。自然法理论论证了个人权利的合理性,从而为权利的法制保障奠定了理论基础。虽然自然法理论仅仅是从精神层面研究抽象的人权,但其合理因素对农民金融发展权具有一定的理论借鉴意义。

(一)自然法蕴含的古代人权思想萌芽

自然法理论解析了人类的权利和自然理性之间的关系,要求人们的意识和行为必须严格遵守自然理性。古罗马法学家西塞罗系统论证了自然法和实在法之间的关系,认为自然法代表理性、正义和神的意志,真正的法律具有普遍适用、永恒不变等特性,实在法是自然法的具体体现。❷法国哲学家马里旦认为自然法理论中"人"是"个体"和"个人"的统一体,人具有追求生存、人身自由、道德等权利。自然法是人权的哲学基础或理性基础,是

---

❶ 付子堂,文正邦. 法理学高阶[M]. 北京:高等教育出版社,2008:223.

❷ 西塞罗. 论共和国[M]. 王焕生,译. 上海:上海人民出版社,2006:251.

一种天生理性的秩序。[1]富勒认为，法律具有普适性、公开性、清晰性、统一性、权威性、相对固定性等。人不仅有作为"经济人"的权利，还有作为"社会人"的权利。自然法认为正义、道德是人类的理性法则，法律准则的权威主要源于道德力量，自然法虽然具有脱离社会生产实际条件的局限性，但其内在的人本主义精神内核对现代社会的发展仍然具有一定的借鉴作用。

农民金融发展权强调权利的实质平等，农民金融发展权制度设计立足于解决农民由于金融资源匮乏导致的发展能力缺失、发展机会缺失等问题，帮助农民参与经济社会发展、合理分享发展成果等。社会成员平等获得发展机会离不开制度保障，合理的制度能够包容、整合各种发展力量。农民的相对落后影响着社会均衡发展，农民金融发展权为农民提供合理的发展途径，通过农民的发展实现社会各阶层之间协调发展，促进经济社会繁荣稳定。

（二）自然法的实质正义观点

自然法认为人生而平等，而现实中的不平等是不合理的社会条件导致的。在国家的秩序系统中，用以改变利益争夺关系的基本工具是政治、法律、伦理，其中，政治改善环境，法律制约行为，伦理改造意识。[2]社会价值观的导向影响着社会秩序的形成，以正义为核心价值的权力伦理脉络性的蕴含在社会结构中，只有当国家把增进公共利益和人民福祉作为自己存在的目的时，政治权力才会具有合理性。农民金融发展权强调以人为本的经济增长

---

[1] 雅克·马里坦.人和国家[M].沈宗灵,译.北京:中国法制出版社,2011:90.

[2] 赵威.权力伦理的历史追寻与马克思主义权力观的出场背景[J].东南学术,2020(2):86.

模式，认为物质生产速度及财富积累程度并非经济发展的核心目标，发展的目的不是单纯追求国民生产总值的增长，而是实现经济增长与社会进步的协调发展。我国农村扶贫工作的开展及乡村振兴战略的实施均表明国家对农村进行倾斜性扶持的发展思路，这在某种程度上是对国民经济发展的薄弱领域及社会弱势群体的一种帮扶，最终目的在于实现社会资源分配的实质正义，促进社会全体人民共同迈入小康社会。农民金融发展权以人的自由发展和社会福利改善为出发点来设计农村金融发展思路和实现路径，注重维护农民的发展权利并通过农民的发展引导农村金融资源的合理配置。国家通过法律制度对农民金融发展权予以赋权及保障不仅是社会发展模式的升华，也是全面构建和谐社会的有效途径。

（三）国家权力与个人权利的相互平衡

自然法认为，为了保护人人享有自然权利，人们订立契约从而形成了国家和公权力。英国哲学家、法学家霍布斯（Thomas Hobbes）认为，人对于一切自然之物都拥有权利，人最核心的权利是进行自我保全。霍布斯在人的自然权利基础上推导出国家产生的必要性，主张对自然权利加以限制。[1]平等、生命、自由和财产是个人的自然权利，在自然状态下人们有自然权利和自发权利却没有公共权力。由于缺乏公共权力维持社会秩序，人们行使自然权利和自发权利的过程中难免产生权利的冲突。为了明确权利的行使规则并实现权利与权力的相互制衡，人们让渡部分个人权利以形成国家权力。国家权力来源于公民的个人权利，国家在行使权力的过程中应当遵守社会契约，为社会发展谋求福利。权力

---

[1] 霍布斯. 利维坦[M]. 黎思复，黎廷弼，译. 北京：商务印书馆，1985：22.

是一把双刃剑，法国启蒙思想家孟德斯鸠明确提出一切有权力的人都容易滥用权力，要防止滥用权力，就必须以权利约束权力。❶基于对国家权力扩展的制约及对人的自由与尊严的确认与提升，洛克主张以个人权利为基础对政府权力提出限制。

人类发展历史中的各类暴政反复证明，虽然国家的职能是保障个人权利的有序行使，但国家权力如果没有任何制约，则可能成为个人权利最危险的侵害者。为了保证国家权力实现保护个人权利的功能，应当明确个人、社会与国家的关系架构并进行合理的制度安排，通过限制政府的权力来避免个人权利遭受侵害。自然法从国家权力与个人权利相互制衡的角度分析国家权力的本质属性、国家权力的伦理价值导向等问题，其局限性在于未能从社会生产力发展的角度分析个人权利与国家权力的内在逻辑。农民金融发展权制度借鉴了自然法的合理因素，强调农民权利具有制约国家公权力滥用的积极意义，但农民金融发展权制度并非通过农民权利与国家公权力形成对抗和冲突，而是立足于马克思主义理论，强调国家与人民的利益一致性，通过法律制度明确各级行政机关履行保护农民金融发展权的各项义务，在协商与合作的基础上协调农村经济社会各类主体的利益平衡，通过国家法治促使国家公权力保障个体私权利的义务。

二、马克思主义关于"人的全面自由发展"理论

马克思提出"人的全面自由发展"思想，认为只有人的异化彻底消除，人的个性被彻底解放出来，人才能算是被完全解放。

---

❶ 孟德斯鸠. 论法的精神 [M]. 张雁深, 译. 北京：商务印书馆，1961：154–156.

马克思在一系列著作中从不同侧面阐述了"人的全面自由发展"思想,在《关于费尔巴哈的提纲》中提出,人是一切社会关系的总和。在《哲学的贫困》中指出:人是历史发展进程的主体,只有遵循客观规律,发挥人的主观能动性进行劳动创造才能实现人的全面发展。这些理论对农民金融发展权的研究具有非常重要的指导意义。

(一)人的全面发展动力源于人的需要

马克思主义认为,人具有生存权、发展权等多层次的需求,人对权利的需求不是抽象意义上的一般性权利,而是在社会生产生活中实现权利。单纯追求经济效率而忽视广大农民的自身发展权利和利益,不利于缩小我国社会贫富差距,因此,要通过制度设计为农民提供公平的发展机会。人权的普适性要求每位社会成员都应该受到社会的公平合理对待,因此,平等发展的权利是人的基本权利。法律根据社会整体意愿,对人的利益及获得利益的方式予以规范,其核心内容就是人的正当权益及相关行为。人有需要才会产生相应的实践活动,随着人们的社会生活和需要不断丰富和多样化,人们在实践活动中全面提高自己的能力,进而推进人的全面发展。

法律权利是随人类社会的历史发展而产生并演进的,它与特定的历史环境、社会环境紧密相连,是一种典型的实然性权利。社会必须尊重农民的地位,将农民利益始终放在首位成为树立农民在农村金融发展中主体地位的重要理论支撑。农民从事生产活动是农民提高发展质量的根本途径,农民为了增加收入必然要扩大生产规模,这就对金融借贷、农业保险等金融资源产生了需求。在农村金融资源供给不足的情况下,农民对贷款难问题可借助资金互助活动、利用土地承包经营权抵押贷款、寻求国家扶贫贷款等方式获取金融资源，客观上需要农民金融发展权的法制保障，因此，农民金融发展权的兴起根源于农民发展的内生需求。

（二）人的全面发展依托于特定的社会关系

马克思主义认为，国家是私有制产生、阶级分化等阶级矛盾发展的产物，政治权力不过是用来实现经济利益的手段，❶必须从利益冲突和阶级统治来认识国家权力的性质。任何国家都需要履行社会管理的职能，维持人民与国家的良性关系。个人的发展受到社会关系的制约，因此，人的全面发展要求必须实现个体的社会关系全面发展。马克思揭示了国家发展和提高人民生活水平建立在生产资料由谁进行掌控及怎样在公平基础上进行财富分配等问题。马克思认为：无论是"权利（right）"还是"权力（power）"都是基于生活、生产的社会产物，只能历史地加以说明和理解。在《哥达纲领批判》中，马克思提出："权利决不能超出社会的经济结构以及由经济结构制约的社会的文化发展。"❷对权利的真正理解不仅要深入到社会的经济结构之中，而且要深入到社会的历史文化之中。

马克思反对从抽象个人权利出发构建国家权力的方法论个人主义，而是认为，现实中的个人是在一定历史条件下有着丰富的具体规定性的个人，每个现实的人及其权利只有在一定的社会关

---

❶ 弗里德里希·恩格斯，卡尔·马克思. 马克思恩格斯选集［M］. 中共中央马克思恩格斯列宁斯大林著作编译局，译. 第4卷. 北京：人民出版社，2009：305.

❷ 弗里德里希·恩格斯，卡尔·马克思. 马克思恩格斯选集［M］. 中共中央马克思恩格斯列宁斯大林著作编译局，译. 第3卷. 北京：人民出版社，1960：301.

系中才能得到合理的说明。权利始终处于社会活动的关系网络中,因此要在社会关系中理解权利。人的全面发展的基础是生产力发展,农民个体的发展离不开农村经济的整体发展。农民金融发展权的行使必须以遵守国家法治秩序、保障农村金融机构权益、维护国家宏观调控战略等为前提,因此,农民金融发展权的权利边界涉及国家利益、集体利益、个人利益的平衡,涉及国家公权力与农民私权利的平衡等问题。

（三）人的全面发展具有自身特性

马克思指出：尽管每个发展阶段都有其历史存在的必然性,但任何领域的发展不可能不否定自己从前的存在形式。❶人的社会关系和实践活动具有复杂多变性,在不同的社会活动和社会关系中具有自身独特个性。针对当前我国城市和乡村发展不平衡的矛盾,农民金融发展权是"人的全面发展"思想的具体落实,是对"以人民为中心"思想的具体实施。农民金融发展权理论将人的发展需求作为逻辑起点进行理论预设与制度构建,通过对现实矛盾的回应构筑起理论的坚实基础。

在社会发展的宏观层面,全面建设社会主义现代化国家、全面深化改革、全面依法治国、全面从严治党的"四个全面"战略布局是更好实现农民金融发展权的根本保障。在国家战略的中观层面,通过乡村振兴战略的实施及农村金融体制改革释放农村金融机制的活力,同时,优化农村金融资源配置体系,实现社会资源分配的实质公正。在农村金融发展的微观层面,针对农村发展

---

❶ 弗里德里希·恩格斯,卡尔·马克思.马克思恩格斯选集[M].中共中央马克思恩格斯列宁斯大林著作编译局,译.第1卷.北京：人民出版社,1972：169.

不平衡、不充分的状况制约农村金融资源总量供给及供需结构平衡，市场机制与社会资源分配的协调机制尚未完善等现实问题，农民金融发展权制度通过国家保障农民获取金融资源、参与金融活动、表达金融需求等，从而将权利落实为具体的实践内容。农民金融发展权制度通过倾斜性扶持的方式调整农村社会资源分配，并将农民的主体作用融入农业生产、农村金融、农村经济、农村社会等有机联系的整体，从社会主要矛盾的基本立场出发来探讨农民权利→利益→发展的整体路径，是对马克思主义的具体运用与阐释。

三、现代人权理论

现代人权理论的不断发展使人权的内涵得到进一步丰富。从选举权、被选举权及表达自由权等政治性权利扩展到经济、社会、文化权利等，现代人权观确立发展权为基本人权，经济发展权是发展权的核心。农民金融发展权正是对发展权主体及内涵的扩展，同时也是经济发展权的一种具体权利类型。

（一）农民金融发展权是发展权在中国特定社会结构下的具体形态

1970年，塞内加尔学者凯巴·姆巴耶首次提出"发展权"概念，1979年联合国大会《关于发展权的决议》及1986年联合国《发展权利宣言》均表明了发展权的人权属性。❶各类人权文件对发展

---

❶ 1986年联合国《发展权利宣言》表明："发展权是人的个体和人的集体参与、促进并享受其相互之间在不同时空限度内得以协调、均衡、持续发展的一项基本人权。"

权内容的具体阐述见表1-1。

表1-1 各类人权文件对发展权的确认情况

时间	文件	内容
1970年	凯巴·穆巴耶发表《作为一项人权的发展权》演讲	第一次明确提出发展权的概念
1979年	联合国大会第1466号决议通过的《关于发展权的决议》	赋予发展权以基本人权的地位
1986年	联合国大会第41/128号决议通过的《发展权利宣言》	发展权作为一项新型人权得到国际社会普遍承认
1992年	联合国《二十一世纪议程》第32章《加强农民的作用》	建立体制和法律机制，保证给予农民实际的土地保有权。建立机制，使农民，特别是妇女和土著群组农民有更多机会获得农业训练、信贷和利用改良技术以确保粮食安全
1993年	第二届世界人权大会《维也纳宣言和行动纲领》	各国有义务制订和保持国家级的适当措施，以争取促进和保护属其人口脆弱层次者的权利
2009年	中国《国家人权行动计划（2009—2010年）》	保障农民土地权利。依法保障农民对土地的占有、使用、收益等权利；健全土地承包经营权流转市场，按照依法自愿有偿原则，采取转包、出租、互换、转让、股份合作等多种形式流转土地承包经营权。保障农户宅基地用益物权。完善征地补偿机制。提高农民收入水平。推进城乡基本公共服务均等化。建立政府扶持、多方参与、市场运作的农村信贷担保机制，加快建立农业再保险和巨灾风险分散机制
2012年	中国《国家人权行动计划（2012—2015年）》	切实保护农民的土地承包经营权、宅基地使用权和集体收益分配权。制定农村集体土地征收补偿条例

续表

时间	文件	内容
2016年	中国《国家人权行动计划（2016—2020年）》	稳定农村土地承包关系，完善土地所有权、承包权、经营权分置办法，依法推进土地经营权有序流转。完善集体经济组织成员认定办法和集体经济资产所有权实现形式，将经营性资产折股量化到本集体经济组织成员
2021年	中国《国家人权行动计划（2021—2025年）》	将促进全体人民的自由全面共同发展作为人权事业发展的总目标。巩固脱贫攻坚成果，开展乡村振兴建设。保障农民财产权利

表1-1中的人权文件通过观念到制度的延伸以及逐步充实，使发展权逐步由抽象人权转化为具体人权制度。❶人权最主要的权利首先是生存权，只有保障生命延续的基本物质生活条件，才能在此基础上引申发展权。在中国共产党的领导下，我们通过精准扶贫工作，解决了我国农村的绝对贫困问题，农民的生存权得到充分保障。发展权是生存权的延伸，只有经过生产力充分发展，个体权利和自由才能有效实现。没有充足的物质资料供给和生产，

---

❶ 人权是实现发展的形式和手段，发展是人权的目的与归宿。人权从自决权、天然资源永久主权发展到公民权利、政治权利及经济、社会、文化权利，始终以发展为目标。1948年的《世界人权宣言》第22条规定："每个人，作为社会的一员，有权享受社会保障，并有权享受他的个人尊严和人格的自由发展所必需的经济、社会和文化方面各种权利的实现。"1979年，第三十四届联合国大会在第34/46号决议中指出，发展权是一项人权，平等发展的机会是各个国家的天赋权利，也是个人的天赋权利。1986年的《发展权利宣言》指出："发展权利是一项不可剥夺的人权，由于这种权利，每个人和所有各国人民均有权参与、促进、享受经济、社会、文化和政治发展，在这种发展中，所有人权和基本自由都获得充分实现。"1993年的《维也纳宣言和行动纲领》《关于发展权的决议》均强调发展权利是一项人权。

人的各项权利都很难实现，因此，大力推进生产力发展是实现人权的基础条件。

由于经济发展权是发展权权利体系中的核心，是实现其他发展权的基础，经济法对发展权的保障尤为重要。在中国的城乡二元经济结构下农村金融资源不断流向城市，农民相对发展不均衡状况严重制约着社会均衡发展。发展权是关于发展机会均等和发展利益共享的权利，农民金融发展权是发展权在中国特定社会结构下的具体形态，是从农民的基本发展权中派生出来的权利，是农民在农村金融领域中应该享有的权利。农民金融发展权是对人权观念的发展及丰富，农民金融需求的满足程度影响着发展权落实，而农民金融发展权的实现也是促进农村经济发展的重要动力，因此，衍生于发展权的农民金融发展权应当遵循发展权制度的普遍规律。

（二）农民金融发展权激发农民发展生产的内在动力

发展是个人权利的核心价值目标，只有依托发展才能激发个人潜能，从而更好实现人的需求。我国实行家庭联产承包责任制之后，农民获得了土地使用权、经营自主权、收入支配权等，农民的生产积极性被激发，促进了我国农村经济迅速增长。国家实行乡村振兴战略使农村经济社会获得了全面发展，但城乡差距仍然存在，农村金融资源不足制约着农民的高质量发展。农民金融发展权基于金融资源优化配置来协调金融发展与人的发展之间的关系。

发展权是人人应该享有的一种权利，农民金融发展权表达的是对弱势群体的权利扶持，政府作为公共服务机构在权利保障上应倾斜于农民。在农村金融抑制的状况下，农民难以依靠个人力量获得发展所需的各种金融资源，法律制度赋予农民金融发展权的同时，也必然设定国家保障农民金融发展权实现的义务，通过政府运用公共权力来弥补农村金融市场机制的缺陷以保障农民的权益。如果国家没有履行相应的义务，权利主体可要求行政和司法救济，因此，农民金融发展权也是一种促进社会资源分配正义的有效方式。农民金融发展权通过赋权及权利保障来激发农民发展生产的积极性，促进发展权从应然权利转化为实然权利。

（三）农民金融发展权是农民实现发展权的重要保障

基于金融资源在农村经济发展中的核心作用，农民金融发展权的确立不仅丰富了发展权内涵，也有利于全面提高生存权的实现水平。一方面，科学合理的制度可以在一定程度上推动整个社会的发展进步并提高社会福利，但从另一方面来看，脱离实际的制度也有可能成为严重制约社会发展进步的阻力。实践中，部分地方政府和金融机构对农民的主体性认识不足，认为地方政府是农村金融扶贫实施主体，各类金融机构是金融服务供给方，广大农民只是被帮扶的对象。由于对农民的发展问题重视不足，各级政府虽然对农村金融投入大量资金，但农民的自我发展能力并没有得到强化，单纯的资金投入反而滋长了农民"等、靠、要"思想。针对扶持政策的缺陷，农村金融法律制度应当超越扶贫济困的短期目标，坚持金融实质公平的价值追求，注重农村金融机构管理与评价制度、农村金融促进与激励制度等，构建有益于农村金融健康可持续发展的法制环境。

法律权利是由法律制度直接规定的权利类型，法律体系的进一步完善必须着眼于保障农民权益，我国应当依法确立农民金融发展权这一权利形态，以农民金融发展权为核心设计农村金融法律制度，通过法律的权威性和强制力将农民金融发展权落到实处，激励并保障农村贫困人口通过获取金融资源实现经济发展。

四、现代金融发展理论

现代金融发展理论认为金融资源具备社会公共产品属性，其配置是否均衡将推动或阻碍社会经济发展。金融资源配置均衡客观上要求每个社会主体都享有通过金融资源参与经济活动的权利，从而为农民金融发展权提供了理论基点。同时，现代金融发展理论认为金融是否能发挥对经济促进作用与法律制度保障密切关联，只有通过法律制度确认和国家强制力保障，权利才能实现。

（一）基于金融资源对农业经济核心作用确立的农民金融发展权

资本是现代市场经济发展的主要推动力，而制度则界定着资本的运行规则。资本引导着整个社会的资金流向、规模，在一定程度上具有协调产业发展、塑造社会经济结构等功能，资本的生成、组合、竞争与增值等机制是提高社会经济运行效率的关键，资本和市场、制度之间的良性互动是推动农村经济健康发展的主要机制。发展权的内涵随着人类社会经济活动发展而不断丰富。传统小农经济生产中资本对于促进农业生产发展的作用有限，但随着农业的持续发展和生产技术的进一步提高，资本成为影响农业生产效率的关键因素。金融资源聚集不但能带动特定区域发展，而且在此过程中金融发展权能为不同个体得到均等的发展机会提供有效的保障，金融资源成为当前影响个体发展的重要因素。农村资金不断外流的情况下，农民难以通过金融资本实现对农村各种资源整合，难以获得家庭农业生产之外的农业产业化、规模化、市场化和非农化的收益。农民金融发展权得不到实现，不仅农村金融非农化的弊端难以解除，农民的生产经营权也难以得到充分保障。围绕农村金融资源配置而产生的一系列问题影响着农业、农村、农民发展，通过农民金融发展权进一步协调金融体系中各方权利义务关系，从而对个体、组织、区域的可持续发展产生促进作用。

（二）基于农民需求对农村金融资源配置中枢作用确立的农民金融发展权

金融资源是引导经济资源配置的核心，而人是一切生产活动的主体，农民得到充分发展，必将带动农业经济、农村社会的全面繁荣，反之，脱离农民发展需求的金融资源配置很难融入农村经济社会体系。如果农民贫困落后，则整个农村的发展，乃至国家的发展都必然受到制约。农村金融不仅仅是资金借贷，还涉及农村金融秩序稳定和金融资源合理利用等公共领域问题，因此，保护农民金融发展权涉及农村金融资源在市场主体间的合理分配、维护农村金融秩序等。提高农业生产收益是增加农民收入的根本途径，农民是否能借助金融服务扩大生产规模、是否能将土地权益转化为金融资源、是否能通过资金合作组织实现资金融通等问题，成为影响农村经济发展的重要因素。农民缺乏抵押物、资金需求分散等特征与农村金融机构追求利润最大化的宗旨相互矛盾，一方面，金融机构在农村难以找到合适的放贷对象，另一方面，农民难以获得贷款，农村金融资源的供给与需求结构矛盾制约着农村经济发展。农民金融发展权主张通过在农村金融市场积极引入民间资本、倡导农村金融机构社会责任等使被排斥于基本金融服务之外的农民能共享金融服务的机会和权利。因此，农民获取金融资源、参与金融活动、获得金融扶持、表达金融需求等金融发展权利是实现农业、农村、农民整体发展的重要基础。

（三）基于农民发展对农村金融结构调节作用确立的农民金融发展权

农民金融发展权的实现建立在农村金融发展的基础上，但农村金融发展中的结构性矛盾需要合理的法律制度加以调整。农民金融发展权为农民参与、共享经济发展成果提供了基础，通过发挥农民主体作用把经济增长要素有机整合，实现生产资源优化配置。农民金融发展权一方面强调农村金融发展中公平与效率的良性互动，主张让更多的人分享经济增长成果，缩小收入差距；另一方面强调农村金融发展中保持区域经济发展平衡，缓解城乡差距、地区差距及群体差距。农民金融发展权倡导的机会平等强调农民公平参与经济增长、合理分享经济增长成果，有利于解决收入分配不公、贫富差距过大等社会矛盾。农民金融发展权注重农村金融发展的速度，更注重农村金融发展的模式。农民金融发展权对农民个体权利的强调，有利于调整农村金融供需结构实现农业经济与农村社会均衡发展。农民金融发展权强调农民权利优先，意味着宏观经济调控应关注提高农民收入水平的价值目标，从而将更多的社会产品分配给农民、政府财政支出更多的用于农村社会福利建设。农民金融发展权立足于通过经济增长创造发展机会，农民可以平等利用经济发展机会提高自身的发展能力，使社会发展实现可持续增长的良性循环。社会各阶层、各群体的利益均衡是生产关系协调发展的要求，农民金融发展权制度通过保护农民的参与权利和共享权利,从而避免强势权力对弱势权利的剥夺,避免垄断及不公平竞争。经济发展是社会发展的前提、基础及根本保证,社会发展则是经济发展的最终目的。农民金融发展权的实现有利于高速、有效、可持续的经济增长,实现农业、农村、农民的共同发展。

第二节 农民金融发展权的概念

农民金融发展权是发展权在农村金融领域的具体化,是农民享有的要求国家及其他主体保障其参与、促进和享受金融发展成果的基本权利。农民金融发展权是一套完整的权利体系,是制定具体农村金融法律制度的基础。现有法律法规制定大多立足于城市工商业发展需求下的金融形态,农村金融法律制度的特性没有得到凸显。因此,从理论上厘清农民金融发展权概念,是调整农村金融法制理念、体现农村金融法律制度特性的重要基础。

一、农民金融发展权主体

明确农民金融发展权主体有利于进一步确立农民在金融发展中的主体地位,有效防止行政权力对农民获得信贷资金、参与金融活动、表达金融意愿等农民金融发展权的干预。同时,农民金融发展权使农民在自身合法权益被侵害时,能够以权利主体身份抵御外部侵害,并向侵权主体追究法律责任。因此,通过立法确认农民金融发展权主体,是制定农民金融发展权相关法律制度的基础。

(一)农民金融发展权主体为农村集体经济组织中的农业生产劳动者

现代汉语词典对"农民"的定义为"长时期参加农业劳动的劳动者"。农民的英文词汇主要有"farmer"和"peasant","farmer"指以农业为职业者,本身不具有身份属性,"peasant"的概念更强调身份,由人的出生决定农民的身份。社会学研究中普遍认为,农民是指在农村地缘关系的基础上,通过各种社会关系和联系而组成的农村社会各类社会集团、群体及社会组织的农村居民。[1] 从职业的角度看,农民是以土地为基本的生产资料,长期从事农业生产的劳动者。在我国曾经实行的城乡二元户籍制度下,农民是指拥有农业户口的人,并在"农民"这一身份概念中附加着城乡资源分配的具体内容。2014年7月31日,国务院《关于进一步推进户籍制度改革的意见》规定建立城乡统一的户口登记制度,取消农业户口与非农业户口区分并统一登记为居民户口,由此,我国的城乡二元户籍制度正式取消。现代社会中农民从事的活动并非都是农业生产,大量农民外出打工,长期生活在城市,但他们属于农村集体经济组织成员,在农村有自己的承包地和宅基地。本书中农民的概念不仅指那些在农村长期从事农业生产劳动的人,而且包括那些进入城市务工、同时兼顾农业生产的流动型农民。农民金融发展权把农民的需求作为主导因素来处理农村金融发展与农民发展之间的关系,通过人与社会和谐发展来实现农民自身全面发展的权利,通过农民的全面发展带来农村金融和经济可持续发展。

随着户籍制度改革,农民的判断标准不再局限于其户籍性质,

---

[1] 李守经. 农村社会学[M]. 北京:高等教育出版社,2006:30.

而是更多从其是否属于农村集体经济组织成员、是否拥有土地承包经营权、是否从事农业生产等角度进行认定。农民金融发展权主体为农村集体经济组织中的农业生产劳动者，农民金融发展权并非强调为农民提供生活消费资金，而是主张在农业生产中借助金融资源帮助农民实现现代化规模生产，通过农业生产效率的提升来增加农民收入，从而在根本上促进农民发展。农民金融发展权的权利内容会随着社会、经济的发展而不断完善，其权利实现的程度也会不断加深。农民金融发展权制度并不是仅对农民进行赋权，而是在赋权基础上促进农民自我发展的主动性和积极性，从而推动农村经济繁荣。

（二）农民金融发展权是农民集体权利与个体权利的统一

我国农民发展状况尽管存在地域差异性，但整体而言，农业经济的高风险低收益使农民难以充分获取经济资源。农民金融发展权内在包含个体与集体的共同发展，个体的发展是集体发展的前提与基础。农民金融发展权在本质上是农民个体拥有的权利，但农民金融发展权的实现与农业生产紧密结合，农民往往以家庭为生产单位，通过合作、合资、入股等方式参与农村经济合作组织，实践中表现为专业种养殖户、专业生产合作社等，因此，农民金融发展权的主体不仅是作为自然人的农民，还包括专业种养殖户、农村专业生产合作社等农民自发形成的农业生产主体，农民个体的金融发展权最终也表现为个体权利的集合。由于每个人都享有参与经济、社会、文化和政治发展的权利，随着社会进步，个体借助各类金融资源实现自身发展、获取自身应得利益的金融发展权逐步实现，最终必将形成集体权利的实现。

农民金融发展权强调个体权利和集体权利的协调统一，主张必须在集体进一步发展的基础上实现个体的充分发展，才能最终实现社会利益最大化。实践中，不仅农民参与金融活动的意愿、能力与其参与农业生产的组织形式密切相关，而且，建设农村信用系统、完善农村金融支付系统、农村非法集资风险防控等并非农民个人能完成的事项，需要通过农民集体向国家申请扶持及倾斜性支持。由于任何个体都是生活在特定的时空和环境之中，农民金融发展权理论纠正了个人主义的偏颇，在重视个体发展权的同时也强调集体发展权，在农村金融全面发展的背景下为农民金融发展权提出科学的制度构建方式，不仅最大限度地保障个体权利，而且在整体利益均衡发展的基础上实现更大范围内的个体权利。

（三）农民金融发展权强调农民主体地位

邓小平同志指出："农村搞家庭联产承包，这个发明权是农民的。农村改革中的好多东西，都是基层创造出来的，我们把它拿来加工提高作为全国的指导。"❶在现代化进程中，中国农民改变以自给自足或半自给自足的农业小生产为基础的生产生活方式、思想观念等，实现向现代化、产业化、商品化生产方式的转变，在社会转型中体现出极大的适应性及创造力。随着农业社会向工业社会转型，导致农民从依赖土地耕种，以传统和经验为指导的相对静态的生产方式转向以资本为要素，以理性、契约为指导的相对动态的生产方式。市场经济必然是法治经济，法治社会的秩序要求权利受到合法保护、权力行使范围有所限制、权力行使方式有法可依并受到约束和监督等。权力通过强制性规范确定秩序，权利强调协商性逻辑和自治性秩序。由于公权力往往具有较强的

---

❶ 邓小平. 邓小平文选（第3卷）[M]. 北京：人民出版社，1993：382.

扩张性，应当对其进行一定的法律制约，而基于私权主体的弱势地位，凡是法律没有禁止性规定，私权主体就可以自主做出行为。

农民金融发展权强调农民主体地位的同时，规定了国家保障农民金融发展权的义务。国家对金融资源进行科学配置、对金融市场实施必要干预是实现社会公平、推动社会整体发展、最大限度防控金融风险的必要保障。由于公权错位可能会对弱势群体产生不利影响，从农民金融发展权角度强调农民的主体地位并进行权利保障在客观上起到制约公权力过分扩张的作用，而且，农民金融发展权制度要求国家履行不得干预农民合法权益的消极义务及为农民提供金融基础设施、优化金融发展环境等积极义务，在一定程度上引导着公权力的行使方式和行使内容。农民金融发展权的赋权和保障既能促进农民自身权利的有效落实，也有利于提升金融资源配置效率，从而有效推进农村金融市场发展。国家公权力的行使不应当直接参与金融活动，而是通过适当的制度安排实现权力与权利的平衡，通过制度保障农民有权获取金融资源以参与社会经济活动、获得经济发展机会。

二、农民金融发展权客体

农民金融发展权体现了人和资本相互促进的关系，农民与农村金融机构、农村金融监管部门等相互之间的权利义务关系与各类金融资源的配置紧密相关。农民金融发展权的权利客体包括国家对农村金融的扶持资金、农村信贷资金、农村金融服务等农村金融资源及相关的金融活动。

（一）国家对农村金融的扶持资金

国家对农村金融的扶持有无偿投入、无息借贷、参与股份等方式，从美国、德国等发达国家的发展经验来看，农村金融发展初期离不开国家投入一定的资金支持，随着农村金融机构运行成熟后逐渐按照市场竞争规律运行，农业产业化发展更需要国家扶持资金提供初期的基础投资及宏观引导。国家对农村金融的扶持资金虽然可以解决农村金融资金供给不足，但并不能形成农村金融发展的内在动力。而且，农村金融扶持资金客观上增加了国家的财政支出压力，国家支农扶持资金可能受权力寻租、公款挪用、腐败贪污等影响，存在资金运用效率低下的问题。

农民金融发展权理论并不主张国家单纯对农民进行无偿的资金扶持，而是强调国家扶持资金与农业生产的紧密结合，通过补贴评级、基金运作、动态监控等制度提高国家对农村金融扶持资金的使用效率，并发挥国家扶持资金的杠杆作用引导农村金融机构服务农民金融需求。另外，国家扶持资金用于完善农村金融基础设施、加大农业保险扶持、促进农民征信体系全覆盖等，国家扶持资金通过提供完善的农村金融发展环境促进农民金融发展权实现，让农民有机会和能力获得全面发展。

（二）农村信贷资金

农村信贷资金是满足农民金融需求的主要来源，但由于我国农村金融的供需结构矛盾，农村金融机构难以充分满足农民分散、无抵押的融资需求，农民往往通过民间借贷、非正规组织借贷等途径满足金融需求，农村金融风险不断累积，农民融资难、融资贵的困境始终难以解决。一方面，农民金融发展权理论认为农村信贷资金应当与农业生产项目紧密联系，将农村信贷资金的运用嵌入农业生产的生产、销售、流通环节，保障国家提供的农业信贷补贴、惠农贷款用于农业生产，促进农民通过积极开展农业生产来提高收入水平。另一方面，农民金融发展权理论并不主张过度降低农村信贷资金的贷款利率，而是强调金融机构以合理的成本提供服务，不同金融需求主体获得合适的金融服务。针对农民的差异化金融需求，农村金融机构应当加强金融产品及服务创新，从而降低农民获取金融资源的成本。农村金融机构开展业务时，应当根据农民的抵押物、信用担保等实际情况灵活发放贷款，金融机构不应对农民采取歧视性标准，损害农民平等获取金融服务的权利。同时，农村金融机构也应当不断完善信息化技术手段，通过手机软件系统、电子银行、服务网点等途径提高农村金融服务便捷度。

（三）多元化的农村金融服务

农村金融服务是我国金融服务体系中较为薄弱的一部分，我国农村金融市场服务体系不健全、金融支付手段不完善、银行服务网点覆盖率较低等现状在某种程度上是农村经济发展和农村金融发展结构性矛盾导致的后果。农民的金融需求不仅包括农业信贷资金，还包括农业保险、农业项目债券、农业风险保障基金等多元化的农村金融服务。农业生产项目通过债券、基金等方式在资本市场进行有效的融资，其资金规模远远大于单纯的资金借贷，而农业保险等服务则是降低农村金融风险，实现农民收入保障的重要方式。

我国农村金融市场未能有效提供农业保险、农民信用体系、现代信息化支付手段等服务，农村金融市场发展滞后制约着农村金融服务的有效供给，阻碍着农业扩大再生产。健全完善的农村金融体系能够通过各类金融机构功能和职责的协调配合来弥补单个金融机构运行的局限性，进而产生放大金融功能的作用。农民金融发展权的实现离不开农村金融机构提高经营效率、完善多元化农村金融服务等金融供给的支撑，农民的发展与农村金融机构的服务相辅相成，是农村金融发展的重要组成部分。农村金融是一个复杂、多项因果综合作用的产物，农村金融服务多元化有利于促进农村金融市场有序竞争，从而保障农民享有获得金融服务的权利。

（四）内生性的农村金融活动

金融活动源于商品货币关系，已经成为现代社会生产、交换、分配和消费顺利进行的必要条件。[1]农民金融发展权制度通过保障农民平等参与金融活动、获得金融资源的权利和途径，并以此实现农民发展机会与发展结果的实质正义。农民依法享有设立、参与农民资金互助社等资金互助组织的权利及通过投资、入股等形式参与金融活动的权利。农民金融发展权保障农民拥有平等的权利和以平等的地位参与市场竞争，而优胜劣汰是市场持续发展的原则，农民金融发展权要求农民的竞争机会平等，但并不是竞争结果的绝对平均。在权利义务平衡、机会平等且良性竞争的农村金融市场中，市场主体能通过参与市场竞争获得发展机会，但是现实中的金融市场往往存在各类信息不对称、资源配置结构失衡等市场失灵现象。农民金融发展权理论主张降低农村金融市场准入门槛、鼓励农民在农业生产中有序开展金融互助活动，并通过

---

[1] 王煜宇. 金融法学［M］. 武汉：武汉大学出版社，2010：65.

法律制度明确农民资金互助组织的合法地位及监管规则,从而促进农民参与金融活动,降低农村金融运行成本。

三、农民金融发展权的基本内容

农民金融发展权作为农民基本权利,是保证农民生存和发展必需的权利,具有不可剥夺性以及不可转让性。农村金融资源稀缺性决定了农民金融发展权的重要性,农民金融发展权通过提高农民参与金融市场活动、获取金融资源、分享社会金融发展成果的保障,帮助农民从多元渠道获取金融支持,从而有力促进乡村振兴。

(一)农民获得金融资源的权利

农民金融发展权的实现基础在于农民能够获得金融资源,从而有机会参与经济活动。格莱珉银行的创办人尤努斯提出,信贷是人权。农民获得金融资源的核心是信贷权,农民能够以合理成本获得贷款资金,才能利用资金获得各种农业生产要素从而提高生产效率,通过金融资源的杠杆作用分享经济发展利益。农民进行贷款需要相应的抵押或信用担保,而农民最大的资产在于其拥有的土地使用权,对农民的宅基地使用权、土地承包经营权、建设用地使用权制定有效的流转制度,实现农民抵押贷款的制度创新,成为农民信贷权实现的关键。我国东西部区域发展差距较大,西部地区农民大多仅仅从事小规模的农业生产,金融需求以贷款为主;而东部沿海地区的农民大多还从事农产品加工、农业生态旅游等多种经营,具有对农业保险、债券融资等金融服务的需求,因此,我国农民对金融资源需求整体上呈现多元化、多层次性。

（二）农民参与金融活动的权利

农民金融发展权包括农民在自主、自由意志引导下利用其拥有的资本参与金融市场竞争的权利，如入股农村合作金融、资金互助等从事民间金融、合作金融的权利。在农村金融资源供给不足的现实背景下，农民之间的资金调剂及资金互助行为具有明显的互补性和互助性，能为当地的农民及时提供融资服务。农村微观金融主体的相互博弈可以有效降低交易成本、优化资金配置效率，进而促进经济增长的质量提升。金融活动准入门槛的放宽使得农民能够参与金融产品及服务创新，通过资本经营得以更全面分享资本收益。因此，国家应放宽对农村金融市场准入条件限制，维护公平竞争的金融市场秩序。金融组织多样化与金融投资主体多元化的环境下，农民利用自有资金参与金融市场竞争，不仅拓宽了民间资本投资渠道，还有利于增强农村经济活力。

（三）农民获得金融扶持的权利

农民金融发展权的功能在于减小城乡发展差距，解决农村金融发展中的信息不对称及效率低下等问题。受限于历史条件、自然环境、区域发展战略及经济水平差异性等多种原因，大多数农民能够享受到的金融资源非常有限。权利的构造离不开对义务内容的规定，农民金融发展权的实现离不开国家对农村金融的扶持，但国家扶持并非单纯的资金补贴，我国农村金融发展实践证实，国家的无偿资金支持难以有效运用到农业生产中，灾害救济也只是起到临时解围济困的作用，并不能从根本上解决农村金融发展动力问题。农民金融发展权强调通过农民的主体能动性促进农村金融的内生发展动力，以金融资源的杠杆作用带动更多的农业生产要素聚合。由于农民对金融资源的获取途径较为匮乏,农民有权要求国家提供农业生产、农村经济建设所需的金融设施及金融资源,同时,农民也应当服从国家对农村金融的宏观调控及监管要求。

农民金融发展权的保护不仅是社会福利问题,还是解决社会利益冲突的重要途径。国家作为保护农民金融发展权的义务主体,不应当直接介入经济活动,其主要功能在于提供社会公共产品。一方面,政府提供农村金融信用体系、电子支付渠道等金融基础设施能促进农村金融市场有效提高运行效率;另一方面,国家提供完善的农村金融法律制度、农业保险及担保服务、完善农村土地使用权流转制度等有利于推动农村金融资源整合并优化农村金融结构。

(四)农民表达金融需求的权利

权利是受到保护的利益,是为道德和法律所确认的利益,这种利益需要利益主体通过意思表达或其他行为来主张。权利主体应该有资格提出利益主张,可以在法律允许范围内按个人意志去行使或放弃该项权利,不受外来的干预或胁迫。在社会发展模式从国家管理向社会治理转变的时代背景下,农村金融发展既需要自上而下的国家调控和监管,更需要自下而上的农民对农村金融决策、运行和分配进行有效监督,通过沟通、协商、合作来确立农村社会发展目标。农民通过适当途径表达金融需求有利于农民金融发展权平等实现,但是,农民表达金融需求的权利是建立在平等参与机制基础上的理性表达,农民掌握信息是否全面准确、决策事项的专业复杂程度、农民素质高低等因素决定着农民表达金融需求的合理性,因此,农民有效行使表达金融需求的权利离不开法律制度鼓励、引导和规范。

农村通过正式制度建立相应的农民利益表达机制包括广泛的信息公开机制、农民对金融执法主体监督机制、金融权益受到侵害时的救济权等。法律制度能够为农民表达金融需求提供各类合法渠道，保障农民通过合理途径表达金融需求，有利于对农村金融活动的内容和模式进行有益补充，以争取更多的金融发展机会，因此，农民表达金融需求的权利应当法制化，保障农民金融发展权由行为变成结果。❶

第三节 农民金融发展权的价值体系

法律价值体现为法律客体与人的主观需求之间对应关系，其反映法律规范保障和实现何种利益。❷农村金融主体之间的权利义务界定和具体规范构建以农民金融发展权的价值追求为逻辑出发点，因此，价值体系是研究农民金融发展权制度的重要基础。

一、农民金融发展权是实现金融实质公平的突破点

价值判断是建立法律秩序的基础，也是判断法律规范的一种

---

❶ 潘施琴. 农民金融发展权立法：一个分析框架［J］. 经济纵横，2012（7）：116.
❷ 付子堂，文正邦. 法理学高阶［M］. 北京：高等教育出版社，2008：274.

适当、有益、必要的途径。❶由于金融资源是经济发展的重要催化力量,而在农村金融资源及金融服务都较为稀缺的环境下,只有保障城市与农村、农村发达地区与农村落后地区之间实现获取金融资源、参与金融活动的实质公平,才能发挥金融资源促进国家经济发展的积极作用。

(一)实质公平有利于社会均衡发展

古希腊哲学家亚里士多德认为:"公平是给予和维护幸福或者政治共同体福利的组成部分。"❷休谟、穆勒及边沁的功利主义公平观、庇古的福利经济学公平观、阿玛蒂亚·森的发展经济学与经济伦理思想均将金融公平作为最核心的价值追求,认为金融的经济功能导致社会收入分配差距不断拉大,而分配差距影响着社会稳定与和谐,因此,金融伦理的终极目标是实现金融实质公平,通过纠正金融市场过度逐利、减少金融机构对弱势群体的歧视,促进弱势群体与地区能够获得金融资源公平分配及发展机会。❸

实质正义观更为重视社会整体利益平衡,美国哲学家、伦理学家罗尔斯提出:只有确保人与人之间拥有同等竞争机会、公平竞争地位,才能真正意义上缩小社会经济福利的差距;国家制定一系列扶持制度使弱势群体改善现有的生活条件,有利于缓解社

---

❶ 伯恩·魏德士. 法理学 [M]. 丁小春,吴越,译. 北京: 法律出版社, 2003: 61.

❷ 亚里士多德. 尼各马科伦理学 [M]. 苗力田,译. 北京: 中国人民大学出版社, 2003: 94.

❸ 袁康. 金融公平的法律实现 [M]. 北京: 社会科学文献出版社, 2017: 47-50.

会矛盾。❶美国法哲学家罗纳德·德沃金认为资源平等不是每位公民都必须得到数量等同的资源，而是每位公民都获取自身所需要的资源，每位公民都过上自己想要过的生活。实质正义观并不否认市场竞争带来的结果差异，而是在承认差异的基础上通过制度设计、互惠合作等为市场主体提供实质公平。社会分配结构失衡、分配差距过大等严重影响着社会稳定和经济可持续发展，从实质正义观出发，国家应赋予农民更多的权利并提供合理的利益补偿，实现实质意义上的社会公平。根据农民金融发展权的价值追求来调节农村金融资源配置不均衡问题，通过权利赋予和权利保护有利于农村金融主体实现金融利益分配的均衡。

（二）实质公平建立在倾斜性权利保护基础上

"国家有权利和义务制定适当的国家发展政策，其目的是在全体人民和所有个人积极、自由和有意义的参与发展及其带来的利益的公平分配的基础上，不断改善全体人民和所有个人的福利。"❷市场主体之间的巨大差异需要经济法充分发挥其调整功能，其中，金融法律制度是市场主体公平参与竞争和实现发展的重要保障。社会公平一方面需要通过制定相应的法律制度规范来约束金融市场行为，另一方面需要通过法律规定保障交易双方的地位平等、权利平等，禁止损害他人合法权益的行为。权利配置和利益分配不能仅仅赋予社会个体抽象的权利，而要借助社会合作体系形成一种共生互惠的正义。因为金融制度的不适当安排和资源禀赋差

---

❶ 约翰·罗尔斯. 正义论［M］. 何怀宏，等，译. 北京：中国社会科学出版社，1988：62.

❷ 参见联合国大会1986年12月4日第41/128号决议通过的《发展权利宣言》第2条第3款。

异导致城市和农村的金融发展环境极不均衡,农民普遍缺乏完善的征信信息体系及合格的抵押担保物,并且自身获取金融服务的能力较弱。

从金融资源供给看,商业性金融机构的经营行为追求利润最大化,与农村金融的分散性、微利性、高风险性存在较大结构性矛盾。农民从事正常金融活动的权利受到法律保护,同时,基于金融资源的垄断性,农民有从国家和社会获得金融资源供给及保障、救济的权利。对于城乡二元经济结构导致的社会矛盾,国家更应该通过法律制度确立的权利保护原则和规则引导金融资源进行合理配置,对农民金融发展利益予以平衡调节和补偿,使农民能够分享社会发展进步的成果。法制权威归根结底来源于人民对于制度的认可,权利分配的公平性是社会公众认同的基础,也是实现社会利益公平分配的基础。虽然市场机制能够在一定程度上保持市场的公平竞争并促进市场效率,但这种公平竞争也很可能导致市场资源的配置不合理、社会贫富差距等,而制度对权利义务的调节正是矫正市场机制缺陷的主要手段,有助于增进社会整体利益。

(三)实质公平保障弱势群体发展权

实质公平不仅追求经济成果,更强调人的自身价值最优化。整体发展权与个体发展权存在辩证统一的关系,社会成员得到充分发展并且社会利益结构均衡有利于实现社会整体利益最大化,因此,农民金融发展权最终价值追求是农民全面发展、农业经济效益提高、农村社会进步的整体和谐发展。利益配置失衡是权利义务配置不合理导致的后果,农村金融运行中权利义务配置及成本收益的失衡集中体现为农村金融供给严重不足,农民信贷需求难以满足，这对农村金融乃至整个金融体系和国民经济的发展十分不利。

实质公平在经济资源和个人禀赋等差异的基础上追求机会公平、规则公平、成果共享，通过完善农村金融市场环境、丰富农村金融产品供给对农村金融运行中的利益失衡予以纠正。农民金融发展权制度的核心问题在于如何使平等观念落实到具体的程序和制度内容，通过法律制度构建和规则指引以保证金融主体机会公平、金融资源配置平等、金融竞争公平。只有保证市场的公正，人们才会积极的参与到金融活动中，所以，公平也是促进金融市场发展的重要原则。❶

社会公平追求的是实质公平而非形式公平，农民作为弱势群体，应获得国家的金融支持与帮助。为促进农民金融发展权落实为具体权益，立法应当制定相对宽松的农村金融市场准入制度，消除对民间资本的准入歧视和限制，使农民能够平等参与农村金融活动、获得相应金融利益；允许农民根据自愿、互助、合作原则发展农民资金互助社、农业产业金融链等农村金融创新，将生产合作与资金合作有效结合，真正实现金融服务农村实体经济的宗旨；鼓励各类资本参与农村金融机构的设立，根据农村金融市场运行特征来解决农村金融资源供给不足等问题。

二、农民金融发展权是提高金融效率的驱动本源

金融效率是实现金融市场资源配置最优化和最小成本获取最

---

❶ 博特赖特. 金融伦理学［M］. 静也, 译. 北京：北京大学出版社, 2002：31-32.

大收益的一种价值追求。农民作为市场主体同样受到利益驱动，在经济活动中以成本最小化和利益最大化为行为原则，因此，农民金融发展权对金融资源的引导作用不仅能够降低交易成本，还能够提高交易效率，达到金融资源配置效率最优化。

（一）农民金融发展权激励农民发展生产的主观能动性

行政主导的农村金融发展模式强调自上而下的科层体制行政权力驱动，农民往往对政府产生依赖，难以从根本上激活农民发展的自主性。农民金融发展权促进农民自主可持续的内生发展遵循自下而上的发展逻辑，更注重农民的主体地位、发展机制的有效性、发展资源的整合性。农民金融发展权激发农民内生动力并整合分散的社会资源，提升农民的协同发展能力，促成农民共同富裕所需资源的有效整合。农民既是生产者，也是消费者。农民发展生产的主观能动性与农民的权利意识及利益保障密切相关，只有个体利益得到充分保障、个体自主权得到有效发挥，农民才能真正发挥主观能动性，促进生产效率的快速提升。

提高金融活动效率是生产力发展的客观需要，也与人的全面自由发展相互统一。人的自由全面发展既表现为个人能力在生产过程中得到全面、自由、充分发展，又表现为人的主观能动性促进社会发展。马克思主义主张在社会实践中充分发挥人的创造性天赋，实现自我价值和社会价值。法律制度对农村金融的正向激励一方面体现于放宽农村金融市场准入门槛并建立公平竞争的农村金融市场秩序，另一方面体现于通过农村信用体系建设、农村金融扶持制度等培育农民参与农村金融活动及获取金融资源的能力。农民通过制度保障获得充分权益有利于提高其参与金融活动意愿和能力，从而在机会公平的制度环境中不断提高农民的创造水平，实现金融效率最大化。

（二）农民金融发展权促进农村内生金融制度创新

农村金融法律制度如何培育、保障农村内生金融发展是发展农民金融发展权的重要内容。从金融价值理性来看，追求金融效率应建立在调节金融市场结构、矫正社会收入分配、优化金融资源配置等功能基础上。农村金融法律制度通过激发金融市场主体的积极性、主动性和创造性，从而更加有效地配置与利用金融资源。

农民金融发展权的宗旨并不局限于农民个体的经济发展，而是通过农村集体经济组织发挥公共利益统筹作用，拓展农民进行公共参与的社会路径和机会空间，从而促使其增进共同富裕的意愿和能力，最终实现农村社会环境、福利水平的综合提高。农村资金互助社的出现、农村民间金融的壮大正是农民内生金融需求催生的制度创新。内生金融的供需双方利用农村社会的人际互动关系及社会舆论、生产合作关系、家庭亲缘关系等非正式途径获取可靠信息，避免因为供需双方信息不对称带来的逆向选择和道德风险，降低金融交易中的违约成本和金融风险。农民金融发展权制度有利于激发农民的主体能动性，发展内生金融、鼓励农村金融创新从而提高金融效率，是从长远上和整体上提高农村金融效率的根本途径。

（三）农民金融发展权调节国家干预与市场机制的平衡

农民作为弱势主体往往对金融市场存在认知偏差，借高利贷、投资高风险产品等非理性行为严重损害了农民的利益。由于农民的非理性投资行为减损了金融资源效率，一方面，国家通过金融监管对农村金融机构的风险告知义务、投资者适当性审查等经营活动进行规范,另一方面,国家也通过金融知识宣传、优惠措施扶持农村金融项目等方式引导农民的金融活动,这样可以避免金融市场经营者滥用市场活动自由来侵害农民的金融权益,并且,防止农民因为参加高风险的金融活动而导致财产受损。

从金融体系的整体效率来看,国家投入资金发展普惠金融、提供服务农民的低成本农村金融项目,通过利益机制引导农民参与合法、合规的金融活动等措施,有利于维护金融市场秩序并提高农民资金的利用效率。当农民的权益得到良好保护时,公平的金融市场环境更能激发市场信心,活跃的金融活动带来的交易机会和金融市场繁荣将使所有市场主体获益,农村金融市场的整体利益及社会整体福利都会最大化,从而实现农村金融资源配置的高效率。国家干预并非脱离市场规律对金融体系强加约束,而是主要针对农民认知偏差和自控缺陷下的非理性行为,是金融体系本身高效运行的内在要求,因此,农民金融发展权的实现在客观上起到调节国家干预与市场机制平衡的作用。

三、农民金融发展权是保障金融安全的重要基础

农民自古以来都是我国人口的大多数,是社会稳定的基础。由于农村经济是国民经济发展的基础,农村社会稳定对于我国整体社会稳定发挥着根本作用,因此,农村金融是事关国家发展、社会进步的战略安全问题。农村经济增长滞后、农民增收缓慢、城乡发展不平衡导致的社会群体贫富差距过大的两极分化问题严重影响国民经济的长期可持续发展。

（一）农民金融发展权解决农民发展问题

自由资本主义理论认为个人奋斗不足导致贫困，国家并无减少贫困的义务。福利经济学理论虽然主张国家扶持社会弱势群体，但局限于对弱势群体生存条件的保障而非改善。农民金融发展权将发展作为个人权利的核心，将法治作为保障农民金融发展权的重要途径。农村是金融资源配置最为薄弱的区域，城乡经济发展失衡不仅是农民全面发展的阻碍因素，也影响着我国国民经济的供需结构平衡。金融资源匮乏使得农民难以发展专业化、商品化的现代农业经营，只有农民能够通过金融资源实现生产模式的升级转型，才能从根本上提高农业经济效率，从而提高农民收入水平。

经济发展的增量及经济存量的合理分配涉及每一个人的福利，相关法律制度安排影响着贫困和反贫困的特点。[1]我国高度重视扶贫工作。一方面通过发展经济来提高国民生产总值及农村地区人均可支配收入；另一方面通过科学的法律制度创新，合理调整国家、社会、农民等主体之间的权利义务关系。法律制度通过赋予资源和给予机会使贫困者具有自我脱贫的能力，从而解决农民贫困问题。[2]赋予农民充分的金融发展权，依靠农民发挥农村金融主体推动作用，通过农村金融市场内在动力来推动农村经济发展是解决农民发展问题的重要途径。

---

[1] 单飞跃，卢代富，等. 需要国家干预：经济法视域的解读［M］. 北京：法律出版社，2005：331.

[2] 李昌麒. 中国实施反贫困战略的法学分析［J］. 法制与社会发展，2003：4.

(二)农民金融发展权促进农村金融可持续发展

农民金融发展权是农民获取其他资源的基础性权利,这种权利的实现关涉农民在现代社会生存和发展的其他权利能否实现。金融法在国家、金融市场主体、社会的互动和博弈中追求金融公平、效率、安全等价值目标的均衡。国家作为公共金融产品的提供者,不仅应当积极引导农村金融机构开展普惠金融业务、对农业生产项目提供资金支持,还需要通过立法规范金融交易行为,保障农民资金互助的金融合作活动合法有序开展,实现金融资源配置的价值理性。

长期以来,我国农村金融法律制度是以稳定性为前提的制度变迁过程,着重于防控农村金融市场风险,对农村金融市场的特性重视不足。农村金融受地域限制,其规模及风险扩散的广度和深度大多集中在特定区域,地方金融监管尤为重要。同时,我国各地农村经济发展差距较大,部分农村地区的农民缺乏自主创新基础,更依赖于政府的整体扶持和发展规划,经济发达的农村地区则具备充分的金融创新需求和条件,农民金融发展权的实现方式具有多元性。

社会资源分配的制度性约束在整体上影响着农民的发展状况,为了实现农民金融发展权,应当制定符合农村金融发展实际、体现农民金融需求的农村金融法律制度,通过法律、行政法规、地方性法规等多层次的法律制度相互协调,共同促进农村金融可持续发展。

(三)农民金融发展权保障农村社会秩序稳定

金融安全是国家安全的重要组成部分。农村金融法律制度如果单纯强调金融效率,金融资本在利润最大化的利益驱使下往往流向短期投机行为,在金融衍生品的层层嵌套下追求迅速兑现的短期利益。金融机构在农村吸储,但却没有为农村经济提供充分的资金支持,导致我国在农业生产及相关农村经济中积累的资金大量流向其他非农领域,农村金融脱离农村实体经济不仅导致农业发展滞后的直接危害,还带来大量影响社会经济秩序稳定的衍生危害。金融资源稀缺与农民融资需求的矛盾下,一方面,农民不得不通过民间金融获取资金,而金融诈骗及各种非法高利贷导致的逆向选择严重扰乱了农村金融市场,农民一旦被各类债务拖至财产破产的局面,不但对生产造成极大破坏,还易引发故意伤害、非法拘禁等暴力犯罪。另一方面,部分富裕农民持有的资金缺乏从正规金融机构进行投资的渠道。近年来,河北隆尧、江苏盐城等地农村爆发的非法集资事件充分显示农民的金融投资行为缺乏社会力量的引导、农村内生金融活动的风险防控制度较为薄弱。在农村金融市场信息不对称及农民对金融产品认知不足的情况下,农民往往受到不公平及欺诈性金融交易的侵害,这更加恶化了农村金融资源配置效果,使金融资源稀缺与农民金融需求的矛盾进一步升级,对农村经济社会的稳定发展造成严重影响,最终危害到国家金融体系的安全。农民金融发展权强调从满足农民金融需求出发,引导农业、农村经济中积累的资金用于服务农村实体经济,以法制手段遏制金融资本追求短期利润的投机行为,保障社会经济秩序稳定。

第二章

基于农民金融发展权的农村金融发展新理念

信贷机会可以改变资金分配,从而影响市场主体参与经济活动的机会和能力。金融资源是农民发展的重要动力,对农民实现各项经济权利、社会权利有着深远的影响。从"农民发展→农村金融发展→农村经济发展→乡村振兴"的脉络,揭示农民金融发展权在我国农村金融、农村经济、城乡经济结构中的定位、价值及主要功能,从而分析在中国现实社会背景下农村金融发展路径的新思路。

第一节 以农民金融发展权增强农民发展能力

由于农村金融市场失灵和农村金融抑制导致农村金融服务相对滞后,农民往往面临交易成本过高、金融资源供给不足等困境。农民由于难以获得金融资金而影响着农业生产效率的提高,城乡差距过大不仅间接影响着城市工商业的发展壮大,也不利于社会稳定和长远发展。农民金融发展权通过帮助农民掌握金融资源从而使其有更多的发展机会，促进农民全面分享经济社会发展福利。

一、农民金融发展权促进农民权利的实质公平

国家能够切实尊重农民金融发展权，努力拓展农民金融发展权实现的途径，让农民拥有更多的经济发展机会，农民才能根据社会提供的机会实现全面发展，因此，只有充分的权利保障、公平的市场竞争秩序、健全的法制才能从根本上实现农民金融发展权的实质公平。

（一）农民金融发展权是对权利形式公平的调整

宪法上的公民基本权利具有普适性，但由于中国城乡经济结构二元化导致农村实际能获得的金融资源和金融发展环境都远远落后于城市，农民金融权利弱化并非农民自身因素导致，而是在社会经济发展的宏观战略格局下形成，因此，强调农民金融发展权，凸显国家扶持义务正是对现实中权利配置失衡的一种调整。党的十九大报告指出，农业、农村、农民问题是关系国计民生的根本性问题，必须始终把解决好"三农"问题作为全党工作的重中之重。"三农"问题的核心是农民，坚持以农民为本，将农业农村置于优先发展的地位。我国农民权利的实现遵循着从形式公平到实质公平的逻辑进路，坚持全体人民共同享有发展资格、发展机会、发展权利。市场经济促进了农民获得更多财产权、就业权利、生产经营自主权等，但是，农业经济始终面临着难以避免的自然灾害及市场供需矛盾，农民收入不稳定及农业生产基础性使农民成为"强位弱势群体"。我国一直高度重视农村金融工作，在脱贫攻坚工作中通过金融扶贫对建档立卡贫困人口提供各类扶持

性的金融服务,提高贫困农民脱贫的能力和机会。❶ 从社会资源分配的角度来看,保障农民金融发展权需要国家的干预和扶持,通过法律制度建立农民金融发展权的保障体系、救济体系和责任体系,促进农民权利从形式公平走向实质公平。

(二) 农民金融发展权是农民参与社会发展机会的实质公平

农民的生产活动及收入来源紧紧依附于农业生产,而农业生产是国民经济稳定的基础,农民的发展是优化农村金融需求、激发农村金融发展内生动力的重要途径,因此,强调农民金融发展权是基于农村金融抑制及农村金融结构供需失衡的现状,促进农村金融发展的必要措施。我国农村金融法律制度长期以来偏重城市环境下的金融规则,存在农村金融立法缺失的问题。农民金融发展权法律制度构建有利于彰显农民权利特性、厘清农民各类权利的关联体系,从而对农村金融立法起到引导作用。农民金融发展权是农民利用制度所赋予的权利来保护自己,获得通过金融市场改善其境况的途径和机会。我国现有农村金融法律制度主要强调国家调控,忽视农民参与金融活动的积极作用,对农民发展需求优先理念的体现较弱,对农民的赋权、激励制度较少,难以有效解决农村金融供需矛盾。农民金融发展权强调社会成员之间权利分配的实质公平,只有通过立法赋权激励来保障农民平等享有金融资源、实现农民对农村金融制度决策的参与,才能实现农民参与社会发展机会的实质公平,从而实现农民全面发展。

---

❶ 周孟亮. 脱贫攻坚、乡村振兴与金融扶贫供给侧改革 [J]. 西南民族大学学报, 2020 (1): 115.

(三) 农民金融发展权是社会权利平等的体现

在计划经济时期,人民公社的集体生产方式形成农民对农村集体经济组织的人身依附关系,"农民"代表着社会结构中的一种身份,"农民"的身份影响着其获取生存和发展资源的主要方式。我国实行社会主义市场经济体制改革以后,随着农村家庭联产承包责任制的普遍推行,农民有权自主决定如何开展生产、如何向社会交换劳动产品,农民与国家的权利义务关系从"身份"向"契约"转变。身份制度下的社会秩序建立在命令与服从的关系或等级结构基础上,市场经济关系下个人、组织和国家都是平等主体,个人可以通过自由订立协议而为自己创设权利义务关系。市场经济关系代替身份关系是农民金融发展权存在的基础与条件,也是现代社会秩序的核心内容。随着农业经济的市场化程度不断提高,农民有权依法行使土地转包、转让、租赁、合作经营等行为,有权建立经济合作组织、资金互助组织等。市场经济秩序成为农民个体权利存在和社会秩序建立的基础,以实质公平为价值追求的农民金融发展权不是一种特权,而是在我国社会主义现代化建设中形成的社会权利平等的体现。

二、农民金融发展权提高农民掌握金融资源的能力

从立法目标来看,法律赋予农民金融发展权是为了提高农民获取金融资源、参与金融活动、获得金融扶持、表达金融意愿等能力和自由。农民获得金融扶持不仅限于资金支持,还包括国家、社会及金融机构采取各种措施促进农民改善金融观念、增强金融知识、树立风险意识等,因此,需要以赋权、激励、保障性规定

来促进农民金融发展权实现，促使农民获得能力提升、收入增加、社会地位提高等全面发展。

（一）深入有效开展对农民的金融知识宣传教育

农民发展落后的根源在于发展机会缺失，通过赋予农民权利来培育其能力，从而使其获得更多参与经济社会发展的机会。一方面，我国农民金融能力水平普遍偏低，实践中农民由于不能掌握借贷、保险、担保等金融活动的基本能力，抑制着其通过金融资源提高收入、扩大生产的积极性，农业生产效率难以提高。另一方面，农民对高利贷、非法网络贷款、集资诈骗等非法行为缺乏足够的识别能力和判断力，辛苦积攒的资金很容易被各类金融诈骗行为侵害，更加剧了农民远离金融服务、金融产品的心理。农民金融发展权强调提高农民金融能力，从而帮助农民掌握金融市场风险与收益特征。金融教育使农民获得金融知识和技能，促进农民合理储蓄、理性选择金融产品、正确理解金融运行规则等。同时，农民金融能力的增强客观上也提高了农民的风险抵抗能力与社会生存能力，有利于农民实现内生型的可持续性发展。金融监管部门和金融机构通过深入广泛开展金融消费者权益保护知识的宣传教育，使农民掌握正确的维权手段和维权方法，同时，通过实务操作来传播金融信息以拓展农民金融知识积累渠道。

（二）规范金融业务以保障农民获得普惠安全的金融服务

随着资本市场的发展，现代金融产品结构越来越复杂。金融消费主体权益是实现农民金融发展权的基础，农民在金融交易活动中拥有知情权、选择权、公平交易权等权利。农民的金融能力不仅受到教育水平、金融知识、经济能力等内在因素影响，还受到金融产品普惠性、金融交易规则合理性、金融服务可获得性及非正规金融发展状况等外部环境影响。权利与义务相对应，农民金融发展权的保护正是通过农村金融机构履行风险防控义务、承担风险责任来实现。针对农民普遍缺乏金融知识的实际情况，农村金融机构应通过业务规则加强风险提示、风险承受能力评估、适当性匹配等措施帮助农民理性投资，从源头上避免农民陷入高风险金融交易。农民金融发展权的鼓励、扶持措施，促使农民金融消费权益保护成为农村金融机构风险管理的组成部分，从根本上遏制农村金融活动中的侵权行为，使农民能够获得普惠、安全的金融服务。

（三）运用信息化技术促进农村金融服务便捷高效

随着网上银行、手机银行、微信银行等金融服务日益普及，金融科技使金融交易变得便捷，但也对金融活动参与者的信息技术应用能力提出较高要求。农民由于教育水平及客观环境的限制，往往难以充分掌握金融产品的运用技能。金融科技的"数字鸿沟"客观上制约着农民对金融资源的可获得性。并且，金融科技使金融产品进一步数字化，一定程度上使得金融业务流程、风险控制及业务本质更加难以辨识。农民在金融交易中因金融知识欠缺而易受误导、欺诈，陷入网络金融诈骗、非法集资后很难维护自身合法权益。更重要的是，金融机构根据交易数据进行成本和风险分析时，农民金融需求分散、发展不稳定、抵押资产不足等特征使其在交易对象筛选中处于弱势，农民往往因为交易数据不佳而被排斥在金融科技产品带来的普惠经济机会之外。农民参与金融活动离不开必要的金融知识及权利保护意识，针对金融科技"数字鸿沟"导致的金融排斥现象，需要农村金融机构根据农民的金融知识及对金融产品的接受情况，推广运用线上交易方式开展金融服务，提升线上金融交易技术安全性，降低农村金融产品和服务的风险。

三、农民金融发展权改善农民参与金融活动的环境

农村金融发展是一个极为复杂的社会经济系统运动过程，农民金融发展权通过完善法制对市场机制失灵的弥补、优化农村金融信用环境、加强农村金融基础设施建设等途径，有力改善了农民参与金融活动的市场环境。

（一）完善法制对市场机制失灵的弥补

金融与经济发展之间存在着密不可分的关联，由于农村金融资源流失效应的影响，单纯依靠市场机制，农民难以获得经济增长的重要资本支持。金融资源追逐利润的属性导致其对经济弱势群体存在一定的排斥，国家的扶持、补偿、保障机制是农村金融发展的重要支撑。但是，国家对农民及农村金融机构的市场行为不能进行直接干预，而是在尊重金融市场主体的自主性基础上，借助法律制度来降低农村金融交易成本及风险。金融资本追求利益最大化与社会均衡发展具有天然的结构性矛盾，良好的法制秩序有利于发挥金融资本的资源配置引导功能，促进社会投资规模增长，实现经济增长与社会全面发展的协调进步。农民金融发展权制度对市场机制失灵的弥补主要体现为提供法律激励、引导、保障机制，通过法律制度保障农民公平参与金融交易活动、分享金融资源，形成合理有序的金融秩序，以实现农村金融安全与可持续发展。国家的功能应定位于防控农村金融系统性风险、维护农村金融市场秩序、完善市场配套服务制度等，通过农民金融发

展权的实现调整农村社会利益结构均衡。

（二）优化农村金融信用环境以降低交易成本

在农村社会信用体系建设滞后的情况下，金融机构开展信用贷款业务往往面临信息不对称、道德风险等问题。虽然国家通过金融扶贫等各项措施以提高农民的金融服务可获得性，但农民往往将国家扶持的支农贷款、惠农贷款视为无偿给予，缺乏还款规划及还款意识。同时，农民难以通过正规金融机构获得金融资源既有经济收入较低的因素，也存在金融知识匮乏、诚信意识缺失等情况。在市场经济条件下，良好的社会信用体系是优化金融生态环境的基础。农民金融发展权保护通过影响金融活动规则，引导着微观金融活动主体的行为，对于维护农村金融制度有效性和整个金融系统稳定性和运行效率具有重要的意义。农村金融机构与工商、税务等部门的数据资源相整合，在纳税信息、社保信息、征信信息中融入大数据分析工具，全面、及时、有效判断借款者信用水平，从而有效缓解信息不对称。农村金融机构对诚实守信的农民采取增加授信额度、简化贷款手续、实行优惠利率等制度激励，引导农民树立诚实守信观念，解决农村金融高成本低收益的发展障碍。

（三）加强农村金融基础设施建设以畅通金融交易途径

农村地区使用电脑及互联网的普及率远远落后于城市，❶农村

---

❶ 根据中国互联网络信息中心（CNNIC）发布的《中国互联网络发展状况统计报告》的统计数据显示，截至2020年3月，我国农村网民规模为2.55亿，占整体的28.2%，农村地区互联网普及率为46.2%，非网民不上网原因中51.6%的人不懂电脑或网络，13.4%的人没有电脑等上网设备。

因基础设施落后导致的"数字鸿沟"成为诱发新型金融排斥的重要原因。线下交易具有服务直观、贴合客户习惯的优势，农民更倾向于选择传统的线下交易方式办理业务，但是，物理网点设立及运营成本过高导致其覆盖面难以深入到农村偏远地区。金融科技为金融服务农村提供了新途径，线上储蓄、线上理财、线上保险等有效延伸金融服务范围，提高农民对金融资源的可获得性和便利程度。根据长尾理论，只要有充分的产品流通渠道，需求不旺或销量不佳的产品市场份额汇聚可产生与主流产品相当的市场能量。国家对农村金融的扶持应着重于加强网络通信、金融支付设备、电子移动终端等金融硬件设施，随着信息技术设备的普及，收益更高的理财产品可以更广泛、更快速触达农民，增加农民的资本性收入。手机银行、直销银行等线上交易可以降低金融机构运营成本、实现风险的精准识别和计算，在提高农民议价能力方面起到重要作用。农民个体的金融交易规模较为分散、微小，但线上交易的边际成本和搜寻成本趋近于零，使得价格发现和信息流通更加便捷，从而畅通农民获得信贷和存款的渠道，使便捷、安全的金融服务和产品能够覆盖农村地区，促进农民金融发展权的实现。

第二节　以农民金融发展权优化农村金融资源配置效率

马克思从生产关系角度揭示了资本的社会属性、特殊性，资本不是物，而是以物为媒介的人和人的生产关系。❶资本不仅仅是

---

❶ 弗里德里希·恩格斯，卡尔·马克思. 马克思恩格斯全集[M]. 中共中央马克思恩格斯列宁斯大林著作编译局，译. 第23卷. 北京：人民出版社，1975：834.

简单的生产资料形式存在的物,而是一定的、社会的属于一定历史社会形态的生产关系,它体现在一个物上,并赋予这个物以特有的社会性质。❶资本不但能够为自身带来利润,而且通过资本的运动,能够对他人以及自己的未来施加控制和支配能力,从这个意义上来讲,资本又是一种权力,是一种权力形式。资本可以对其他生产要素进行引领、整合和聚焦,通过资本改造和提升农业的研发、生产、物流等各个环节,从而提高资源利用效率。

一、农民金融发展权解决农村金融供需结构矛盾

农民金融发展权通过对农民进行倾斜性制度支持,围绕农民的金融发展需求优化农村金融资源配置。农民金融发展权保障法律制度立足于农民金融发展权与农村金融供给模式的协调、与农村金融需求差异性的融合特征,对农村金融供给体系产生有效的整体协调作用。

(一)农民金融发展权与农村金融供给模式的协调

我国实施工业化战略时期并没有形成促进农村金融发展的制度,立足于城市工商业经济的金融制度明显外生于农村经济发展。由于农村金融发展对农村经济发展具有基础性的依赖,内生于农村经济的农村金融客观存在,最终形成城乡二元金融结构。农村经济系统未能内生出成熟的农村金融服务及相关制度安排是中国农村金融供给不足的深层次原因。农民的农业经营收入水平影响

---

❶ 弗里德里希·恩格斯,卡尔·马克思. 马克思恩格斯全集[M]. 中共中央马克思恩格斯列宁斯大林著作编译局,译. 第25卷. 北京:人民出版社,1975:920.

着农民的偿债能力，目前我国农业主要是初级加工形式，农业产业利润低制约着农民收入增长。农业生产对自然条件依赖性较强，加之农产品市场价格波动往往给农民带来难以预料的经营损失，自然风险叠加市场风险共同导致农村金融高风险性。

农村社会保障体系不健全、农民普遍缺乏抵押担保物等因素抑制着农民参与金融活动积极性。在农村金融市场上，银行对借款人资金运用的目的、风险及还款能力等信息难以准确获知，农业生产合作组织的财务制度和信用体制不完善也使得借款人无法向银行传递准确的信用信息，加剧了农村金融的信息不对称。正规金融机构通常根据借款者的资产流动比率、速动比率、现金比率等财务指标来衡量偿债能力。❶农民及农业经营户的土地使用权流转存在一定限制，农业生产季节性强、农产品难以保存等特征都导致农民在资产价值评估及偿债能力评估中处于劣势，但这并不代表农民没有偿债能力。农民的经营能力、生产状况决定着其偿还债务能力，农民持续的农业生产活动具有一定的农业产出，阻碍农民收入来源提高的往往是农产品流通、销售等市场交易环节，因此，农村金融只有融入农业生产各个环节，金融机构的资金、农民的生产、农业企业或生产合作组织的市场供销渠道相互结合，才能实现农业生产价值最大化。在农民金融发展权的权利保障体制下，以农民为主体汇聚劳动力、资金、土地等各类生产要素的发展模式，是化解农村金融供需结构矛盾的重要途径。

---

❶ 偿债能力在静态上是借款者以资产清偿债务的能力，动态上是借款者用经营收益偿还债务的能力，在农村土地使用权流转制度尚未完善的情况下，农民的偿债能力应当更多体现于用农业经营收益偿还债务的动态偿债能力。

（二）农民金融发展权与农村金融需求差异性的融合

农村金融需求具有多元性：农民通过季节性贷款可以获取生产资料以保证农业生产正常进行；信贷和储蓄服务可以帮助农民增加收入、平滑消费；农民面对疾病、自然灾害时，信贷、保险服务可减缓贫困脆弱性带来的冲击。如果完全按照市场经济规律和商业性金融模式开展农村金融活动，较高的信贷风险和信贷交易成本使得农民难以达到金融机构放贷标准，农村金融机构的服务模式也难以匹配农村真实需求，必然导致农村金融资源外流。农村金融发展表现为金融交易量和交易活动范围或空间领域的扩大及农村金融工具的不断创新，其深层次原因在于农村金融交易主体通过金融交易实现规模经济获得的收益大于金融交易风险损失和金融交易成本。对于农村金融需求抑制、农村金融供给与需求脱节导致的供需结构矛盾，如果缺乏农民的发展主动性和积极性，仅仅依靠国家投入无偿资金帮扶，或加大农村金融机构的支农义务，资金难以有效融入农业生产需求，也无法形成具有利益驱动的可持续发展模式。因此，确立农民金融发展权不仅是保护农民利益的需要，也是农村金融、农村经济发展的内在需求。

（三）农民金融发展权与农村金融供给主体的协同发展

农民是市场经济的重要主体，保障农民金融发展权、促进农民发展积极性是农村金融发展的重要动力。农民收入水平、农业生产总值对农村信贷规模均起到重要影响。农民金融发展权与农村金融发展的相互关系如图2-1所示。

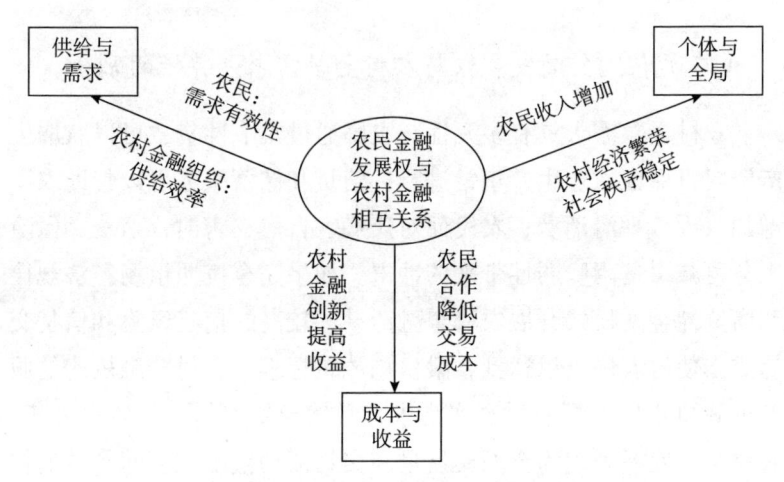

图2-1 农民金融发展权与农村金融发展的相互关系

从图 2-1 可以看出，农民金融发展权从供给与需求、成本与收益、个体与全局等方面深刻影响着我国农村金融发展。我国当前出现的农村资金流向城市、农村金融抑制、农村信贷资源供需结构矛盾等问题与农业、农民的弱势密切关联。农村金融市场准入壁垒容易导致市场垄断结构，加剧农村金融资源外流，导致农村金融供给更加短缺。适度降低农村金融市场准入标准有利于解决农村金融资源供给不足问题，同时，农村金融供给主体多元化有利于形成合理竞争，从而优化农村金融市场结构、提升金融效率。我国农村金融体系虽然包含中国农业发展银行、农村商业银行、农村信用合作社、农村合作银行等各类金融机构，但仍然难以满足农民分散、小额的资金需求。在对传统的金融机构进行存量改革的基础上，农村资金互助合作组织、村镇银行等新型农村金融机构不仅增加了农村金融供给总量，而且使农村金融产品层次更加丰富。我国金融监管部门发布的一系列政策对农村金融市场多元化产生了积极促进作用❶，但是，由于缺乏专门的农村金融立法，我国各类农村金融机构的发展路径缺乏整合协调，民间金融的发展缺乏充分引导，监管空白和监管重合并存，导致农村金融体系未能充分发挥整体合力。农民金融发展权保障法律制度围绕保障农民权益的核心内容加强对农村金融机构的功能整合，有利于农村金融体系整体协调发展。

二、农民金融发展权提高农村土地资本价值

资产流转是其发挥资本价值的重要条件，农民对农村土地的权利是农民金融发展权中的基础性权利，农民只有通过金融手段发挥土地权利的资本价值，才能充分获取金融资源并从农业产业化中实现效益最大化。

（一）农民金融发展权促进农村土地由资产转化为资本

农民的财产主要集中于房屋、土地，农地产权保护是农民金融发展权的基础。由于农民的农地产权未能体现充分独立性，农村土地使用权流转存在诸多障碍，农村土地使用权抵押担保难以顺利推行。农民担保物不足问题严重制约着农民的融资能力及融资规模。我国法律在坚持农村土地集体所有制基础上允许农民以土地承包经营权折算为股份入股发展农业经济，但农民要将住房做为贷款的担保物，则需要法律赋予农民对宅基地占有、使用、收益和处分的充分权能，将房地分离的产权结构转化为房地一体

---

❶ 2006年年底，银监会发布《关于调整放宽农村地区银行业金融机构市场准入政策　更好支持社会主义新农村建设的若干意见》；2007年8月，银监会发布《关于银行业金融机构大力发展农村小额贷款业务的指导意见》。

化的产权结构,扩大农民住宅市场交易范围。集体经营性建设用地产权制度中,关键是确认农民的独立产权地位,通过法律制度赋予农民有权将集体经营性建设用地使用权进行抵押、担保、入股等,并有权通过股份制的方式分享集体经营性建设用地的收益,从而维护和发展农民土地财产权。

农民金融发展权保障与农地金融创新相结合,通过农村土地资本化运作保障农民分享土地增值收益。土地资产转化成为土地权利资本需要相应的权利机制保障,保障农民对农村集体资产行使财产权利,是农民金融发展权法律制度的重要内容。农民金融发展权保障法律制度以赋权的方式,一方面赋予农民对农村土地承包经营权、农村宅基地享有完整的流转权能,另一方面规范农村集体建设用地的股份合作制运行方式,从而扩大农民土地权利的金融功能。

(二)农民金融发展权促进农村土地权利流转与资本市场的关联

土地在农业生产中仅仅属于一种资产,土地资产进行市场化交易并在流通中实现增值时,才能从资产转化为土地资本。农民仅仅将土地用于农业生产并不能使土地利益最大化,需要通过土地使用权及其衍生的他项权利的流转才能优化土地使用结构。传统的小农经济并不能创造高效益的农业收入,为了实现规模化现代农业的经济效益,需要通过金融手段将土地集中开发。规模化的现代农业需要支付土地租金、物资流转费用等经营成本,客观上促进农业经营主体、专业种养户进行贷款融资活动;而农地租赁使农民获得相应的资金收益,农民将持有资金投入其他生产经营有利于实现农民发展多元化,因此,农村土地权利流转从根本上决定着农民金融需求的广度和深度。农村土地权利流转不仅能激活各类农业生产要素的生产效率，而且，农村劳动力、土地和资本等农业生产要素流动中必然伴生贷款、担保、融资租赁等金融活动，农民参与这一系列活动的过程客观上促进土地流转市场和资本市场的互动关联。任何一种权利都建立在特定利益的基础上，在某种意义上权利是利益的法律表达。以农民金融发展权形式巩固和规范农民的土地权利，促进农村土地权利有序流转，有助于农业生产要素流通及现代化大规模农业生产发展。

（三）农民金融发展权提高农村土地资本配置效率

金融体系通过对资金余缺进行调剂融通，使得金融资源从盈余部门向短缺部门流转。由于市场机制的缺陷，农村金融市场资本短缺、资金运用效率低下等阻碍着农业生产力提高和农村社会发展。现代化农业经营方式建立在规模经济基础上，从小农经济向现代农业经营模式转变的过程中，完善土地流转市场和制度才能使土地得到集约化、规模化利用，提高土地生产力。❶农村土地承包权利同实际经营权利相分离既能保留农村土地的保障功效，也能充分发挥其生产属性，扩大农业生产经营运作规模，实现农业现代化。

高效完备的法律制度是农村土地流转的必要保障，有助于平衡各方市场主体权益、降低市场交易成本。农民金融发展权制度在保障农民经济主体地位的基础上，进一步完善农村土地价值评

---

❶ 王曙光，王丹莉. 农村土地改革、土地资本化与农村金融发展［J］. 新视野，2014（7）：42-45.

估、融资再担保等配套服务制度，健全土地权利流转、融资平台。合理有效的农村土地权利流转机制是保障农民金融发展权的重要基础，其不仅激励农民提高农业生产效率，也促进土地资源配置效率最大化，从根本机制上起到保障农民土地权利的重要作用。因此，从农民金融发展权制度入手提高土地资本配置效率、促进农业生产要素流转是破解农村金融发展困境的重要途径。

三、农民金融发展权创新农村金融内生发展模式

农村内生金融是农村经济发展催生的金融模式和金融市场的有机整体，在充分的资金回报率基础上通过不断扩大金融服务规模和范围实现循环式上升。由于内生金融与农村生产力水平和劳动生产率相适应，在服务农村经济发展的过程中产生了足够的回报率，从而具有增值和扩容的效益。内生性金融服务促进了农村经济发展，农村经济发展又催生出更多的金融需求，为内生性金融发展提供动力，农村内生金融和农村经济形成一种金融结构与经济发展绩效之间良性可持续的双向循环。

（一）农民金融发展权促进农业产业链金融发展

现代农业是规模化的大生产，土地流转、原材料、物流运输等生产环节的资金需求规模相对较大，农业产业链金融通过整合分散农户的生产资源及金融需求来形成稳定的中长期资金来源。国家对农业产业链金融发展持鼓励态度，出台了大量政策法规，农业产业链金融的相关文件见表2-1。

表 2-1　农业产业链金融的相关文件

时间	部门	文件	内容
2014年2月	银监会办公厅	《关于做好2014年农村金融服务工作的通知》银监办发〔2014〕42号	围绕现代农业产业链、农村新型服务业的金融需求,针对农村新兴产业形态的演变进行金融创新,重点针对农产品研发、物流、营销、加工等农业生产性服务业以及农业托管、旅游等新兴产业形态进行服务创新,发展新型农业风险投资业务,深度开拓农村金融市场
2014年4月	国务院办公厅	《关于金融服务"三农"发展的若干意见》国办发〔2014〕17号	创新农村金融产品,推广产业链金融模式
2014年7月	银监会农业部	《关于金融支持农业规模化生产和集约化经营的指导意见》银监发〔2014〕38号	围绕地方特色农业,以核心企业为中心,捆绑上下游企业、农民合作社和农民,开发推广订单融资、动产质押、应收账款保理等多种供应链融资产品
2015年9月	国务院办公厅	《关于推进线上线下互动加快商贸流通创新发展转型升级的意见》国办发〔2015〕72号	加快发展互联网支付、移动支付、跨境支付、股权众筹融资、供应链金融等互联网金融业务
2015年10月	国务院办公厅	《关于促进农村电子商务加快发展的指导意见》国办发〔2015〕78号	支持银行业金融机构和支付机构研发适合农村特点的网上支付、手机支付、供应链贷款等金融产品,加强风险控制,保障客户信息和资金安全
2015年12月	中共中央国务院	《关于落实发展新理念加快农业现代化,实现全面小康目标的若干意见》	创新发展订单农业,支持农业产业化龙头企业为农民提供贷款担保和资助订单农民参加农业保险

续表

时间	部门	文件	内容
2016年1月	农业部	《关于扎实做好2016年农业农村经济工作的意见》农发〔2016〕1号	创新发展订单农业，支持农业产业化龙头企业为农民提供贷款担保和资助订单农民参加农业保险
2019年6月	国务院	《关于促进乡村产业振兴的指导意见》国发〔2019〕12号	引导农业企业与小农户建立契约型、分红型、股权型等合作方式，把利益分配重点向产业链上游倾斜，促进农民持续增收
2021年9月	农业农村部办公厅 中国农业银行办公室	《关于金融支持农业产业化联合体发展的意见》	发展壮大农业产业化联合体、拓宽多元农业信贷担保渠道、强化信贷支持力度、建立"银政担"协同机制
2021年11月	国务院	《"十四五"推进农业农村现代化规划》国发〔2021〕25号	扩大电子商务进农村覆盖面，加快培育农村电子商务主体，引导电商、物流、商贸、金融、供销、邮政、快递等市场主体到乡村布局

从表2-1可见，通过农业产业链金融来促进农村金融市场竞争，有助于建立功能互补、运转协调的农村金融体系。农村金融体系中商业性金融追求企业利润最大化、合作金融追求合作成员利益最大化、政策金融追求国家公共利益最大化。农业产业链金融提供的金融服务内嵌于农业生产，作为一种内生型农村金融模式与外生型的农村金融机构形成功能互补。随着农业产业化发展，农民自发形成的各类农业专业合作社是农民抵御农业市场风险和自然风险的有效组织形式，成为农村金融微观需求主体的重要组成部分，依托于农业专业合作社开展的农业产业链金融是完全按照市场规则运行的农村金融模式。金融组织多样化与金融投资主

体多元化背景下,农业产业链金融对周转资金、供销信息、生产物资等进行整合,金融资本借贷、担保服务于农业生产销售的整个周期,金融资本收益与农业生产收益密切关联,进而促进农村金融供给与需求实现合理结构。

(二)农民金融发展权促进农民资金互助合作有序开展

农村合作金融是服务农民生产生活资金需求的重要金融供给模式,自2006年中央"一号文件"提出"引导农户发展资金互助组织"以来,各地农村积极创建以资金封闭运转、服务农业生产为基本特征的农民资金互助社,通过集中社员的股金及存款以互助方式解决"三农"资金匮乏问题。社员不仅享受资金互助的优惠利率,而且拥有对农民资金互助社的民主管理权、监督权、分红请求权等。农村合作金融是立足于特定区域范围内的内生金融模式,具有不对外吸储放贷、不支付固定回报的特征,不以扩大规模为发展目标。农村合作金融的本质特征在于"成员性、封闭性",以社员实际生产规模为基础来衡量信用合作资金范围。农村合作金融如果突破封闭性原则对外开展资金存贷业务,必然对其经营管理能力提出较高要求。在经济发达地区农村尚有一定的农村经济实体需求予以支撑,而在经济落后地区的农村,合作金融很难维持外部资金需要的基本利润。外部投入资金建立在一定的成本收益衡量基础上,资金闲置将导致时间成本上升,农民资金互助的内生合作金融如果缺乏相应的实体经济投资渠道,资金营利的压力往往将合作金融引入非法集资、高利贷等非法领域。农民资金互助社是农民开展资金互助的主要形式,但其设立、运行规范主要依靠行政规范性文件及地方性政策,缺乏稳定的法律地位。❶由于农民金融发展权是农民法定的权利，农民开展资金互助作为其行使权利的行为便具有相应合法性，而农民金融发展权保障法律制度对农民资金互助活动的制度保障，也有效促进农民资金互助合作有序开展。

（三）农民金融发展权引导农民合法规范参与民间金融

农村民间金融是由特定村落的关系网络及村庄内信任、互惠等整体准则促成农民的资金合作与分享。农村民间金融建立在对特定交易者或交易物人格化信任基础上的信用，一般通过血缘、亲缘、地缘、业缘等特定关系维持，信用范围大小取决于外在力量监督、激励约束的有效性。❷农村民间金融在客观上缓解了农村金融资源供给不足的矛盾，有利于提高农村金融服务农村经济的范围和规模、提升农村金融体系功能。外生金融机构对于农民融资需求存在严重的信息不对称、风险防控难度大、经营成本较高等问题，农村内生金融是农村经济发展对金融产品和服务需求催生的金融模式创新，引导农民合法规范参与民间金融不仅有利于促进农村金融的有效供给扩大，为农业经济提供有力支撑，还有利于促进农民收入增长。我国农村民间金融先后有合会、社仓等形式，实践证明，通过刑事法律规范禁止民间金融只会使其转入"地下"隐秘发展，从而更加难以监管，通过经济法律制度引导民间金融合法规范发展才是根本治理路径。农民金融发展权法律制

---

❶ 农民资金互助社尚无专门的调整规范，发展过程中主要参照银监会《关于加快发展新型农村金融组织有关事宜的通知》《中国银监会农村中小金融组织行政许可事项实施办法》等。

❷ 裴志军. 村域社会资本：界定、维度及测量[J]. 农村经济, 2010（6）：93.

度强调农民权利的实质公正，以普惠理念发展农村民间金融，通过完善农村金融市场体系将民间借贷利率控制在合理范围内，维护农村经济秩序稳定。农民金融发展权法律制度通过引导民间资本入股各类农村微型金融机构、实施民间金融组织备案制度等各项制度保障农村民间金融的规范化发展。引导农村民间金融与社会资本合作，结合大数据和电商体系进行农村金融服务创新，将民间金融融入农业生产，最终促进农村经济总量增长。

第三节 以农民金融发展权促进农村经济社会全面发展

中国式现代化是人口规模巨大的现代化、是全体人民共同富裕的现代化、是物质文明和精神文明相协调的现代化、是人与自然和谐共生的现代化、是走和平发展道路的现代化。❶"三农"问题从来都不是一个单纯的经济问题，农民发展关系到国家稳定、农业生产关系到国民经济体系的基础稳固、农村社会进步是我国社会发展的重要内容。农民金融发展权制度立足于解决农村金融发展动力及路径问题，是从根本上解决城乡发展不平衡、不充分问题的重要突破点，有利于促进农村经济社会全面发展。

一、农民金融发展权促进农业转型升级

农业既有自然属性，又有经济属性，是自然再生产与经济再

---

❶ 习近平.高举中国特色社会主义伟大旗帜 为全面建设社会主义现代化国家而团结奋斗——在中国共产党第二十次全国代表大会上的报告[M].北京：人民出版社，2022：22.

生产的结合。在社会发展的不同阶段，农业发达程度及农业的作用与功能也处于不断拓展之中。农业转型升级不仅要发展规模化农业、农产品精深加工等新产业，更要坚持将农业产生的效益、解决的就业、获得的收入留在农村，实现农民共同富裕。农民金融发展权制度符合农业转型升级发展的金融需求，不仅引导金融资源扶持农业，更让农村有经济效益持续稳定的产业，增强农民增收与风险抵御能力。

（一）农民金融发展权引导农业产业化发展

中国古代用"稼穑"指代农业，"种之曰稼，敛之曰穑"，人们通过精耕细作、轮种套种、农林牧结合来提高耕种的产出，为生活提供物质保障。在现代社会，农业属于国民经济中的第一产业，广义农业指种植业、林业、畜牧业、渔业、副业五种形式，狭义农业指种植业。欧洲环境署（European Environment Agency）对农业的定义是：农业是大量使用自然资源的，与环境有着复杂关系的，由经济、政治、环境、社会需求等多种因素推动的商品生产方式。《中华人民共和国农业法》第2条第1款中规定：本法所称农业，是指种植业、林业、畜牧业和渔业等产业，包括与其直接相关的产前、产中、产后服务。这一定义将为农业提供产前、产中、产后服务的活动都纳入农业法调整的范围。现代农业生产要素中，资本起着至关重要的作用。随着农业产业链、价值链、供给链的拓展和深化，农业技术研发、农产品加工、物流配送、平台综合开发都需要大量资本投入。农民金融发展权的终极目的是实现农民、农业专业合作社、金融机构等市场主体多方共赢，既实现金融机构盈利，又实现农民增收致富的发展目标。现代化农业通过农业社会化服务等方式加快实现生产规模化、集约化及标准化，促进先进技术、良种、农机等规模应用，提升农业生产效率、生产质量与生产价值。同时，农业生产供应、加工销售、产业服务等多业态协同发展既解决农民就业岗位，也提升农民收入水平。例如，山东省寿光市的蔬菜产业不仅加速实现土地的规模化与集约化使用，还促进本地农民向专业化、职业化、科技化农民发展。农业产业化发展加速了农村资源的集约化、高效化与高值化利用，为农村发展提供物资供应与经济支撑。农民金融发展权制度有利于推进农村金融市场有效服务农业产业化发展，提升农业产业化发展水平。

（二）农民金融发展权促进农业规模化发展

资本投入、科技水平、经营规模、人力资源、政策机制等因素往往会相互作用，共同决定农业的现代化发展水平。农业集成产业体系、生产体系、经营体系的建立，极大促进农业产业组织水平、管理水平与发展水平的提升。在规模经营效益的激励下，农业经营规模扩大的趋势在世界各国成为普遍现象。生产成本上的差异决定了产业的竞争力及自我积累和发展能力，规模化经营有利于降低要素价格和生产效率决定的生产成本，因此，规模化经营是现代农业发展的重要基础。农业规模化发展要与城镇化进程和农村劳动力转移规模相适应，与农业科技进步和生产手段改进程度相适应，与农业社会化服务水平提高相适应。由于地方政府财政投入农村产业不足、农村产业市场存在供需矛盾等原因，农业规模化发展不可能仅仅依靠农村积累资金，而是需要输入金融资本。农民金融发展权制度立足于农民金融发展需求，通过金融资源结合农村土地资源、农产品资源、文化旅游资源等，促进农业规模化发展，从而促进农民增收致富。

（三）农民金融发展权促进工商业资本整合城乡生产资源

全体人民共同富裕是历史发展的客观需要，需要避免资本趋利性、扩张性、盲目性引发的经济社会失衡，促进社会公平正义。农民金融发展权强化乡村振兴的多元投入保障机制，提高发展的平衡性、协调性和包容性，为共同富裕积累更为坚实的物质基础。从我国耕地分布情况及农产品生产情况来看，我国有很多的丘陵和山地并不适合机械化耕种，小农户与现代农业发展有机衔接主要体现在兴办公司加农业合作社，向农户提供土地托管、代耕、栽培技术、储运营销等农业社会化服务。农民金融发展权制度有利于优化农村营商环境，引导和规范工商资本参与农业开发，通过对乡村土地、人力等资源要素进行聚集开发，从而通过产业发展解决村民就业与收入保障；实现城乡间资金、技术、管理要素的优化整合。工商资本根据农村区位条件、资源禀赋和发展基础投资开发民宿旅游、农产品加工等产业项目，对农村土地统一规划使用建设工贸型、农贸型、旅游型等专业村，同时，建设农村现代化社区实现农民就业安置与基本福利保障。例如：河北隆尧今麦郎产业小镇、山东乐陵梁锥希森新村等代表性案例。工商资本通过"企业＋基地＋农户""企业＋家庭农场"等模式，发展田园综合体、特色小镇、农业公园等农业新业态，通过产业融合促进城乡融合，形成城乡要素均衡配置格局。农民金融发展权有利于建立完善的资金投入机制，引导金融资本投入与农村生产要素高效衔接，加快要素聚集和业态创新。

二、农民金融发展权支持乡村振兴战略

社会生产是人类赖以生存发展的基础,社会生产力的高低直接决定着人类所处的发展阶段。在我国城乡发展不均衡的背景下,乡村振兴战略通过支持农业、农村、农民优先发展来实现社会整体经济结构、社会结构的均衡发展。乡村振兴立足于促进农村生产力发展,同时也不断促进农民自身的社会性发展,因此,乡村振兴与农民发展具有相互促进的内在逻辑关系。

(一)农民金融发展权促进脱贫攻坚与乡村振兴有效衔接

城乡发展不平衡、产业结构不合理、市场主体强弱悬殊等导致经济失衡、市场失灵等诸多问题。党的十九大报告提出实施乡村振兴战略,指出农业、农村、农民问题是关系国计民生的根本性问题,必须始终把解决好"三农"问题作为全党工作的重中之重。

2018年中央一号文件《中共中央国务院关于实施乡村振兴战略的意见》提出,实施乡村振兴战略是解决人民日益增长的美好生活需要和不平衡不充分的发展之间矛盾的必然要求,是实现"两个一百年"奋斗目标的必然要求,是实现全体人民共同富裕的必然要求。乡村振兴战略坚持农业农村优先发展,乡村振兴的金融支持包括银行信贷投放、风险分散补偿、资本市场完善、差异化金融监管、金融创新等,其强调农村金融服务适宜性,专门性的农村金融法律制度能够引导、推动农村金融健康发展,而农村金融的可持续发展能有效推动乡村振兴全面实现。

脱贫攻坚与乡村振兴均是实现"两个一百年"奋斗目标的重

大战略举措，但两者的制度安排、作用对象等体现出不同的侧重点：脱贫攻坚强调帮扶对象的特惠性，而乡村振兴战略更加重视普惠性；脱贫攻坚具有显著的福利性特征，而乡村振兴更注重社会发展效率。脱贫攻坚强调政府的主体责任和主导作用，国家的扶持政策是自上而下的外部推动式发展。乡村振兴从依靠政府扶持向发挥市场机制转变，强调农村自下而上的内生发展动力。脱贫攻坚向乡村振兴衔接是一个从被动式农村改造到主动式农村发展的过程，从精准脱贫攻坚到全面乡村振兴，不仅是对乡村从"输血"到"造血"，更是引导乡村从帮扶到自立再到自强的发展过程。为了实现农村持久稳定发展，乡村振兴战略既要继续提供外部支持，为农民创造更稳定的发展基础和发展机会，又需要农民充分发挥主体作用进一步提升农村自身"造血"能力。

乡村振兴背景下，农民金融发展权制度通过金融扶持农民参与现代农业经营，引导农民变资源优势为经济优势。农民金融发展权制度通过低息的扶持性贷款支持农民发展乡村旅游、经济作物种植、加工业等，统筹整合项目资金、社会投资、帮扶资金等支持农村集体经济组织发展。农民金融发展权制度鼓励农民以承包经营权入股、租赁等形式参与企业经营，鼓励农村集体经济组织以资源性资产与企业开展股份合作，以农民的资本形成能力为基础促进农村经济社会发展。

（二）农民金融发展权引导农民积极参与乡村建设

乡村振兴战略的实现离不开农民参与，实施效果也将最终体现于农民受益。乡村振兴战略实施之前，由于大量农村青壮年进入城市工作，很多农村已经呈现"空心化"状况。大量农民到城市务工的状况在某种程度上反映出农村社会发展相对落后、生产生活条件与城市差距较大等状况。农民获得基本的生存权和发展权,整个社会才能稳定。如果大量失地农民成为城市贫民,将会影响到社会整体安定。乡村振兴战略实施后,农村发展环境、生产生活条件持续向好,农村生产收益提高、就业机会增加。近年来,外出务工农民重新返回农村的比例不断增加。农村对社会发展的兜底作用使其成为中国式现代化建设的"稳定器"和"蓄水池",因此,中国不会出现因大量失业农民聚集在城市而产生的贫民窟现象。

乡村振兴战略实施过程中,农民参与农村发展的内生动力如何激发出来,农民振兴家乡的主观能动性如何调动是关键问题。乡村振兴战略中农民具有参与者、贡献者、受益者等多重主体身份,通过有效的制度确立并提高农民在农村经济发展中的主体地位及权利保障,才能吸引农民积极参与乡村建设。

从农民作为农村建设参与者的角度来看,农民金融发展权制度从国家扶持、金融机构服务、农民权利行使等角度保障农民参与农村金融活动,促使农民从农村经济中获取充足收益。从农民作为农村建设贡献者的角度来看,农民金融发展权制度对农民主体地位及农民利益的保障正是对我国城乡发展不平衡的一种调节,通过改善农村金融供给体现国家保障义务与农民权利的平衡。

从农民作为农村建设受益者的角度来看,农民金融发展权制度通过提高农村基础设施建设及社会福利水平,增强农村对农民的凝聚力。而且,农民开展生产合作及金融活动也在实践中不断锻炼和提高农民发展农业经营及运用金融资源的能力,有利于塑造新型职业农民。农民金融发展权制度有利于推进农民创业担保、贷款贴息等金融扶持政策,扶持农民创业园、农民创业孵化基地、农村电商创新平台、创业培训基地建设,大力开展新型农民培育和农民职业技能培训，提升农民就业创业能力。建设优质农产品基地和产业园区，培育壮大农业企业、农业合作社、家庭农场等新型农业经营主体，促进农民通过集体经济收入拓宽增收渠道，以现代特色农业产业发展来增强拓展先富带动后富的增收渠道。

（三）农民金融发展权提高农村经济资源配置效率

在"机构观理论"指导下，我国以往的农村金融发展立足于金融机构改革，不断增加农村金融供给主体，但由于需求拉动不足，往往形成国家信贷补贴、惠农资金运用效率低下等资源浪费问题。乡村振兴在本质上是一种内涵式发展，与农民金融发展权蕴含的内生型发展模式具有内在的逻辑一致性，均主张立足于农村经济社会发展特征、从农村经济内生发展动力来创新农村金融发展模式，从而促使农村金融从内在需求上调整发展方式、发展结构及发展效率，更强调从"量"的提升到"质"的优化。金融的功能不仅是资金融通，还能通过资金流动引导科学技术进步、产业结构调整、劳动力投入等生产要素配置，农村金融对促进农业发展、农村进步、农民增收等具有撬动其他社会资源的杠杆效应。

乡村振兴战略实施的长期发展过程中，❶金融资源向农村倾斜不仅要注重财政资金的支持，更要从健全农村金融担保体系、推广农业保险、改革农村土地产权制度等方面降低农村金融运行成本、优化农村金融发展环境。同时，农民金融发展权强调农村金

---

❶ 2018年中央一号文件《中共中央 国务院关于实施乡村振兴战略的意见》对实施乡村振兴战略进行了全面部署，确定了实施乡村振兴战略的目标任务：到2020年，乡村振兴取得重要进展，制度框架和政策体系基本形成；到2035年，乡村振兴取得决定性进展，农业农村现代化基本实现；到2050年，乡村全面振兴，农业强、农村美、农民富全面实现。

融发展特性，根据农村金融资源的不同属性因地制宜创新金融产品，支持农业全产业链和农村新业态发展。例如，自然环境优越的农村可以发展农家乐、特色农村旅游经济；历史文化资源丰富的农村可以采用合作社模式规模化经营乡村民宿产业；农产品特色显著的农村可以发展田园综合体等。立足农村资源禀赋特点来明确金融资源配置的重点，让农村各类产业经营实现较高效益，才能提高农民收入水平。农村金融法律制度有机结合市场经济规律与政府宏观调控，通过科学的制度设计实现资源配置高效。

（四）农民金融发展权促进农村社会进步

农村的英文词汇为 country、countryside，一般是指从事农业劳动为主的劳动者聚居的地方，在共同地理区域的基础上通常具有共同的群体意识和群体利益。乡村的概念更强调农村的社会文化体系，居住在一定地域范围内的居民为解决共同问题、满足共同要求，采取一定的组织形式以界定社区社会关系，维持社会秩序。现阶段，工农差距、城乡差距制约社会均衡发展。但是，农业农村现代化发展具有复杂性、多样性、长期性特点，片面的城镇化容易导致"大城市病"与"城郊贫民窟"现象。城市在吸引吸纳周边农民进城的过程中，造成了乡村劳动力或人才的流失，造成农业无人生产，农村无人生活或仅有老人、妇女、儿童的"空心村现象"，限制了乡村发展。由于城乡经济、社会、文化、生态等功能不同，只有根据资源禀赋、人口规模、发展水平等实现城乡之间功能互补，才能推进整个国家的现代化进程。

习近平总书记在 2013 年 12 月 23 日、2017 年 12 月 28 日的中央农村工作会议讲话中指出：我国幅员辽阔，人口众多，大部分国土面积是农村，即使将来城镇化水平到了70%，还会有四五亿人生活在农村。为此，要继续推进社会主义新农村建设，为农民建设幸福家园和美丽乡村。国家先后提出建设社会主义新农村、乡村振兴战略，正是针对城乡发展不平衡的情况，促进农村地区加速发展。建设社会主义新农村、农村精准扶贫工作与乡村振兴战略一脉相承，国家的这一系列发展战略不仅强调经济发展，更重视农村社会全面进步。农民金融发展权与农村市场主体基本的生存与发展需要相联系，其权益既具有私益性，也具有公益性，不仅关系到农民个体的发展，也关系到农业、农村、农民整体发展。农业风险较大、农村金融需求分散、农民收入不稳定等因素导致农村金融供给不足，但农业基础性地位及农民庞大群体决定了农民发展不仅是农民自身问题，还关系到社会稳定及国家发展大局。

　　农民金融发展权的权利实现方式既包括国家帮扶、引导，也包括农民参与金融资源分配中的利益表达。现实中由于受农村文化传统的影响，农民的权利意识往往较为薄弱，缺乏参与公共决策表达意愿的能力。农民参与村民小组等农村基层组织对土地及其他经济资源的分配决策中必然涉及农民个体权利与村集体权力的博弈。一方面，农民金融发展权制度要求我国各类农村经济组织实行民主管理，通过农民在集体决策中的民主表决制度保障农民充分行使权利，另一方面，农民金融发展权保护机制有利于增强农民对集体经济组织的监督，农民在集体经济组织的资金互助、重大投资等事项中参与讨论并影响最终决策，对增强农村经济发展活力具有重要意义。

三、农民金融发展权落实可持续发展战略

可持续发展战略强调自然环境的代际传承及社会资源共享的代内公平:既要使社会公民的各种需要得到满足,个人得到充分发展,又要保护生态环境和社会资源,给后代留下生存和发展的良好环境。❶ 从农民金融发展权与农村可持续发展的关系来看,决定农村社会资源共享代内公平的基础在于为农民提供可持续生存的基本条件,保护和满足农民的基本需要,为农民提供平等的发展机会。

(一)通过农民金融发展权转变农村金融发展方式

经济与社会协同发展建立在投资、生产与消费平衡的基础上,农村金融发展权强调经济发展从重速度向重质量转变,围绕保障农民权利来规划农村金融法律制度,从而促进农村金融供需结构优化,增强农村金融发展内生动力,促使不同社会群体之间权利配置平衡,以利于减少金融排斥现象,促进社会稳定和谐。农村金融的可持续增长不能仅仅依靠政府补助的财政资金投入,而是应当建立在开发农村金融内在需求及增长动力的基础上。农村内生金融是农村经济发展对金融产品和服务需求催生的金融模式创新,只有紧密结合农村经济运行特征来创新农村金融模式,才能促进农村金融的有效供给扩大,为农业经济提供有力支撑。在农业转型升级的背景下,我国大部分农村已经逐渐实现市场化的订

---

❶ 1987年,挪威首相布伦特兰夫人在联合国世界环境与发展委员会的报告《我们共同的未来》中,把可持续发展定义为"既满足当代人的需要,又不对后代人满足其需要的能力构成危害的发展",这一定义得到广泛接受,并在1992年联合国环境与发展大会上取得共识。

单农业及专业化的规模生产。农业专业合作社通过种养及产供销的综合经营实现农产品的商品化、农业销售渠道和物流配送的专业化发展。现代化农业种植、加工、购销、流通等产业链对金融资金的需求较大，部分农村地区运行的产业链金融模式充分显示了金融资源对农业产业升级转型的重要作用。农民金融发展权鼓励农村金融创新，围绕现代农业综合经营体系延伸金融服务并实现各类信贷产品之间互为补充，应用现代信息技术及移动支付手段解决传统线下银行服务网点覆盖面有限的难题，使农村金融实现可持续发展。

（二）通过农民金融发展权强化农村金融资源供给

农民金融发展权在公民基本权利基础上对农民进行倾斜性扶持，实现对农民权利保护理念从形式公平到实质公平的转化。可持续发展的核心是人的全面发展，可持续发展包含的"代内平等"内涵指人的基本权利平等，因此，通过农民金融发展权强化农村金融资源供给是促进农村经济可持续发展的重要途径。农村经济发展需要建立在农村资本积累的基础上，其中，农民自身积累能力尤其重要。如果农民权利得不到平等的保障，在社会资源分配中农民的弱势地位会不断叠加，形成"富者愈富，贫者愈贫"的马太效应。如果农民发展不足的状况得不到改善，不仅加大社会阶层分化的鸿沟，而且不利于农村经济繁荣及农村社会稳定。农民金融发展权具有纠正金融功能异化、恢复金融社会功能、矫正金融资源分配不均等功能，是实现金融公平的重要途径。我国农村金融存在基础设施落后、服务网点覆盖面窄、运行成本高、对金融消费者保护力度不够等制约因素，如果实行脱离农民内生发展需求及忽视农民主体作用的农村金融扶持不仅难以从根本上改善农村金融发展环境,反而极易影响金融市场充分竞争。为了实现农村金融服务与农民金融需求的协调,要逐步建立和完善农民金融发展权法律制度以营造良好的农村金融市场环境。农民金融发展权立足于农村金融的公共产品属性,保障所有农民均能以合理成本获得储蓄、贷款、抵押、保险、保理等金融服务。

(三)通过农民金融发展权促进金融服务农业经济

农村金融不论其表现形式和组织方式如何,其本质都是不同产权主体基于信息、信任、信誉和制度约束基础上,通过信用工具将分散资金集中有偿使用,以实现规模经济的信用交易活动。我国农村金融供给不足的实质是农村金融交易不足问题,根源是农村金融交易条件不足问题。因此,农村金融发展的关键不是增设交易机构,而是提高交易水平。如果忽视农村金融交易的条件,向农村经济系统大量输入农村金融机构,不仅不会带来农村金融交易规模的扩大,反而可能使这种农村金融机构陷入运转困境。因此,农村金融机构存在的价值在于其农村金融功能的发挥,而不在于其组织规模。金融发展与社会经济体制改革和社会变迁密切相关,服务农村实体经济有利于农村金融可持续发展,避免金融系统性风险。单纯的救济资金并不能实现金融借贷的自偿,不能解决农村金融的可持续发展问题。农村金融只有依托于能够产生足够资本回报率的生产活动,才能最终实现内生化,从而实现与农村经济发展的相互促进。针对农民与金融机构的信息能力、风险能力、谈判能力等资源不对称,农村金融法律制度应当对农民进行倾斜性保护,通过农民金融发展权保障促进农村金融交易规模扩大,使农村金融成为促进农村经济发展的关键因素。

近年来,我国金融资本过度集中于房地产及金融衍生品,各地的民间借贷危机、非法集资事件严重破坏了金融秩序和经济发展环境。农民参与金融活动不仅能扩大农业经济总体规模,还可以降低农村金融交易成本、促进农业经济总体效率。一些村镇银行结合当地特色农产品为农民发放的"黄瓜贷""草莓贷""甜瓜贷""黄羊贷"等金融创新产品,直接将借贷资金投入农业生产环节,有效满足了农户融资需求。农民金融发展权的实现有利于发挥资产融资杠杆作用,增加农村金融投资总量,也有利于使农村金融资源配置更加精准有效,降低农村金融监管成本,提高资金运行效率。

四、农民金融发展权促进城乡一体化发展

中华人民共和国成立初期实行"工业优先发展、城市优先发展"战略,农业生产的资金积累大量用于满足工业建设及城市建设需求。随着我国现代工业体系的全面形成,农村经济发展滞后逐渐影响到国民经济的供需平衡并阻碍国家整体经济增长,对此,应当通过城乡一体化发展以实现国民经济体系协调发展、逐步缩小城乡社会差距。

(一)通过农民金融发展权促进工业与农业的协调发展

农业并非仅仅是经济产业,而是具有丰富的就业增收、生态保护、文化传承等社会功能。[1]习近平总书记指出:从世界各国现

---

[1] 2007年的中央一号文件《中共中央 国务院关于积极发展现代农业扎实推进社会主义新农村建设的若干意见》中提出:农业不仅具有食品保障功能,而且具有原料供给、就业增收、生态保护、观光休闲、文化传承等功能。建设现代农业,必须注重开发农业的多种功能,向农业的广度和深度进军,促进农业结构不断优化升级。

代化历史看，有的国家没有处理好工农关系、城乡关系，农业发展跟不上，农村发展跟不上，农产品供应不足，不能有效吸纳农村劳动力，大量失业农民涌向城市贫民窟，乡村和乡村经济走向凋敝，工业化和城镇化走入困境，甚至造成社会动荡，最终陷入"中等收入陷阱"。❶由于农业平均收益率始终落后于工业平均收益率，有限的金融资源始终存在工业与农业配置不平衡问题。在工业化启动阶段，社会资本往往通过赋税、工农业产品价格差、吸收农民存款等方式从农业流向工业。农业是我国国民经济发展的基础，发展农业和农村经济的收益往往流向城市和工业，但为此付出的成本代价却显现于农村经济。❷农民金融发展权强调国家金融资源对农村的倾斜性支持，通过金融资源配置引导工业与农业的协调发展。由于单纯的农业借贷不利于农村金融机构分散风险，农村非农产业的资金借贷需求培育有益于分散农业贷款风险过于集中的问题。农村非农产业的发展将会吸纳大量的资金需求及资金以外的金融服务需求，同时，也会提供越来越多的资金供给，从而实现可持续的农村金融内生化发展。农村金融机构通过信贷资金引导社会资本、科学技术、管理人才投入农业生产及农村经济，扶持农民发展农产品加工、乡村旅游等多种产业，通过在农村发展工业及服务业促进农民收入来源多元化以实现农业与工业的深度融合。

（二）通过农民金融发展权缩小社会贫富差距

习近平总书记指出：在 2020 年全面建成小康社会之后，要

---

❶ 习近平. 把乡村振兴战略作为新时代"三农"工作总抓手 [J]. 求是，2019 (11)：1.

❷ 曾康霖. 我国农村金融模式的选择 [J]. 金融研究，2001 (10)：8.

把实现现代化的重点任务放在乡村,在"三农"问题上聚集发力,经过15年的努力奋斗,推动"三农"与国家"同步基本实现现代化";在2035年基本实现"三农"现代化之后,再经过15年的努力奋斗,让亿万农民在共同富裕的道路上迎头赶上,让美丽乡村成为"现代化强国的标志、美丽中国的底色"。❶社会贫富差距过大往往影响市场经济的功能发挥,同时容易危害到社会秩序稳定。金融服务通过其代理服务、信息服务、媒介服务等功能服务实体经济发展需求,因此,金融服务对社会发展具有重要推动作用。在现代经济条件下,金融不是被动适应经济发展需要,而是主动推动经济社会发展。农村金融法律制度不仅规范农业经济主体之间融通货币资金的行为,更着重于调整金融资源融通基础上的权利与义务关系。金融是经济增长的推动力,也是调整社会资源配置的重要途径,不能让一些人通过金融资源的分配和享有扩大贫富差距,而是要缩小贫富差距。❷农民金融发展权法律制度通过保障农民的个体权益,激发农民参与市场竞争的积极性,同时,通过金融公平对市场资源配置进行再次调整以缩小贫富差距,追求经济发展的社会福利最大化。农民金融发展权法律制度以国家的保障义务为出发点,提出创新符合农民金融需求的差异化金融服务,完善村镇银行、农民资金互助组织等农村中小金融机构业务结构等。综上,农民金融发展权通过制度调整使社会金融资源的分配和享有实现实质公平。

---

❶ 中共中央党史和文献研究院. 习近平关于"三农"工作论述摘编[M]. 北京:中央文献出版社,2019:11.
❷ 曾康霖. 试论金融与社会发展的关系及其制度安排[J]. 征信,2019(11):7.

（三）通过农民金融发展权缩小城乡差距

我国全体社会成员的概括性利益、共同利益和根本利益在本质上是一致的，城乡差距缩小有利于激发城乡生产要素自由流动、提高社会生产力、稳定社会秩序。乡村振兴并非把城乡发展对立起来，而是科学引领我国现代化进程中的城乡格局变化，有利于发挥区域资源禀赋的优势，形成市场主体互利共赢、协同发展的格局，促进区域间利益共享、资源合理流动。我国城乡经济发展水平、金融发展差异十分显著，如果实施无差别的金融发展路径，城市将拥有更多金融资源，而农村金融供给不足现象将更为严重。在城乡二元经济结构下无论权利和利益的分配还是资源配置，农村均处于劣势的状况体现了社会发展的不平衡。因此，实现农民金融发展权不仅是农村经济发展需要，也是国民经济体系整体和谐发展的内在要求。倾斜性金融支持是促进农村经济发展的重要力量，因此，在国家统一的金融法治框架内，还应当制定差异化的农村金融扶持制度。农村金融作为促进农业资本形成的重要途径，是农村经济发展的关键因素。农民金融发展权是经济发展权在农村金融领域的具体化，农民金融发展权制度通过减少农业生产者的借贷成本，提供足够资金改善其生产和生活条件、为其使用现代化技术提供资金支持，以刺激农业生产发展、促进农村经济发展。农民金融发展权制度的最终目标是通过资源配置引导农民在生产经营活动中不断提高自身能力素质及经济收入，最终缩小乃至消除城乡差距。缩小城乡差距的经济根源在于实现农村的平均劳动生产率与城市的平均劳动生产率持平、农业资本报酬率与工业资本报酬率持平。现代农业需要大量资本投入实现规模化的生产及销售，其经营成本呈现初期高后期低的特征，在发展初期需要充足的金融资源供给数量及合理的金融资源供给结构才能实现优质的农业生产结构，在产业规模化效应形成后随着产量增加而不断摊薄成本。农民金融发展权法律制度是提高农业劳动生产率、农业资本报酬率的重要保障，通过权利保障机制与农村经济发展规律的共同作用带动农业产业结构转型升级，从经济基础上根本改变农村的相对落后面貌。

（四）通过农民金融发展权缩小农村地域差距

农村发展阶段的不同，形成明显差异化。浙江、江苏、广东、福建等东部发达地区工业与商贸发达，提升了农业人力劳动价值与农村资源的价格；西部欠发达地区农村发展基础、农民可支配收入、农业发展水平等还处于较低水平，存在投入要素及市场等多方面的制约；中部的湖南、湖北等地区存在农民生产劳动率、劳动价值与持续性收入较低，山区农村搬迁及基础设施建设成本投入巨大等制约；东北平原、中原地区等粮食生产供应地区存在种植粮食作物价值低，种植经济作物又市场波动大，农村劳动价值与收入水平低等问题。我国东西部地区农村经济发展差距较大，虽然国家开展了大量金融扶贫工作，但扶贫不能单纯依赖于资本投入，还需要被扶持对象积极谋求发展，通过生产劳动参与经济发展、社会发展等。党的十八大以来，以习近平同志为核心的党中央高度重视农村扶贫工作，通过精准扶贫战略的实施消灭绝对贫困。2020年，我国原有的832个国家级贫困县全部脱贫，近1亿农村贫困人口脱贫，农民的生存权得到了保障。国家对农民进行直接扶贫只能消除绝对贫困，但实现农民的高质量发展需要通过制度保障农民在农业现代化中获益。党和国家不仅要帮助农民摆脱贫困，还要促使其走上自我发展的道路，以实现全体人民共同富裕的目标。随着农村扶贫攻坚工作的胜利完成,农村地区差距逐渐减小,农民对金融发展权的需求最终体现于共同富裕的发展目标。从赋权角度提出农民金融发展权,通过金融资源扶持使得农民获得发展动力及激励,有利于激发农民的内生发展动力。

综上,社会科学研究必须要运用动态、联系的方法看问题,不能将农村金融问题静止、孤立的放在农村范围内进行研究,而是要结合城乡社会发展结构分析农村金融问题。城乡居民收入差距扩大,不利于农业扩大再生产和生产经营投入,同时降低人力资源水平,不利于缩小贫富差距、维护城乡社会和谐稳定。农民金融发展权制度基于实质正义对弱势主体以特别的权利配置,使社会成员利益在实质平等基础上得到普遍提高。农民金融发展权制度借助金融资源使土地、人力等生产要素资本化,创造更加普惠公平的市场条件,有利于推动城市的资金、技术、人才向乡村流动,推动城乡要素自由流动、平等交换,逐步缩小城乡差距。

第三章

我国农村金融法制对农民权利保障不足的原因分析

在农村经济增长方式转型升级、农村社会资本积累规模扩大等因素影响下，农村金融市场成本收益结构不断变化并形成新的均衡。由于农业和农村的特殊经济结构，农村金融市场并非自然演进的市场经济，国家提供制度保障是对农村金融发展的重要支持。制度成本影响制度稳定性，也影响政府对市场介入程度，因此，我国农民金融发展权的实现对农村金融法制建设具有重要推动作用。随着国家对公民权利重视及人权意识深入发展，现代法制建设更加强调私权在社会发展中的地位，然而，我国农村金融法制建设长期以来从农村金融机构的建设出发，侧重于解决农村金融供给问题，对农村金融需求的培育及保障中往往忽视农民主体作用，这在某种程度上正是农村金融供需结构性矛盾的根源，也是农村金融发展动力不足的重要原因。

第一节 我国农村金融法制建设的历史脉络

农村金融法律制度对于规范金融市场、优化金融服务、控制金融风险具有重要保障作用,制度经济学理论认为制度通过提供各种规则明确人们交易的选择范围,构成约束人们行为及关系的规则体系,以此达到降低交易成本的目的。诺斯认为制度变迁是经济主体承受能力与制度变迁成本相互均衡的过程,经济社会内生发展需求决定着政府和市场的演进方式。[1]由于农民金融发展权建立在农民享有财产支配权、公平参与社会分配、独立参与市场经济活动等具体权利的基础上,因此,在我国农村金融法制建设的历史脉络中,主要从农民支配土地收益的权利、农民参与社会分配的权利、农民参与市场经济活动的权利这三条线索分析农民金融发展权的逐渐兴起过程。

一、计划经济时期农村金融的起步与停滞(1949—1977年)

计划经济时期,我国农业生产力水平较低,农村金融刚刚起步就受到各种因素干扰。由于这一时期对市场经济持否定和排斥态度,农民的权利更多体现为集体权利,农民个体权利处于压抑状态。

---

[1] 道格拉斯·诺斯. 经济史中的结构与变迁[M]. 陈郁,罗华,等,译. 上海:上海人民出版社,1994:55.

(一)农村经济社会结构变迁

在我国传统的自给自足小农经济发展模式下,农村主要依靠地缘及亲缘关系构建借贷信用体系。中华人民共和国成立后,随着社会主义集体经济的建立发展,现代农村金融开始起步。为了迅速建立现代工业体系,成立初期实行工业优先发展战略,由于整个社会的金融资本稀缺,农村金融成为吸收农村储蓄资金向城市提供工业化资本的渠道。农村金融为国家工业化及城市化提供了大量的资本,但同时造成了农村金融供需不足的困境。在计划经济时期,农民和城市居民的划分体现为一种身份的区别,在城乡户籍划分的基础上实行区别性的生活物资供给制度,初步形成了城乡分割的二元经济结构。人民公社制度、农产品统购统销制度、城乡二元户籍管理制度下,农村生产力发展较为缓慢。

(二)农村金融供给状况

1950年成立的中国农业合作银行是新中国最早设立的农村金融机构,其主要业务范围包括中央财政拨款和农业长期贷款,但中国农业合作银行未在农村地区设立组织机构,其农村金融业务未能在广大农村全面展开,中国农业合作银行成立后逐渐发展为中国农业银行。1951年,我国开始设立农村信用合作社,由于切实满足农民对于借贷资金的需求,农村信用合作社发展规模迅速扩大。1955年,我国建立农村信用合作社的乡镇达到88%,农村信用合作社成为农村金融的主体力量。同年,中国农业银行正式成立并在全国各县级区域设立中国农业银行的分支机构,广泛开展金融业务。但是,我国农村信用合作是在农村合作化运动中自上而下推动发展,并不是在农民合作意识增强基础上逐步发展❶，农村信用合作社未能充分体现合作金融互助共济的内生属性。1977年，国务院颁布的《关于整顿和加强银行工作的几项规定》提出，信用社是集体金融组织，又是国家银行在农村的金融机构。该规定明确信用社是国家银行的基层机构。1951—1958年，中国人民保险公司逐渐开展了针对农民的牲畜、农作物等农业保险业务，由于国家为农业保险提供了信用担保，农业保险在农村获得了良好的运营效果。由于受当时的时代发展影响，1958年，中国人民保险公司停止办理农业保险业务；1959年，农村信用社被并入人民公社信用部；1965年，中国农业银行被撤销。在我国计划经济时期，农村金融机构虽然未能得到充分发展，但也在一定程度上满足了农村生产建设的资金需求。中华人民共和国成立初期，农村金融机构设立、合并、撤销的具体情况，如图3-1。

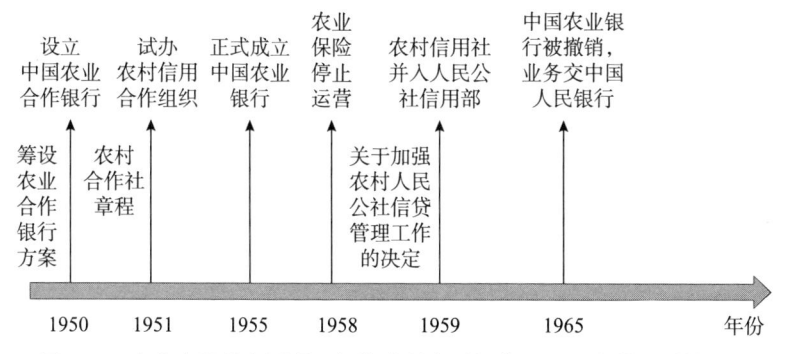

图 3-1　中华人民共和国成立初期农村金融机构设立、合并、撤销时间

从图3-1可见，计划经济时期农村金融需求与供给均在单一

---

❶ 曾康霖. 我国农村金融模式的选择[J]. 金融研究，2001（10）：32-41.

的计划经济体制下,农村金融资源由国家统一调控。在中国农业银行隶属于中国人民银行、农村信用社缺乏经营独立性等状况下,农村金融无法得到多元化发展。计划经济时期,农村金融法律制度主要从组织架构、经营管理、监督管理等方面规范金融机构活动,呈现出立法层次较低、效力不稳定、内容不断反复等特征。

(三)国家对农民权利的保护状况

新中国赋予人民当家做主的地位,但对人民的权利赋予更多集中于政治权利,经济权利则受到计划经济体制的限制。人民公社是计划经济时期开展农业生产活动的主要经济主体组织,农民的财产权利及参与社会分配、享受社会福利等权利均由人民公社以集体名义行使。农民没有独立的生产经营权利,农业生产收益由人民公社统一分配。集体经济时期,农村对老、弱、病、残、幼群体实行的"保吃、保穿、保住、保医、保葬(孤儿保教)"的农村五保供养制度,对保障农村极端贫困群体的生存权发挥了较大作用。这一时期,国家主要通过行政指令方式对农民赋权,以群众性运动模式来实现农民的整体利益诉求,但对农民利益的保障与农民内在权利诉求存在一定距离,对农民个体权利缺乏应有的重视。此时,农民金融发展权的理论及制度均不具备社会基础,也没有形成法律层面的农村金融制度。

二、农村金融法律制度初步建立时期(1978—1995年)

我国于1978年实行改革开放后,开始逐步建立社会主义市场经济体制。以农村家庭联产承包责任制为核心的农村经济体制改革促使农民收入不断提高,农村生产力得到了极大发展。在农村经济体制改革的背景下,我国初步建立了农村金融法律制度,开始形成保护农民个体权利的观念。

(一)农村经济社会结构变迁

中国农村改革建立在农村基本经营制度改革的基础上,1978年年底,安徽省凤阳县小岗村率先实行集体耕地"包干到户",随后全国农村逐步开始实行农村家庭联产承包责任制。家庭联产承包责任制中"交足国家的,留够集体的,剩下的都是自己的"作为一种促进型制度激励,极大调动了农民的积极性。❶ 在这一制度下,农民不仅有了生产经营自主权,而且收入获得显著提高。1978—1990年,我国农民年人均纯收入从133.57元增长到629.79元,增长达3.7倍,农村经济状况显著改善。❷ 这一时期的农村金融主要受农业信贷补贴理论的影响,国家通过财政资金向农业生产提供各种补贴、优惠贷款等扶持,农民更多的被视为被帮扶者、被救济者。1992年,党的十四大提出建立社会主义市场经济体制。经济体制市场化改革对农村金融发展形成了促进作用,农村金融市场初步形成体系,但在农业支持工业、农村金融为工业提供资金支持的国家发展战略下,农村金融资源主要用于支持工业发展及城市建设,这进一步强化了城乡二元经济结构。在全社会改革开放的背景下,我国农村经济体制改革取得了较大成效,但农村金融对农村经济的资源引导效应尚不显著。

---

❶ 1983年的中央一号文件指出,联产承包制是党的领导下我国农民的伟大创造,是马克思主义农业合作化理论在我国实践中的新发展。

❷ 郭书田. 变革中的农村与农业——中国农村经济改革实证研究[M]. 北京:中国财政经济出版社,1993:125.

(二)农村金融供给状况

1979年,中国农业银行恢复建制,其业务范围从管理国家农业扶持资金逐渐拓展到发放农业贷款、资产管理、保险等金融服务。1994年,中国农业发展银行成立,其主要开展国家粮棉油储备和农副产品收购、农业开发中的政策性贷款,代理国家财政支农资金拨付等农村政策性金融业务。由于农村金融活动难以满足商业金融资本追逐利润最大化的目标,商业银行大量退出农村金融市场,农村信用合作社逐渐成为农村金融市场的主导力量,其提供的金融服务不仅满足了农民消费金融需求、农业生产资金需求,还提高了农民参与金融活动的主动性与自主选择权利。严格的农村金融市场准入管制限制农村金融机构的多样化,难以满足农民的金融需求。我国农民借款来源中民间金融的占比长期一直超过正规金融,这反映出农民的贷款需求难以从正规金融机构得到满足,农村金融的金融抑制问题始终没有解决。

(三)国家对农民权利的保护状况

1982年颁布的《宪法》确立了公民享有人身、政治、经济、文化等基本权利,为我国人权保障制度建设奠定了重要的宪法基础。1984年9月,中共中央、国务院发布《关于帮助贫困地区尽快改变面貌的通知》,开始进行大规模区域性扶贫。随着中央及地方各级扶贫开发领导小组的成立,扶贫方式从救济式扶贫转变为扶持贫困地区经济发展的开发式扶贫。由于市场经济体制发展对经济法制提出了更多需求,国家先后出台了《中华人民共和国商业银行法》《中华人民共和国中国人民银行法》等金融法律制度,但农村金融始终缺乏专门立法,主要依靠行政法规、地方性法规、规章制度及国家政策予以调整。城乡二元户籍制度下,"农民"的概念更强调一种身份属性,而不是职业区分。农村户籍的公民即便在城市从事工商业劳动,也被认定为"农民",在社会福利、社会保障等方面均相对落后,农村金融基础设施缺乏、信息传递不通畅等状况更制约着农民获得金融服务的途径。在农村金融整体弱化的背景下,农民的金融需求难以获得满足,农村民间金融缺乏法律规制,农民金融发展权难以体现于农村金融法制。

三、农村金融法律制度整合与探索时期(1996—2007年)

随着社会主义市场经济的深入发展,农村金融法制建立起适应现代金融发展模式的基本体系,农村金融法制在行政法规层面得到不断丰富,但仍然缺乏体现农村金融特征的专门法律。

(一)农村经济社会结构变迁

2000年,国务院开始推行农村税费改革试点工作,至2006年全国农业税全部取消。2004—2008年的中央一号文件,先后提出促进农民增收、提高农业综合生产能力、推进社会主义新农村建设、发展现代农业和切实加强农业基础建设等内容。虽然国家对农业、农村、农民问题高度重视,先后提出了建设社会主义新农村、城乡统筹发展等战略部署,❶但是农村经济快速发展的过程中开始

---

❶ 2005年,党的十六届五中全会提出了建设社会主义新农村、积极推进城乡统筹发展的战略部署。党的十七届三中全会审议通过的《中共中央关于推进农村改革发展若干重大问题的决定》,要求把建设社会主义新农村作为战略任务,把走中国特色农业现代化道路作为基本方向,把加快形成城乡经济社会一体化新格局作为根本要求。

出现产能过剩、农村金融供需结构矛盾等问题。一方面，公共财政难以满足巨大的农村资金需求；另一方面，财政投入形成的农村公共产品及农村金融基础设施等因为缺少农村市场经济配套措施而运行效率低下，农村金融发展缺乏内在动力及法律制度保障仍然是突出的矛盾。这一时期，国家开始初步提出农村土地经营权流转机制，但仅限于原则性规定，尚未建立具有实际可操作性的规范。❶

（二）农村金融供给状况

1996年，国务院发布的《关于农村金融体制改革的决定》提出建立和完善商业性、政策性与合作性金融分工协作的农村金融体系。但是，随着农村金融改革的深入，中国农业银行改制为广泛经营各类金融业务的商业性金融机构，大量农村信用合作社改制为农村商业银行，农村金融体系的合作金融属性被弱化。由于农村经济弱质性、农民缺乏担保物、农业保险覆盖面窄等因素，农村金融业务高风险低收益的特征与商业金融机构追求利润最大化的经营目标存在矛盾冲突，商业性金融机构往往难以提供符合农民多元化金融需求的普惠金融产品与服务。农村信用社的服务宗旨、运行机制等均与商业金融有显著区别，但缺乏专门的法律规范，农村信用社监管主要适用《农村信用合作社管理规定》《农村信用社农民小额信用贷款管理暂行办法》等，行政规章的立法层级较低，制度引领和规范作用有待加强。1999年，农村合作基金会因为普遍出现较为严重的违法经营问题而被国家取缔。新型农村金融机构规模小、客户基础好、服务便捷等优势使其有效地优化和改善着农村金融市场

---

❶ 2006年中央一号文件提出健全土地承包经营权流转的机制，2007年中央一号文件提出平等协商、依法以及自愿、有偿的农村土地流转基本原则。

良性竞争环境，但是，资金互助社、农民资金互助组织缺乏法律制度监管，导致业务经营难以得到有效的规范和引导。2006年，中国银监会发布《关于调整放宽农村地区银行业金融机构准入政策更好支持社会主义新农村建设的若干意见》，提出放宽准入资本范围，积极支持和引导境内外银行资本、产业资本和民间资本到农村地区投资、收购、新设村镇银行、社区信用合作组织、小额贷款公司等金融机构。2007年，我国首批村镇银行成立。

（三）国家对农民权利的保护状况

随着社会的进步发展，人权保护观念日益受到重视。我国先后签署了联合国《经济、社会及文化权利国际公约》《公民权利和政治权利国际公约》等一系列人权保护公约，并且将人权保护确立为宪法的一项基本原则。1996年10月，中共中央、国务院在《关于尽快解决农村贫困人口温饱问题的决定》中提出资金、任务、权利、责任"四个到省"的扶贫工作责任制，形成"中央统筹、省负总责、县抓落实"的农村扶贫开发机制。这一时期，农村金融法制仍然以管理、监管为主要内容，对农民在金融发展中的权利义务等规范较少涉及。各级行政机关颁布了大量行政法规、部门规章、政策性规范文件以加强农村金融机构监管❶，具体情况

---

❶ 2003年，国务院颁布了《深化农村信用社改革试点方案》，规定农村信用合作社由省级政府进行管理。2004年中央一号文件《中共中央国务院关于促进农民增加收入若干政策的意见》，提出要"改革和创新农村金融体制，积极兴办直接为'三农'服务的多种所有制金融组织"，表明农村金融市场结构的多元化发展趋势。2005年，中央一号文件提出要针对农村金融需求特点加快构建农村金融体系，并探索建立更加贴切农民和农村需要的小额信贷组织。2006年，中国银监会《关于调整放宽农村地区银行业金融机构准入政策，更好支持社会主义新农村建设的若干意见》出台，标志着以金融准入突破为契机，金融机构多元化发展趋势的形成。

如表3-1。

表3-1　2003—2007年农村金融机构监管文件

年份	规范性政策文件名称
2003	《关于农村信用社以县（市）为单位统一法人工作的指导意见》 《农村合作银行管理暂行规定》 《农村商业银行管理暂行规定》
2004	《关于农村信用社省（自治区）联合社设立办事处的指导意见》 《农村信用社省（自治区、直辖市）联合社监管工作意见（试行）》
2007	《农村信用社监管内部评级指引（试行）》 《村镇银行管理暂行规定》 《农村资金互助社管理暂行规定》
2007	《关于银行业金融机构大力开展农村小额贷款业务指导意见》

从表3-1可以看出，银监会的规范性文件侧重于对农村金融机构的监管，对农民金融发展权基本没有涉及。由于农村金融法制缺乏法律层面的专门立法，虽然《中华人民共和国商业银行法》和《农村商业银行管理暂行规定》明确了我国农村商业性金融机构的法律地位及权利义务关系，但未能充分体现农村金融的普惠性、多元化、多层次性的特征。同时，农村金融法制关于农村政策性金融机构的法制规范处于空白，不利于其发挥服务农村的功能。综上，这一时期的农村金融法制体现出明显的"机构观"导向，以对农村金融机构的设立、运行等活动为主要调整对象，农民对农村金融发展的主体作用尚未得到重视。国家自上而下的外生型制度变迁模式下，农村金融法律制度以农村金融机构的组织制度、监管规则为主要的法律调整内容，农民金融发展权仅仅停留在抽象的应然权利范畴，缺乏具体实施机制。

四、农村金融法制逐步发展时期（2008年至今）

2008年，《中共中央关于推进农村改革发展若干重大问题的决定》提出推进农村改革发展必须切实保障农民权益，并将农民根本利益作为农村一切工作的出发点和落脚点，对农村社会的发展与农民全面发展进行了有机统一。同时，该决定提出建立现代农村金融制度，对放宽农村金融准入及各类农村金融机构的功能定位做出系统性规范。农民金融发展权观念开始逐渐体现于各项政策及法律制度中，从抽象权利逐渐转化为具体权利。

（一）农村经济社会结构变迁

我国长期存在的农业发展滞后制约了工商业进一步发展，而农民收入水平过低影响着社会稳定进步，因此，应积极引导各类资金向农业、农村流动，为城乡统筹发展及乡村振兴提供内在动力。农村改革发展过程中，农村土地流转制度改革深刻影响着农民的经济权利及生产生活方式。土地是农民最主要的财产，也是农民获取生活保障的基础，但长期以来农民仅仅依靠土地耕种获取农产品的生产状况下，农民很难获得高质量发展。从党的十七届三中全会开始，国家相继出台了一系列促进农村土地权利流转的政策。❶一方

---

❶ 党的十七届三中全会提出保护土地承包经营权依法流转，十八届三中全会进一步提出赋予农民对承包经营权抵押、担保权能，允许农民以承包经营权入股发展农业产业化经营。2014年，中共中央办公厅、国务院办公厅印发《关于引导农村土地经营权有序流转发展农业适度规模经营的意见》，提出在坚持农村土地集体所有前提下，实现所有权、承包权、经营权"三权分置"，允许农民将土地承包经营权依法采取转包、出租、互换、转让及入股等方式自愿流转，发展多种形式的适度规模经营。

面，灵活的农地流转制度使农民能够将土地使用权作为抵押担保，从而增强了农民获取信贷资金的能力，也降低了农村金融机构向农民发放贷款的信用风险。另一方面，农村土地流转有利于集中土地资源更好发挥生产效率，也使农民能合理配置自己的劳动力，通过多种途径提高收入。在改革开放初期，我国实行工业优先发展战略，随着社会主义工业体系逐步完善，农村发展滞后问题阻碍着整个国民经济体系的均衡发展。2017年，党的十九大提出实施乡村振兴战略，党的十九大报告提出：中国经济已由高速增长阶段转向高质量发展阶段，正处在转变发展方式、优化经济结构、转换增长动力的攻关期。❶由高速增长转向高质量发展，集中体现了转型发展的思想。2018年，中共中央、国务院发布《关于实施乡村振兴战略的意见》，强调扶持农业、农村、农民优先发展，"三农"问题被放到国家发展战略的重要位置。

我国深入持续开展的扶贫工作中，主要通过小额信贷、政府无息贷款、保险扶贫、资本市场扶贫等金融扶贫措施加大对农民的帮扶力度。2020年，我国农村贫困人口全部脱贫，区域性整体贫困得到解决，脱贫攻坚工作的胜利完成使得农民的生存权得到充分保障。2022年，党的二十大报告提出，高质量发展是全面建设社会主义现代化国家的首要任务，这充分表明高质量发展成为时代的主旋律。

（二）农村金融供给状况

农村经济发展相对滞后的情况下，金融资源为了追逐利益而大量流向城市，造成农村金融资源匮乏、社会矛盾激化、经济

---

❶ 习近平. 决胜全面建成小康社会，夺取新时代中国特色社会主义伟大胜利[M]. 北京：人民出版社，2017：30.

宏观结构失衡等问题。市场机制在利益导向下的初次分配是社会贫富差距加大的主要原因,为了激发市场内在动力,国家在一定范围内放松对农村金融市场的准入监管,鼓励设立村镇银行、农村资金互助社等小型农村金融机构。农村信用合作社向农村商业银行转型发展的趋势下,农村内生金融合作更多的体现为农业企业资本与金融资本、农民拥有的土地资本等各种资源的相互融合,农村金融服务创新在新型农业生产组织、互联网金融等领域得到了较大发展。截至 2019 年 6 月末,我国农村基础金融服务已覆盖 54.43 万个建制村,贫困县建制村基础金融服务覆盖率达到 99.2%。❶ 同时,国家明确提出支持农业企业到银行间市场发行短期融资券、中小企业集合票据等融资工具,通过资本市场融资来满足农村金融发展需求。❷ 农村金融产业链在发达地区的农村形成了成熟的经营模式,农民从更为广阔的领域参与金融活动、获取金融资源。农村金融服务和产品不断丰富的同时,农业项目众筹、P2P 借贷等领域监管不足,在农村地区爆发了大量集资诈骗、非法高利贷等侵害农民金融权益的金融犯罪。

(三)国家对农民权利的保护状况

农民权利的深化与社会发展密切相关,随着改革发展的推进。2012 年中央一号文件提出"培育新型职业农民","农民"从身份概念开始向职业概念转变。2014 年,党的十八届四中全会进一步提出,"增强全社会尊重和保障人权意识,健全公民权利救济渠道和

---

❶ 中国人民银行农村金融服务研究小组. 中国农村金融服务报告(2018)[M]. 北京:中国金融出版社,2019:85-86.
❷ 2010 年,中国人民银行、银监会、证监会、保监会发布的《关于全面推进农村金融产品和服务方式创新的指导意见》。

方式"。2017年,党的十九大提出,"加强人权法治保障"。在户籍制度方面,2014年,国务院发布《关于进一步推进户籍制度改革的意见》取消农业户口与非农业户口的区别,统一登记为居民户口。农民从"农村居民"转变为"以农业为职业的公民",农民概念的转变进一步促进了农民权利的发展。农民经济权利的扩展集中体现于土地权利,国家推行农村土地所有权、承包权、经营权三权分置,这时期的一系列政策法规完善了农村土地承包经营权的法律地位和权能,是农村经济改革中的重大制度创新,也是农村基本经营制度的自我完善。《中华人民共和国物权法》《中华人民共和国担保法》相应规定了农村土地使用权抵押担保的范围及担保形式等具体内容。2018年修改的《中华人民共和国农村土地承包法》将农村土地"三权分置"、农村土地承包关系稳定并长久不变、维护进城务工和落户农民的土地承包权益、土地经营权流转、融资担保和入股等写入法律条款。农民土地权利的发展完善不仅推进农民对生产要素权益的公平分享权,也对社会发展产生了积极促进作用。在城乡经济社会一体化发展的战略背景下,农业现代化对农村金融发展提出了更高要求。农村金融行政法规对农村金融创新活动进行积极的鼓励,但是,我国农村金融制度主要采取指导意见或暂行规定的方式来推进,主要体现于行政法规,缺少宏观性的法律规范。❶随着我国社会主义新农村建设、乡村振兴战略的逐步开展,全国人大高度重视农村金融立法问题,并于2015年着手开展农村金融立法起草工作。❷ 2017年,中央一号文件明确提出积极推动农村金融

---

❶ 马建霞. 普惠金融促进法律制度研究[D]. 重庆:西南政法大学,2012.

❷ 朱宁宁. 涉及税收征管、农村金融与公务员多部法律制定修订工作启动[J]. 中国人大,2018(3):49.

立法。2020年5月28日，第十三届全国人民代表大会常务委员会第三次会议通过了《中华人民共和国民法典》，进一步推动社会主义市场经济高质量发展。2021年4月29日，第十三届全国人民代表大会常务委员会第二十八次会议通过了《中华人民共和国乡村振兴促进法》，在乡村振兴战略实施过程中进一步加强对农民权利保护。

综上，我国农村经济长期以来缺乏充足的金融资源支持，而农村经济发展滞后也制约了农村金融发展。在农村金融发展与法律制度构建问题上，农民金融发展权是农民实现经济发展的重要基础，农民金融发展权制度构建将为农村金融体制改革提供重要的法律保障。农民金融发展权是发展权在特定群体中的具体化，其体现着国家对农民赋权、激励、保障的基本原则。农民属于金融资源配置中的弱势群体，农民金融发展权制度的核心在于实现法律制度的实质正义。农民金融发展权实现的过程既是农民逐步参与市场经济活动公平竞争的过程，也是农民全面发展、农村经济繁荣、乡村振兴的过程。从计划经济时期到社会主义市场经济深入发展时期，国家出台了大量行政法规、部门规章、规范性文件促进农村金融发展，但是，由于对农村金融发展动力、发展特性的基础理论研究不足，农村金融法制建设更多着重于农村金融机构的规制，未能从农民发展需求出发制定一部农村金融基本法以确立农村金融发展逻辑及路径。法制建设不足不仅制约着农村金融市场体系的发展成熟，也影响着农民对金融资源的可获得性。

第二节 我国农村金融法制对农民权利保障不足的表征

随着经济发展，市场主体对法律制度的需求也在不断提升，因此，国家要及时根据社会发展需求提供高效科学的制度规范。农民金融发展权涉及农村金融结构调整，是推动农村经济社会发展的重要动力，其从应然权利到实然权利离不开农村金融各项制度的保障，然而，我国当前的农村金融法制建设仍然存在许多有待完善的地方。

一、农民权利的保障机制不健全

农民发展问题的解决从根本上依靠农民通过生产活动获得持续发展的能力。农民权利的保障机制不健全不仅使农村金融市场供需结构矛盾严重影响着农民获取金融资源，也导致大量支农资金并没有真正用于扶持农村经济发展。

（一）农民在金融活动中的主体地位未能发挥

农民金融发展权并非国家对农民的优待与恩惠，而是农民的基本权利。在农村信用合作社等合作金融组织中农民参与决策的权利难以得到保障，而农民自发形成的资金互助组织往往规模较小，在农村金融活动中的影响力有限。与合作金融相比，农民在商业性金融、政策性金融活动中的话语权更加处于被忽视的境地。农民在农村集体土地、集体财产中的产权利益得不到充分行使，农业生产要素未能进行市场化流转也制约着农民参与金融活动的能力及主动地位。国家通过行政措施开展农村金融改革往往局限于解决具体问题的应对型模式，难以从长远机制上激发我国农村金融的内在发展动力。一方面，当前的农村金融法制建设处于渐进式探索过程，农民表达金融需求的途径及意见反馈机制尚未形成刚性的制度约束，农村金融缺乏多元主体参与使得农村金融制度的协商、制衡机制均难以发挥作用。另一方面，各级政府对农村金融发展过程的具体问题缺乏评估，国家设定制度目标和制度实施路径未能充分考虑农民金融需求的实际问题，地方政府信息不对称导致相关农村金融制度流于解决表层问题，并未化解农村金融发展动力不足的根本矛盾。

（二）金融机构的支农功能发挥不足

在我国农村金融体系中，中国农业发展银行的业务运营原则、业务范围等主要由企业章程进行规范，由于缺乏针对性的法律规范，不利于中国农业发展银行充分发挥支农职能。中国人民银行对股份制商业银行在农村地区设立分支机构规定了限制条件，大型商业银行客观上很难在农村扩展业务。❶《中华人民共和国商业银行法》对农村金融机构的特殊职能并无具体规定，实践中农村商业银行的定位往往较为模糊。农村信用合作社承担着大量的支农信贷业务，但对农村信用合作社的具体管理规定仅仅属于规范性文件，法律位阶低导致制度权威性较差，并且在实践中多有内容交叉和冲突，导致法律适用上的矛盾。当前，农村金融法律规范大多属于国家对金融机构的管理，具有金融公法性质，对农村合作金融组织成员与农村合作金融组织之间权利义务关系缺乏金融私法的规范和保护。农村民间金融普遍缺乏硬性的法律约束机制，新型农村金融机构的监管制度滞后，难以有效遏制部分民间金融活动中的欺诈、非法集资等侵害农民合法权益的行为。农村金融法制未能体现农村金

---

❶ 中国人民银行《关于进一步规范股份制商业银行分支机构准入管理的通知》第4条规定：股份制商业银行不得在县（含县级市，下同）及县以下设立机构，但因收购或兼并中小金融机构确需在县及县以下设立机构的除外。股份制商业银行因收购中小金融机构在县及县以下设立机构的，由人民银行各分行、营业管理部比照新设机构的条件进行审批，并事前向总行备案。

融机构的支农义务，这将导致农村金融机构将工作重心放在满足监管指标、提高经济利润等方面，而忽视提高对农民的金融服务质量。金融机构拥有较多的社会资源和较强的社会影响力，其生产经营活动不仅要对股东负责，也承担着促进经济、社会、文化发展等责任。农民金融发展权的实现必然要求农村金融机构充分发挥支农功能，但我国农村金融机构对农民的支农责任缺乏法律的刚性约束，导致农村金融机构支农效率不高，国家难以对农民获取金融资源不足的现状加以有效救济。农民金融发展权为国家和农村金融机构的职责定位和协调行动提供了充分依据，国家履行保障农民金融发展权义务的同时，也应当采取一定措施促使农村金融机构履行支农责任，使农民能获取更多金融资源。综上，应当制定专门的农民金融发展权保障法，促使农村金融机构履行支农惠农的社会服务功能。

（三）农村金融法律制度立法位阶偏低

"国家尊重和保障人权"的宪法规范为农民金融发展权保障提供了宪法依据，但我国仍然缺乏明确规定农民金融发展权具体内容的基本法律。《中华人民共和国农业法》规定农村信用合作社具有保障并扶持农村经济发展的义务，相关金融机构要加大对农村信贷投入力度，但缺乏具体可实施的制度内容。[1]我国金融法律制度

---

[1] 《中华人民共和国农业法》第45条规定：国家建立健全农村金融体系，加强农村信用制度建设，加强农村金融监管。有关金融机构应当采取措施增加信贷投入，改善农村金融服务，对农民和农业生产经营组织的农业生产经营活动提供信贷支持。农村信用合作社应当坚持为农业、农民和农村经济发展服务的宗旨，优先为当地农民的生产经营活动提供信贷服务。国家通过贴息等措施，鼓励金融机构向农民和农业生产经营组织的农业生产经营活动提供贷款。

强调维护金融安全及依法监管的内容，着重于政府对农村金融的管理，虽然规定了国家扶持农民的基本职责，但没有明确规定保障农民金融发展权利的具体部门及激励制度。由于法律制度缺乏具体保障措施，农民金融发展权仅仅停留在抽象权利层面，没有明确具体的义务主体，分散在各类制度规范中关于农民权益保障的内容难以形成完整的制度体系，农民金融发展权因缺乏实施程序、法律责任、监督及纠纷解决机制等法制保障而难以落实。为了促进农民金融发展权的实现，我国应当制定一部保障农民金融发展权的基本法律，以确立农民金融发展权的内容、保护原则、具体措施等。

二、农民参与金融活动的市场服务法律制度缺失

农民金融发展权是一项涉及农民生存与发展的人权，国家是保障农民金融发展权的义务主体。农民金融发展权从应然权利转化为实然权利需要相应的农村金融市场环境，而制度保障是规范农村金融市场环境的根本措施。实践中，农村土地权利流转制度、农村金融风险防控制度、信息供给制度等市场服务法律制度不完善，导致农民获取金融资源往往存在交易成本过高的问题。

（一）农民的土地权利抵押担保制度有待完善

土地权利是农民最重要的资产，而资本是蕴含在资产中的一种经济潜能。农村土地"三权分置"改革背景下，农民的土地权利流转制度为土地权利抵押担保奠定了基础。土地权能提高将推动土地由资产向资本转化，有效增加农村金融供给，促进农业规模化经营。但由于农民的土地使用权流转存在一定的法律限制，农民贷款缺乏抵押物的问题一直难以解决。我国民商事法律制度

对农村土地使用权作为抵押财产的限制性规定，制约着农民行使土地权利，进一步增加了农民通过农村正规金融机构获取贷款资金的障碍。农民的土地权利抵押担保制度不完善，而正规金融机构又依赖于货币化抵押品来规避风险的情况下，抵押物的欠缺直接造成农民融资需求无法通过正规金融机构实现。正规金融机构基于追逐利益最大化的原则，将在农村获得的金融资金投向高利润的城市工商业或金融衍生品，进一步导致农村资金持续外流。而农民通过农村非正规金融获取贷款往往要承受高额利息及各种金融诈骗风险，严重危害着农民的金融权益。

（二）农业保险制度有待完善

农业保险是农业风险防控的重要手段，农民获得国家金融扶持的权利包括农民有获得保险服务行为、财政补贴保险资金等，农民以农业收益提供担保进行贷款，当发生自然灾害而无法清偿贷款时由保险公司提供相应代偿，从而降低了农业贷款的风险。农业保险具有一定的社会公共产品属性，但我国至今没有专门的农业保险法律，《中华人民共和国保险法》对农业保险的规定十分笼统，《农业保险条例》对国家财政给予农业保险补贴及建立农业保险大灾风险分散机制做出了相应规定，但对农业保险与农业贷款的协调发展缺乏配套的激励促进措施。❶农业保险法律制度是我国完善农村金融风险防控体系的重要保障，我国农业保险立法的不足导致农业保险的责任和义务规定不明确，农业保险难以充分发挥分散风险的职能，农民难以享受应有的风险保障，从而影响

---

❶《农业保险条例》第9条第3款规定：国家鼓励金融机构对投保农业保险的农民和农业生产经营组织加大信贷支持力度。

农民金融发展权的实现。针对当前我国农业保险的财政扶持、筹资管理等均缺乏法律制度予以规范的状况，农民金融发展权法律制度应从促进农民获取金融资源、降低农村金融机构交易成本等立足点出发，要求国家加大对农业保险的扶持并规范农业保险补贴的使用方式，使农业保险制度成为国家保障农民金融发展权的一项重要支撑。

（三）农村信用体系建设法制保障不足

农民难以从正规金融机构获得信用贷款，制约着农民对信贷资源的可获得性。农村信用体系建设亟待利用现代信息技术的大数据功能整合工商、财政、税务等部门的信息资源，实现信息资源互联互通，有效解决农村金融信息不对称、风险防控滞后、交易成本高等问题。国家先后出台了一系列推进农村信用体系建设的规范性文件❶，这些文件虽然有力推动着农村信用体系建设，但缺乏稳定性和系统性，未能全面规范农村信用体系的发展模式、监管方式、运行制度等。由于农村信用体系建设具有信息分散、区域性强等特征，如果仅仅依靠中国人民银行推动，农村信用体系建设难以解决当前农村存在的恶意逃废债及金融环境整治等系列问题。针对农村信用体系建设的现状与特征，法律机制的系统性和稳定性使农村信用体系建设更具有实效，只有通过法制保障才能使农村信用体系建设运用层次更深、覆盖面更广、可持续性更稳定。

---

❶ 中国人民银行于2009年出台了《关于推进农村信用体系建设工作的指导意见》，国家先后出台了《关于加快小微企业和农村信用体系建设的意见》及《社会信用体系建设规划纲要（2014—2020年）》等。

三、农村金融监管制度未能充分保障农民权益

农村金融有自身独特的运行原则、功能定位，注重服务"三农"金融需求的质量与效率，但是，我国农村金融和城市商业金融不仅金融业务管理方式相混同，而且适用相同的监管法律制度。法律制度对农村金融特征及农民发展权益缺乏足够的重视，各类制度规范难以形成完善的农村金融监管体系，制约着农民金融发展权实现。

（一）民间资本准入缺乏程序保障

民间投资是我国农民参与金融活动的主要途径之一，我国现有行政法规、部门规章等对民间资本投资农村金融机构并没有禁止性规定，理论上，农民可以通过将自有资金通过入股、发起设立等方式参与金融机构经营活动并分享红利。❶但是，抽象的原则

---

❶ 根据《农村商业银行管理暂行规定》，农民、个体工商户、企业法人和其他经济组织都可以作为农村商业银行的发起人；《关于规范向农村合作金融机构入股的若干意见》提出，自然人、企业法人和其他经济组织符合向金融机构入股条件的均可申请向其户口所在地或注册地的农村合作金融机构入股。《信托投资公司管理办法》《金融租赁公司管理办法》《货币经纪公司管理办法》等非银行金融机构也均没有限制民营资本参与金融机构的规定。《国务院鼓励支持非公有制经济发展的若干意见》指出，放宽非公有制经济市场准入，允许非公有资本进入金融服务业。国务院《关于鼓励支持和引导个体私营等非公有制经济发展的若干意见》指出，允许非公有资本进入法律法规未禁入的行业和领域，允许外资进入的行业和领域也允许国内非公有资本进入，并放宽股权比例限制。《关于调整放宽农村地区银行业金融机构准入政策，更好支持社会主义新农村建设的若干意见》《村镇银行管理暂行规定》《村镇银行组建审批工作指引》《贷款公司管理暂行规定》《贷款公司组建审批工作指引》《农村资金互助合作社管理暂行规定》《农村资金互助合作社组建审批工作指引》《关于加强村镇银行监管的意见》等一系列指引意见对民营资本进入农村金融市场均持鼓励态度。

并不具有可操作性，鼓励制度如果不具体落实为更具执行力和操作性的法律规则，则难以根本解决民间资本在农村金融市场的准入问题。我国对金融机构的设立采取审批主义，但法律对民间资本准入没有规定具体明确的审批标准，金融监管部门对是否批准民间资本设立农村金融机构有较大的自由裁量权。金融监管部门的审批权如果没有具体实施标准，鼓励民间资本进入农村金融市场的规定就难以确保实施效果，城乡金融资源配置不均衡问题也难以得到根本解决，因此，审批标准不明这一程序障碍严重制约着民间资本进入农村金融市场，农村金融监管法制应当在程序性规范方面进一步制定实施细则。

（二）对农民参与内生金融创新的激励不足

传统农村发展模式下分散的小农经济正在逐渐融入规模化、专业化、产业化、合作化生产方式。农村经济市场化、产业化趋势下形成了专业合作社、家庭农场等新型农业经营主体，产生了商贸、加工、运输等全产业链综合金融服务需求。我国农业产业结构调整对金融资金产生了巨大需求，同时也催生了农业供应链金融、农村土地权利抵押贷款、农业信贷与保险联动机制等农村金融创新。外生型的农村金融供给不一定能契合农民的内生金融需求。一方面，解决农村金融供需结构矛盾需要顺应农民金融需求来调整金融供给功能，鼓励农民参与内生金融创新；另一方面，农村金融机构信贷供给效率仍存在诸多障碍和问题，需要国家通过制度激励来弥补农业高风险低收益，激励和引导农村金融机构释放金融活力。农村内生金融创新有利于拓宽农村金融体系的广度与深度，农民在追求自身经济发展的动力驱使下往往能创造性的开展金融活动，但金融创新很容易涉及法律制度没有明确规范的领域，农村金融法律制度一方面对非法集资、民间高利贷等违法行为的事前预防、事中监管不足，另一方面对农村金融创新缺乏激励、引导机制。综上，农村金融法制建设应当从农村金融组织模式、市场体制、服务方式等方面激励并引导农民参与农村金融内生创新，以弥补农村正规金融的服务空白区域。

（三）缺乏独立的农村金融监管体系

由于农村金融的区域性，其发展更依赖于地方金融监管的引导和保障，但我国没有建立独立的农村金融监管体系，也缺乏专门的农村金融监管法律制度。农村商业性、政策性和合作性金融均有各自独特的存在基础、价值目标、运行机制、功能定位等，各类农村金融机构的监管涉及中央及地方金融监管部门，职责分工不明容易引发监管空白、监管重叠等问题。缺乏独立的监管体系导致农村金融的功能作用弱化，也降低了农村金融体系服务农村经济发展效率。为了激发金融机构发挥支农功能，农村金融监管需要建立金融机构涉农业务的差异化考核机制，鼓励金融机构服务农民金融需求。在农民金融发展权保障体系中，应当制定并完善全面的农村金融监管法规，以法律的原则性规定结合各地方的具体实施办法相互统筹，既规范了农村金融市场的统一市场秩序，又充分体现了农村金融机构的差异性，从而提高农村金融服务的供给效率。

第三节 我国农村金融法制对农民权利保障不足的内在因素

我国目前尚无专门的法律规范保护农民金融发展权，农民参与金融活动、通过金融资源发展现代农业生产的积极性有待提高。

农民金融发展权是基于制度变迁成本和潜在收益博弈的农村金融发展动力,从农民获取金融资源、参与金融活动、获得金融扶持等发展需求出发创设法律制度,有利于解决农村金融供需矛盾、引导农村金融资源服务"三农"需求。农民金融发展权在我国农村金融法制中的实现障碍与我国整个农村金融法律制度变迁特征有着深刻的内在逻辑联系。

一、立法理念的扭曲:金融抑制下的"金融工具主义"立法观

法律制度的建立离不开立法理念的指导及统筹,现代法治理念提倡在公平、公正的基础上对人权最大程度的尊重和保障。与完全市场竞争环境下金融机构追求利润最大化的运行方式不同,农村金融法制更强调经济目标和社会目标的双重功能,追求组织盈利性、经营可持续性及金融服务普惠性的平衡。我国农村金融法制对农民金融发展权保障不足的原因包括以下方面。

(一)忽视农民私权对公权的制约机制

我国现有农村金融法制大多为金融监管部门制定实施的监管规范,多为对农村金融机构的禁止性和限制性规定,很少从农民金融需求出发制定授权性规范。这种重视金融公法而忽视金融私法的法制状况与"金融工具主义"立法观有密切关联,由于农村金融法律制度更重视金融安全,主要强调政府、金融机构对农民帮扶的主导作用,农民的个体私权及自由意志往往被忽视。在法律制度设计中权利与义务相辅相成,构成矛盾的对立统一体,国家对农民金融发展权的保障义务同时形成对国家公权力的制约,

对国家公权力的限制客观上扩大了农民私权利的行使空间。我国金融法律制度虽然规定了金融机构服务"三农"的责任与义务，但并没有制定具体的制度保护农民获得金融服务和获得金融资源的权利，从而导致农民金融发展权制度中的责任、义务落实缺乏制约，农民的主体地位及其公平享受金融资源的权利也难以维护。

（二）对农村金融社会功能的认识偏差

农业生产积累是农村金融资金的重要来源，但是，由于农村金融与农业生产及农民需求未能有机结合，大量农村金融资金流向城市工商业等经济利益较高的领域，农村金融资金的不断流失严重阻碍了农村经济的发展。农村金融发展滞后不仅影响农村经济发展，还会进一步扩大社会贫富分化和城乡社会二元分割，因此，农村金融不是单纯的资本体系运转问题，还更多体现为社会公平及社会秩序稳定问题。国家对农村金融问题高度重视，近年的中央一号文件都涉及农村金融的发展规划。在实践中，农村金融不仅引导着农村各类生产资源的配置，而且承载着金融支农、乡村振兴等社会功能，但是，对于农村金融如何实现支农惠农的目标，一直缺乏完整系统的法律制度保障。农村金融政策往往是针对具体问题的对策型方案，并非从根本体系上塑造农村金融发展路径的制度保障。法律制度的稳定性及权威性使其能够有效保障农村金融资金服务于"三农"需求，但是，我国尚未建立专门的农村金融法律体系，而现有法律制度过度强调金融资本的效率价值追求，对农村金融的社会功能认识不足，导致农村金融机构的支农惠农功能难以充分实现、农民参与金融活动的高成本高风险问题难以解决，阻碍着农民金融发展权的实现。

(三）农村金融与财政支农的界限不明

在地方经济发展竞争的环境下，有的地方政府往往忽视农村金融机构的独立经营地位，在基础建设项目中通过固定回报承诺、回购安排、明股实债等方式变相融资，庞大的地方政府债务远远超过地方政府的财政偿还能力，导致农村金融机构出现大量不良债权。由于对农村金融机构的财政支持缺乏科学的制度规范，部分金融机构的支农贷款亏损通过财政补贴、核账、销账等方式化解，成本约束和市场竞争的缺失导致金融支农效率低下。农村信用社在"支农"名义下放任支农贷款经营亏损；商业银行以"支农"的名义索要财政补贴；农村资金合作社与基层农业经济组织套取国家支农贷款等。农村金融与财政支农的界限不明深刻制约着农村金融资源的效率提升，农村金融法制对农民金融发展权的保障有利于实现金融市场主体的独立地位，维护公平竞争的农村金融市场环境，提高农村金融资源配置效率。

二、立法路径的错位：强制性制度变迁下的路径依赖

我国农村金融法律制度总体遵循一种强制性制度变迁路径，无论农村新型金融机构发展、农业产业链金融创新，或是农村土地产权变革，农村金融法律制度变迁并不是根据农村金融内生需求的诱致性制度变迁，而是强制推行结果。农村金融法律制度服务于国家整体发展战略，但是往往呈现出与市场需求脱节的现象，导致农民金融发展权保障制度供给不足。

（一）强制性制度变迁导致制度僵化

外生型制度有一个与环境相适应的过程，在建立之初会经历较高的运作成本和维持成本。中国农村金融制度属于外生构建的强制型制度变迁，国家在金融系统建立之初实行优先发展工业的战略，农业积累资金源源不断投入工业发展中。当农村金融制度不能为农村经济提供充足信贷资源时，维护既有金融制度的成本越来越大。资金融通的需要促使农村经济主体去寻求其他金融制度安排，而制度转变成本又由寻求其他替代性制度安排的信息成本、与既得利益集团博弈以及谈判的"博弈成本"组成。基于金融机构观的立法围绕金融机构的金融供给结构及质量进行制度设计，重视规模化农业经营企业的贷款需求，往往忽视农民个体的金融需求。由于我国农村金融制度变迁对农村内生金融需求重视不足，对农村金融供需结构矛盾难以形成系统科学的法律制度指导和规范。随着经济发展和环境改变，现有农村金融制度对经济社会的制约作用将逐渐变得大于促进作用，应当及时通过制度设计优化现有农村金融法律制度。

（二）强制性制度变迁导致农村金融效率低下

随着农业生产由传统小农经营方式向集约化经营方式发展，农村金融需求结构呈现多元化、复杂化趋势，农村信贷资金的用途更加多元，农村互联网金融、农业供应链金融等农村金融产品创新层出不穷，农村信贷业务、信贷产品和农村金融服务形式也在发生着深刻变化。农民信贷需求不足既包括因自给自足的小农经济带来的需求不足，也包括金融抑制导致的需求不足。正规金融组织供给不足、非正规金融行为不规范等因素客观上减少了农民的资金需求规模;缺乏保险、债券等防控农业自然风险和市场风险的金融工具,从而限制了农民的投资渠道。我国采取政策先行、立法随后的外生主导型金融制度供给路径下,农村金融法律制度的变迁主要服从于特定时期国家经济发展战略。由于国家对农村金融市场的过度干预,市场供需关系调整价格形成的价值规律往往被弱化。强制性制度变迁中的农村金融法制建设同时也是一种非需求导向型的制度变迁,农村金融资源供给与农民金融需求、农村经济需求难以形成有机结合的紧密联系体及利益共同体。由于强制性制度变迁很难充分体现农村金融内生需求,法律制度难以符合农村经济发展实际情况及农民金融需求,金融资源配置的效率也难以提高。

（三）强制性制度变迁导致信贷供需失衡

金融是农民优化收入结构、农村经济高质量发展的重要途径。在微观层面,货币资金的筹集、融通、使用引导着其他社会资源配置;在宏观层面,金融运行不仅产生资本的聚合功效,还导致经济结构调整,对宏观经济良性循环具有决定性作用。金融资源配置均衡需要立足于市场机制自发调节,农村金融法律制度如果仅仅局限于国家对农民单向的优惠、扶持,对农民的主体地位重视不足,忽视农民金融发展权和农村内生金融发展需求,往往导致农村金融法律制度与农村经济和农村金融实际发展状况不符、与农民金融需求不符的结构性矛盾。我国近年的中央一号文件都对农村金融促进农村经济发展的重要作用给予充分肯定,并结合农村经济发展战略目标制定农村金融政策。例如,农村合作金融改革背景下鼓励设立农民资金互助社等新型农村合作金融机构。由于金融支农是自上而下的强制性制度变迁,我国农村金融制度整体上更加注重以政策导向和财政补贴提升农村金融资金供给能力，而民间内生的诱致性制度变迁相对不足。农村内生金融需求同单一金融供给的不协调问题，最终形成农村金融供给与需求无法契合的结构性矛盾。

三、规制措施的错位：偏重应对性规范而忽视基本立法

农村金融发展虽然离不开国家扶持，但如果脱离市场机制，单纯依靠行政手段调节农村金融往往违背农民金融发展权的内生需求。为了维护农村金融市场公平竞争秩序，必须构建充分的法制保障。因此，农村金融法制建设是制衡行政权力，保障农民金融发展权的重要途径。

（一）立法不足导致农村金融缺乏可持续发展机制

国家惠农支农措施虽然能在一定程度上缓解农村金融供给不足的困境，但是并非实现农民金融发展权的根本途径。农村金融的可持续发展建立在合理成本约束基础上的必要盈利，农村金融机构的经营应当始终立足于完善产品结构、提供符合农民需求的金融服务，在经营盈利的基础上实现发展壮大。在农村金融法律制度不足的情况下，各级地方政府通过行政措施调整农村金融市场，不仅阻碍着农村金融市场的公平竞争秩序，还不利于提高金融资源配置效率。我国农村金融业务存在高成本、高风险的特征，在贷款条件方面农民具有明显弱势，如果实行同质化的贷款发放标准，农民很难获得充足的信贷资金；农业耕作春种秋收，农民在秋季往往有更多资金偿还贷款，农村金融服务应当充分体现农业生产的季节性，才能实现农民对金融资源的使用效率最优化。

商业银行的逐利性使银行资金主要流向城市,通过金融法律制度优化农村金融市场环境、完善农村土地权利流转、发展农业产业链金融等提高资金使用效率,才能从根本上实现农村金融可持续发展。法制建设与市场经济相伴相生,法制的指引及规范功能是促进农村金融可持续性发展的重要保障。一方面,根据农民的金融需求完善金融机构发放农业贷款的考核、激励机制是减少农村金融资金外流的重要途径;另一方面,确立农民在农村金融发展中的主体地位,激发农民作为金融市场主体的活力与创造力是保障农村金融可持续发展的根本。

(二)立法不足导致农村金融发展缺乏稳定性

农村金融市场需要依靠市场主体发挥能动性开展各类金融活动,金融市场才能全面发展。我国目前没有专门的农村金融立法,金融监管部门制定的一系列农村金融规范性文件的效力位阶都比较低,各种制度规范较为零散,缺乏权威性、稳定性及统一性,难以完成规制权力、保护农民金融发展权利的目标。由于规范性文件缺少稳定的法律预期,导致很多投资者不敢贸然投资农村金融机构。我国农村金融改革不仅对市场主体的权利保障不足,而且,农村金融制度设定的职能定位与农村金融机构运行机制之间产生一定偏离。随着近年来的商业化以及股份制改制,农村信用合作社的合作金融属性逐渐消失。村镇银行、农村商业银行等金融机构在实际运行中未能有效服务农民的金融需求。农村资金互助社有其独特的运行规律,并不适于用商业金融机构的管理模式。农民资金互助社等新型农村金融机构内生于农村社会结构,其业务经营中的信息供给成本及信用监督成本等均较低,能够以灵活的交易方式、担保方式、还款期限等满足农民多元化金融需求,有效增强农民自我发展能力。但是，金融监管部门对其实施"全面、从严监管"，缺乏激励性、促进型的法律制度加强农村内生金融机构发展。由于自上而下的外生型法律制度难以贴合农村内生金融机构的发展特征及运行规律，农民自发形成的合会、资金互助会等民间金融组织大多以隐蔽方式运行，很容易陷入非法集资和高利贷活动，难以保障农民金融发展权实现。

（三）立法不足导致惠农政策的成果难以固定

近年来，国家高度重视农村金融问题并提出一系列惠农政策，各地政府制定了地方性的农村金融扶持措施，但是，不同时期制定的惠农政策缺乏长远的统筹考虑及系统性，重政策轻立法的状况不利于农民金融发展权实现。我国农村金融制度呈现出的"政策＋暂行规定"模式，导致国家惠农政策实施过程中各种政策"异化"现象及权力寻租的状况难以得到遏制。由于没有一部系统的农村金融基本法律指导，农村金融制度效力层级不足导致规范制度分散、协调性较差，一定程度上偏离了农村金融服务"三农"的发展宗旨。促进农民金融发展权需要加强政策与法律的衔接：法律制度与政策文件相互统筹一致，法律制度确立农民金融发展权法律框架，而政策文件则作为一种补充来规定具体实施方案；采用科学的立法技术规范农民金融发展权基本内容，把实践中取得成功运行效果的农村金融政策及时转化为法律；在顶层设计层面把分散而缺乏体系的农村金融地方性法规进行整合。综上，农村金融法制建设应当以保障农民金融发展权为突破口，引领农村金融法制的基本发展理念及法制框架。

第四章

农民金融发展权视角下的农村金融法制域外借鉴

国外发达国家大多实现农业机械化，农民的收入水平较高，国家开展农村金融体系建设起步较早，形成了较为完备的农村金融法律制度。发展中国家则往往资源与人口的矛盾较为突出，农民获取金融资源存在诸多制约因素，但是，印度、孟加拉国等发展中国家在贫困农村开创了小额信贷、乡村银行等卓有成效的制度创新，为发展中国家的农民金融发展权保障提供了有益借鉴。世界各国在保护农民金融发展权方面采取的制度建设各不相同，借鉴域外代表性国家的法制经验，有助于分析我国农民金融发展权保护的普遍规律，提出更为科学的农民金融发展权法制建设路径。

第一节 发达国家保障农民权利的农村金融法制借鉴

发达国家普遍建立了由商业金融、合作金融、政策金融组成的农村金融体系，并对农村金融组织运行及金融监管单独立法。各发达国家由于农业发展特点不同，法制传统各异，农村金融法律制度也体现出不同的侧重点。本书选取日本、德国、美国等代表性国家进行比较分析,通过分析这些国家保障农民权利的法律途径,为我们研究农民金融发展权提供多元视角。

一、日本:立足农民金融需求发展支农业务

日本农村金融法律制度主要通过"农协"这一组织体现农民金融需求,日本农村合作金融内嵌综合农协,农协代表农民表达各类金融需求的意愿,具有平等、自愿、互助和民主等特色,有效促进了农村金融发展。

(一)"农协"组织促进合作金融实现支农目标

日本在明治时代中期就出现了农业会、农会等组织,近代以来,日本农村金融法制积极推进和支持农民自治组织发展。日本主要的农村合作金融机构是"农协",通过农协组织保护农民权益,提高了农民的自主治理能力,促进农村资本积累,为农业工业化和农村现代化提供了重要基础。1947年,日本制定《农业协同组织法》明确了农协组织进行农业政策性贷款、农业保险、农业生产资料供应等业务规范。日本的农村合作金融机构与农协相互配合,根据互助、合作原则向会员发放低息贷款,极大满足了农民的信贷需求。日本的合作金融立法确立了政府对合作金融的扶持制度,政府的财政支农、税收优惠措施均有具体的运行规范,对行政权力形成了制度制约。同时,日本建立了农林渔业金融公库提供农村低息贷款,政府通过财政补贴及贷款利息补贴支持农林渔业金融公库,其中,基层农林渔业金融公库直接向农民发放贷款、县级农林渔业金融公库负责当地农民金融资金的调剂及结

算、农林中央金库负责全国范围内的农村金融资金调剂及融通。

(二)建立多元化风险分担机制

为了通过法律制度排除政府的非理性经济行为对农村金融的干预,日本政府提供财政担保或农业扶持措施时均要征求农民及相关金融机构的意见,得到农民的充分认可才组织实施。❶日本由政府财政、中央银行、农林中央金库和农协组织分别投资25%股份组成"农林水产协同组合贮金保险机构",集中管理存款保险基金。此外,日本成立了农业信用基金保障农业贷款方当事人的利益,防范农村金融的系统性风险。日本制定了《家畜保险法》《农业保险法》等法律制度,形成在国家扶持下农民开展互助保险的农业保险组织体系。日本制定的《农业灾害补偿法》规定了对农业保险的再保险制度、对农户的大规模农业生产进行强制保险制度,通过法律制度规定水稻、玉米等大宗农产品和大型农场应当参加保险,形成了相对健全的农业保险法制体系。

(三)针对各类农村金融机构制定单行法规

日本先后制定《农业协同组织法》《农业合作社法》《信用金库法》《农林中央金库法》等一系列法律法规,构建了体系完备的农村金融法律体系。此外,日本通过《互助银行法案》将民间金融合法化,使之成为农村金融体系的一部分。在我国各类新型农村金融机构不断创新、农村信用合作社发展模式尚处于探索阶段的背景下,结合我国现阶段农村金融立法的实际情况,全国人大

---

❶ 《日本政策投资银行法》规定:银行所从事的发放贷款、担保债务、购买公司债券、应政府要求取得资产要求权或进行投资等业务,只有在确认它们能产生利润以保证能够有投资回报的情况下,才能进行。

为各类农村金融机构制定专门法律的条件尚未成熟。我国可借鉴日本的立法经验，针对农村金融机构制定单行法规以引导其有序发展，通过这一立法模式加大对农村金融的制度供给，既能符合各类农村金融机构的特性，又能以较为灵活的方式规范各类农村金融机构的发展。今后随着农村金融机构的发展模式经过实践充分检验，成熟完善后再制定法律层面的农村金融组织法。在农村金融机构主要由行政法规、部门规章、地方性法规调整的情况下，更需要制定法律层面的农民金融发展权保障法，其从上位法的角度指引各类农民金融机构服务农业、农村、农民金融需求，从而促进农村金融机构承担支农、惠农义务。

二、德国：国家担保体系促进农村金融发挥支农效应

农民金融发展权的核心在于追求金融实质公平，通过法律制度对金融弱势群体进行倾斜性保护以实现社会利益均衡。德国的农村金融法律制度注重规范国家扶持的途径及方式，在坚持市场经济体制的基础上，制定了全面的农村金融扶持及农民权益保障法律体系。

（一）完善的农村金融法律体系

德国的农村金融法律体系不是仅仅涉及金融支农的某一方面，而是从农村金融市场准入、农村金融机构组织体系、农村金融市场规则、农村金融监管等角度构建全面的金融支农规则。在市场竞争机制下，国家财政激励的对象并不限定于政策性金融机构，而是创造公平竞争环境以保障商业金融、合作金融、民间金融等各类金融机构均享有平等获得财政激励的机会，从而最大限

度解决道德风险和支农效率低下问题。德国农村金融体系的功能较为完备:德国州立银行主要对政府建设的公共项目提供贴息贷款;德国复兴信贷银行对农业资源基础建设项目提供低息贷款;德国合作银行为农民提供各类支农优惠贷款:德国农业养老金银行主要对各类农业生产、流通企业提供普惠贷款等。德国相继出台了农业经济银行法、复兴信贷银行法、储蓄银行法等法律制度,这些法律制度从不同侧面完善了金融机构的支农职能及经营模式,有效提高了金融支农效率。

(二)政策性银行多元筹资渠道的法律保障

德国政策性银行的职能在于向商业银行、储蓄银行、合作银行等金融机构提供融资,通过转贷运营模式避免承担最终借款方风险。德国政府围绕降低农村政策金融机构资金成本的目标制定相应制度,德国《复兴信贷银行法》为德国复兴信贷银行获得低成本资金提供了充分制度保障。德国复兴信贷银行每年运作委托交易贷款或预算资金贷款的资金主要来源于政府预算资金,同时,国家对德国复兴信贷银行的债务提供再融资及信用担保,减免政策性银行收入所得税和交易税,通过上述措施确保德国复兴信贷银行能够向农业生产提供明显低于市场利率水平的信贷资金。德国复兴信贷银行信贷资金来源中30%的资金是无成本资金,70%的资金可以凭借国家信用从债券市场以较低利率筹集。由于具备稳定的低成本资金来源,德国复兴信贷银行向农民提供低于市场利率的低息贷款同时,仍然可以实现一定的合理利润。尽管利润最大化不是政策性金融机构经营的主要目标,但是,高质量的经营成果能为优化资本奠定良好基础,德国复兴信贷银行实行市场化运营,从而形成低成本高效率的良性发展机制,为农业、农村、农民提供更为优质的服务。德国《农业经济银行法》明确规定由德国政府为德国农业经济银行的信用提供背书，德国政府于2014年开始为德国农业经济银行的期权、期货、贷款、债券等各项业务进行担保。由于德国政府提供的强有力担保，德国农业经济银行通过发行债券吸收了充足的低成本资金。与德国相比，我国农业发展银行的资金成本与商业银行相比并未形成绝对优势，❶除去各项成本费用、计提拨备后，我国农业发展银行的资金积累能力明显不足。因此，借鉴德国政策性金融法律制度，我国需要逐步健全农业发展银行的融资方式，保障在其资金总量中低成本资金占有较高比重，逐步扩大我国农业发展银行发行债券的规模，使我国农业发展银行在农村金融市场具有较大的资金调控能力。

（三）完善的农业保险制度体系

2015年，德国出台《中小农业企业统一贷款担保章程》，对农民的生产设备购置、扩充耕地、农业项目初期投入费用等贷款项目的担保方式进行相应规范，有效分散了农业贷款风险。德国普遍对农村合作金融组织实施存款保险制度，德国各地的保险基金成员组织将保险费的80%储存于当地的合作审计协会，20%储存于联邦协会保险基金。当保险基金组织成员出现经营困难时，由保险基金向其提供贷款担保或扶持资金等。现代化农业建立在规模化生产基础上，农村金融创新包括对农业保险、金融租赁、农业信贷担保等金融模式的创新。借鉴德国农村金融法律制度，

---

❶ 根据国家统计局发布的《中华人民共和国2017年国民经济和社会发展统计公报》统计数据显示，2017年，我国农业发展银行生息资产的平均收益率是4.02%，比同期一年期贷款基准利率4.35%低0.33%；我国农业发展银行计息负债平均成本率是2.76%，息差是1.26%，比上市银行平均水平1.99%低0.73%。

我国应尽快完善农业保险制度体系,确立农业保险与融资担保有机结合的制度规范,通过风险分散机制降低农村金融成本以实现对农民金融发展权益的有效保护。

三、美国:金融法制体系激励商业金融服务弱势群体

健全的法律体系是美国农村金融体系良好运行的基础。美国《农场信贷法》《农业信贷法》《农业法案》等法律明确了国家对于农民的金融扶持义务,《联邦农作物保险法》《农作物保险改革法》等法律制度规范了农业保险运行规则。

(一)利益机制激励金融机构支农积极性

美国的农村金融监管机构为农业信贷管理局,美国农村金融体系包括各类功能各异的金融机构,但均实行相对独立的资本运行。❶ 美国联邦土地银行主要为农民提供土地贷款服务,使农民在土地流转过程中获得充分的金融服务。全国各个农业信贷区设立的农贷专业银行、合作银行则开展各类综合性金融服务,作为独立的经营主体自主经营、自负盈亏,有效提高了农业信贷资金运营效率。美国《农业信贷法》要求农业生产信贷合作社和联邦土地银行协会为创业者、创业初期的小微企业等提供合理的金融服务,并且对计划执行情况进行年度报告,以确保这些弱势群体

---

❶ 美国联邦土地银行及各地联邦土地协会主要提供长期不动产抵押贷款;联邦农业信贷银行主要向地方生产信贷协会提供中、短期贷款;各农业区的农贷银行向农场主提供生产贷款,并由联邦农业信贷银行提供补贴;合作社银行负责向农业合作社提供设备和生产贷款。

能够得到信贷服务。❶同时,美国《农业信贷法》禁止流质抵押、允许借款人进行股票回购、保留借款人合作社成员资格等制度有效保护了农民的金融权益。美国农村金融法制的利益激励机制体现在贷款利率、抵押率及税收等方面,例如,美国《农业信贷法》规定农村金融机构可自行制定利率而不受其所在州对金融机构的利率限制;在金融机构贷款担保物评估中提高农村不动产抵押物抵押率;❷商业银行发放的贷款中涉农贷款占比超过25%的可享受国家税收优惠等。❸经过多年的发展,美国现在已经形成了高效运行的金融支农模式,农村金融机构对农民发放的低息贷款有力降低了农民融资成本,国家则通过对农村金融机构的税收优惠及扶持实现农村金融机构支农业务成本与收益的平衡。

(二)开放支持各类农村金融机构以促进市场竞争

美国地广人稀,农民大多是依靠机械化耕种经营大片土地的农场主。美国农业并非由封建社会的小农经济发展转型,而是构建在资本和技术投入基础上的规模化农业生产。美国农业生产有较强的资本投资属性,农民不仅依赖银行借贷资金扩大生产规模,而且,农业生产由专业化的农业公司按照工业生产模式经营,以资本回报率为生产效率的衡量标准。银行按照类似工业投资抵押

---

❶ 王煜宇. 美国《农业信贷法》:法典述评与立法启示[J]. 西南政法大学学报,2017(4):69.

❷ 单亲家庭抵押贷款购买相应保险的,抵押率可以超过抵押物评估价值的85%;通过联邦、州或者其他政府机构担保的,抵押率最高可达抵押物评估价值的97%。

❸ 池文强,刘艳. 金融支农的国际经验及对中国西南革命老区的启示——基于四川省宜宾市的分析[J]. 世界农业,2016(11):207-212.

贷款的方式提供对农业机械的投入和土地扩张的资金需求。因此，美国农村金融发展与农村经济发展相伴相生，属于内生金融发展模式。美国通过制定《农业法案》《农场与农村共同发展法》《农业信贷法》等法律，形成了多层次的农村金融法律体系。美国的政策性金融支农机构包括联邦土地银行、国家农地协会等，主要向农民提供中长期贷款；美国农村合作银行主要向农民提供设备、商品、经营用贷款；美国联邦农业信贷银行主要向农民提供中短期贷款。美国各类银行、保险公司及民间金融向农民提供了主要的金融服务，各类农村金融机构在市场竞争基础上实现功能互补。❶美国的农村金融机构成立之初大多在政府资金支持下建立，到发展成熟阶段都实现了市场化运作，各金融机构通过还清政府出资、购买政府股权等方式实现政府逐步退出金融机构的经营。美国法律允许农村金融机构根据不同时期的农业发展目标调节农业信贷方向和规模，通过市场化手段避免农业贷款资金流失到其他非农领域，较好兼顾了农村金融资源配置的公平与效率。

（三）通过反信贷歧视制度保障贫困群体的金融权利

美国反信贷歧视制度主要体现于《平等信贷机会法》《社区再投资法》等法律规范，信贷中的个别歧视是《平等信贷机会法》重点解决的问题，而《社区再投资法》重点关注的是贫困群体金融权益的保护，鼓励金融机构向贫困地区发展信用贷款、提高贫困居民对金融资源的可获得性。美国于1977年颁布的《社区再投资法》规定了金融机构向贫困群体发放贷款或提供其他金融服务

---

❶ 郑保胜. 美国金融支农借鉴［J］. 农业发展与金融商业研究, 2019（3）：98-99.

的义务，金融监管部门定期对金融机构执行《社区再投资法》的情况进行评定，并将评定结果向社会公开，对金融机构的行政审批中将相应评定结果作为重要依据。如果金融机构向贫困群体提供了充分金融服务，将会获得较好的社会评价，从而促进业务规模扩展。美国反信贷歧视制度注重社会公众的监督作用，国家对金融资源配置的引导是将金融机构的利益与其服务弱势群体的义务相互关联，在市场机制引导下，运用法律制度从奖励和惩戒两个角度激励金融机构加大对贫困群体的金融服务。相比较而言，我国对农村金融资源的引导过于偏重财政补贴等扶持措施，激励促进型制度不足。因此，我国农村金融法制需要通过促进型法律制度激励金融机构加大对农民的金融支持力度，提高农民对金融资源可获得性以推动城乡经济协调发展。

（四）风险分散机制降低金融支农成本

由于农业的高风险导致农民收入不稳定，经营风险最终传导至金融风险。农村金融风险分散机制既是农村金融长期稳健发展的必要支撑，也是农民金融发展权实现的重要内容。1938年，美国《联邦农作物保险法》实施后，美国成立了由农业部直接管理的联邦农作物保险公司，国家直接经营管理农业保险。在国家的大力推广下农业保险在美国获得了迅速发展，但由于缺乏市场机制的调节作用，农业保险资金运行效率不高的矛盾日益凸显。20世纪80年代后，随着《克林顿农作物保险改革法》的实施，美国逐渐形成了国家扶持与保险公司市场化经营相结合的农业保险机制。❶联邦农作

---

❶ 孙彩虹，秦秀红. 浅析发达国家农村金融法制建设及对我国的启示 [J]. 农业经济，2014（6）：37-38.

物保险公司的职能转为对保险公司进行监管,由商业性保险公司向农户提供保险服务。同时,美国信用社存款保险基金负责监管美国的农村信用社存款保险体系。❶ 美国的农业保险制度侧重于保障农业保险运行环境,国家不直接介入农业保险公司经营,而是通过市场竞争机制提升农业保险的运行效率。美国通过制定农村金融法律制度界定农业保险机构的职责范围、农业保险制度规范等,有效强化农村金融的风险分散机制以降低金融支农成本。

第二节 发展中国家保障农民权利的农村金融法制借鉴

发达国家的农村金融法制更多注重于对各类金融机构的监管及扶持,通过发展农村金融机构来满足农民金融发展权的需要。发展中国家针对农业发展规模较小、农民资金需求分散的实际状况,通过促进农村微型金融机构发展,改进和优化农村小额信贷项目等制度保障,有效帮助农民脱贫解困。

一、印度:"微型金融机构"制度满足农民金融发展需求

印度储备银行、印度农村合作银行、印度商业银行、印度国家农业农村发展银行等金融机构在宪法及法律制度指引下,通过相互联合、优势互补共同推进印度农村金融和农村经济的发展。

---

❶ 王曙光,王丹莉,等.普惠金融——中国农村金融重建中的制度创新与法律框架[M].北京:北京大学出版社,2013:83.

（一）深入发展农村金融服务

由于受到教育条件、经济条件的限制，农民很难掌握复杂而烦琐的信贷程序。印度农村金融机构在农村地区分布较为广泛，大多为规模较小的微型金融机构，但其极大扩展了金融服务的广度，更加符合农民的实际需求。这些微型农村金融机构将农村贷款程序简化，工作人员主动上门宣传并指导农民使用，使农民能较好接受金融知识，通过适当的借贷、保险、担保等金融活动获得生产资金。并且，农村金融机构在贷后管理中还指导农民合理安排还款计划，提供信息咨询、技术培训等帮助农民控制农业生产风险。印度农村微型金融机构提供金融服务范围扩展到了对农民生活的各类保险保障，农村金融机构不仅发展"贷款+保险"的综合性金融产品，还免费为贷款方提供人身保险，从而降低农村金融经营风险。为了解决贷款方对经营风险的担忧，部分农村金融机构还为农民的子女提供助学补助、奖学金等扶持。同时，农民在整个金融活动过程中都得到金融机构的指导和协助，逐渐增强参与金融活动的能力。为解决农村金融服务覆盖面窄的问题，印度储备银行允许私人机构充当代理者在全国各地农村设立自动存取款机，为农民提供便捷的金融服务。印度农村金融机构简化信贷程序、增强对农民的个性化服务指导、全程全方位服务等运作方式有效提高了农民参与金融活动的积极性及对金融资源的运用能力。

（二）建立符合农民金融发展需求的金融监管制度

印度先后制定了《国家农业农村发展银行法》《地区农村银行法》《储备银行法》等法律法规，明确要求金融机构应当在农村地区设立一定数量的经营网点或银行自助设备,以保障农村金融服务覆盖广度。为了保证农村地区有充足的信贷资金投放,印度储备银行规定:印度所有商业金融机构发放涉农贷款的比例不应低于全部贷款总额的18%,否则,印度国家农业农村发展银行将对不达标金融机构采取存管差额部分资金的措施。并且,为了补偿涉农贷款的不足,国家政策性金融机构将对各地农村银行和农村合作银行进行相应的再融资。印度农村金融监管制度灵活性较强,一般情况下,贷款逾期超过三个月就会被认定是不良贷款,但对农业贷款的不良贷款认定标准较为宽松,农业贷款在逾期超过两个生产周期的情况下,才被认定为不良贷款。金融监管机构不仅放松对农村金融机构的利率管制,而且,允许农村小额信贷机构向社会公众吸收存款,同时,金融监管通过考核方式鼓励农村金融机构加大对农民贷款投放力度。印度政府制定的"领头银行"计划要求由各家领头银行负责相应农村地区的农业金融工作,政府把各地农村的金融发展任务分配给各个农村微型金融机构,要求相应微型金融机构面向农村提供必要的金融服务。

(三)创新信贷风险控制机制

由于农民收入水平较低,普遍缺乏贷款抵押担保物,印度重视发展以小额信贷为主的农村微型金融服务。农村微型金融机构向贫困农民提供无抵押的短期小额贷款,在贷款过程中通过小组联保进行风险控制。农民是自助小组的主要成员,自助小组成员通过日常小额储蓄逐步建立共同基金,金融机构参照自助小组的规定向有需要的成员提供资金支持,同时,逐步扩大对还款表现积极小组的贷款规模。印度通过改进和优化信贷风险控制制度,一方面逐步提升了小额信贷对借款者的约束力,另一方面有效降低了金融监管费用和交易成本。此外，印度的政策性农业保险公司对农民的服务面较广，无论农民是否存在负债的情况、是否具备土地权益，农民都可以申请办理农业保险。农业保险的大范围推广和普及在很大程度上减轻了农业信贷风险，有利于吸引更多金融机构参与农村金融市场发展。

二、孟加拉国：乡村银行制度促进农民金融发展能力

经济学家尤努斯于 1979 年在孟加拉国的国有金融体系内创建了乡村银行业务部，随着业务规模扩大及经营模式日趋成熟，孟加拉国乡村银行（又称为格莱珉银行）逐渐发展成为独立的商业银行，不仅提供基础金融服务，还提供储蓄账户、贷款产品和保险等金融服务。❶ 孟加拉国政府先后出台《乡村银行条例》《乡村银行法》等农村金融法律法规，孟加拉国的乡村银行制度在为农民提供普惠金融服务及小额信贷方面成效极为突出。

（一）乡村银行专注服务于贫困农民

农民向孟加拉国乡村银行申请小额信贷十分便捷，并且无需抵押物。借款者只要按照贷款指定用途使用贷款、按时足额还款、定期储蓄，再次申请银行贷款的程序会变得迅速而简便。孟加拉国乡村银行始终坚持为贫困农民提供无担保的信贷服务，并且，贷款用途主要用于农业生产。根据孟加拉国乡村银行 2015 年的年报披露，其发放的贷款用途比例最高的前几项分别是：农业、林业、加工制

---

❶ ULLAH A, HAQ N. Micro financing management and its prospects: A case study analysis on Bangladesh perspective [J]. South Asian Journal of Marketing & Management Research, 2018, 2 (8): 38-46.

造业、家禽养殖及渔业、农村商业贸易。❶在发放贷款的基础上，孟加拉国乡村银行不断扩展各项服务，切实促进农民利用金融资源获得发展机会。孟加拉国乡村银行把借款人储蓄的利息作为投入贷款保险基金的主要途径，倘若借款人出现意外伤亡的情况，则贷款保险基金负责代为偿还其贷款余额。孟加拉国乡村银行于1997年开始开展教育贷款业务，孟加拉国乡村银行借款人的子女均有资格获得低息贷款，以改善贫困农民受教育状况。此外，孟加拉国乡村银行把借款人贫困状况改善的绩效用来评估银行员工的工作成绩，并制定相应奖励机制来激励员工致力于改善农民贫困状况。

（二）乡村银行创新的村民小组互助模式

在优化金融机制方面，孟加拉国乡村银行不但通过内部监督使监管成本有所降低，同时还通过村民小组互助充分调动借款者的积极性。为了使商业贷款的持续性与安全性得到保障，乡村银行引导农民形成互助小组并由并规定互助小组成员在贷款使用及贷款偿还过程中互相监督，避免出现信息不对称及交易成本过高的情况。贫困的农村妇女是互助小组的主要成员，通过小组服务活动和小组交流让成员之间彼此帮助、共享信息。乡村银行向借款者提供农业技术培训及金融知识教育，极大降低项目投资风险并增强了借款者的还款能力。乡村银行的小组互助模式对成员形成一种道德约束，基于贷款额度相对较小，因此，有时会出现小组成员替其他成员偿还贷款的情况。小组互助模式的另一创新特色在于对互助小组成员的强制储蓄机制，互助小组成员除了按期偿还贷款外，还要按照固定

---

❶ GRAMEEN BANK.Annual Report 2015. 2016［EB/OA］. http://www.grameen.com/wp-content/uploads/bsk-pdf-manager/GB.2015:33.

的周期在乡村银行进行小额的储蓄。定期小额储蓄有利于培养小组成员的理财观念和行为习惯。农民在运用贷款进行生产经营的同时,将生产经营收入合理使用于偿还贷款及储蓄,当贷款偿还完毕后,农民手中持有一笔积蓄资金,可用于下一生产经营周期的投资使用,从而最终实现依靠自有资金独立经营。

(三)乡村银行实行微利经营模式

孟加拉国乡村银行在设立之初主要依靠孟加拉国政府的扶持资金进行投资,随着孟加拉乡村银行逐步发展壮大,政府减少了对其股份控制。随着孟加拉国的农村金融体系逐渐成熟,孟加拉国乡村银行均成为独立的经营主体,自主开展各类农村金融业务,企业可以自主选择管理者。孟加拉国乡村银行96%的股权由借款者持有,借款者可以通过市场化交易购买乡村银行的股份,借款者根据其持有的股份对乡村银行的经营行使表决权,参与乡村银行重大经营事项的决策。孟加拉国乡村银行可以向国内商业银行发行债券,同时也可以通过吸收民间资本、外资等途径进行融资。孟加拉国乡村银行的贷款利率通常为年利率20%,存款利率最高为年利率12%。孟加拉国乡村银行的储蓄存款主要来源于当地农民,乡村银行的储户在获取贷款时有一定的优先权,乡村银行通过不断增长的存款储蓄来扩展后续的信贷项目。孟加拉国乡村银行获取信贷资金及发放贷款均紧紧围绕农民金融需求展开,经过多年的运行取得了良好的经济效益和社会效果。孟加拉国乡村银行的还款率在2015年为98.47%、2016年为99.06%,❶孟加

---

❶ 杜晓山,张睿,王丹.执着地服务穷人:格莱珉银行的普惠金融实践及对我国的启示——兼与《格莱珉银行变形记:从普惠金融到普通金融》商榷[J].南方金融,2017(3):3-13.

拉国乡村银行通过成功的商业化运作不但帮助贫困农民获得贷款，还实现了银行自身的盈利和可持续发展。

从世界各国的农村金融法制建设经验来看，全面推动农村金融发展、提高农村资金利用效率与切实促进农民金融发展权的实现具有内在的逻辑统一性。日本通过"农协"组织将农民整体的金融发展需求体现在农村金融法制中，对农民表达金融需求的权利实现了充分的制度保障；德国通过国家担保降低了农村金融资本的融资成本，使农民能够获得低成本的金融资源；美国对金融机构的激励制度促使其积极主动发展普惠金融、立足于服务本地区域范围内的社会弱势群体；印度对农村金融灵活的监管方式及风险控制机制有效降低了农村金融机构的经营成本，使其能够向农民提供更加便捷高效的金融服务。孟加拉国乡村银行将对农民的金融服务扩展到子女教育、技能培训、生活保障、团体互助等极为广阔的领域，将"人的全面发展"作为金融服务的最终价值追求。社会经济发展不仅仅追求物质增长，更应当注重人的全面发展，所以，农村金融法制建设应当加强对农民金融发展权的重视，从赋权和保护的角度来实现农民金融发展权。世界各国金融制度演变的普遍规律体现了农村金融发展的共性，虽然，我国农村金融法制建设的经济基础及具体国情与国外有所不同，但国外不论发达国家或是发展中国家都具有一些代表性的成功经验，这为我国提供了保障农民金融发展权的有益借鉴，有利于我国法律制度设计中科学合理构建适合农民金融发展需求的农村金融法律制度。

第五章

农民金融发展权的构造体系

"农民金融发展权"概念的提出并不是表明农民比社会其他成员有特殊的权利,而是由于城乡二元经济结构造成农民占有的社会经济资源较为有限,难以实现国家宪法和法律赋予的发展权利。市场经济本质上是法治经济,从基本逻辑认识、核心功能塑造、制度体系完善等角度构建农民金融发展权的权利体系有利于保障市场机制发挥资源配置作用,实现全社会公共利益最大化的帕累托最优。

第一节 农民金融发展权的宪法解构

农民平等拥有与社会其他群体一样的法律地位,农民和社会的其他公民一样拥有宪法确认和保障的公民基本权利及法律确认和保障的公民一般权利。在公民权利体系的基础上提出农民金融发展权,是为保障农民实现金融、经济活动中的实质公正。农民金融发展权的法制实现离不开宪法的基本保障,我国宪法确立的"人民主权"理念、平等发展权规范、人权保障规范等为农民金融发展权提供了充分的宪法依据。

一、农民金融发展权与人民权利的融合

人民主权原则在现代国家宪法中得到普遍推行,"国家的一切权力属于人民"是我国宪法的基本原则。规范国家权力运行以保障公民权利是我国宪法的核心价值追求之一。人民是一个集合概念,但人民也是由每一个具体的个人组成。针对我国社会发展中农村金融落后的突出矛盾,农民金融发展权的实现有利于协调城乡协同发展、形成社会利益共识。

(一)农民主体地位与人民主体地位的相互关系

法国启蒙思想家卢梭针对公共权力回归于人民的问题提出民有、民治、民享的人民主权理论,人民主体原则是对人民主权理论的根本超越,人民主体原则以人民权利为根本出发点和立足点,在权责一致的基础上保障人民权利充分行使,避免社会阶层分化的对立矛盾。我国《宪法》明确规定,"中华人民共和国的一切权力属于人民",这为农民在金融活动中的主体地位提供了宪法依据,为农民行使参与金融活动、表达金融需求等金融发展权奠定了基础。农村金融发展离不开农民的积极参与,只有农民充分享受自己的权利、履行自己的义务,农村金融发展才会有持续的发展活力和动力。农民金融发展权制度通过完善农村金融服务体系最大限度满足农民对金融服务的基本需求;推动农民掌握金融知识、理性参与金融活动、自觉防范金融风险;健全农民参与农村金融法制建设的民主决策机制;强化农村金融法律制度实施机制,有效降低农民维权成本,充分发挥法律制度的引导及保障功能,促进农业、农村、农民和谐发展。农民金融发展权对农民的主体

价值与自主性起着决定性的保障作用，在人民主体价值观指导下，农民金融发展权具有充分的宪法依据，农民实现主体地位的具体途径体现为尊重农民在农村金融活动中的主体地位，通过立法保障农民金融发展权。

（二）农民金融权利与人民权利的相互关系

与自然法学派的观点不同，我国传统法律文化强调人本主义，主张"德赋人权"。中国古代法家思想认为法制应当因应人情，合乎民心，管仲提出"夫霸王之所始也，以人为本，本理则国固，本乱则国危"，主张法制应当满足广大民众的生产、生活需求，通过发展经济来促进社会进步。儒家思想同样强调国家治理应当以民为本，孟子提出"民为贵，社稷次之，君为轻"。这些观点强调社会民众是国家治理的力量来源，应当以维护社会民众利益为制定法律制度的立足点。农民是我国人口的绝大多数，"没有个人的权利，也没有民族的权利"。[1]法律权威并非来自法律之上，而是人民赋予。中国在承继历史文化精髓的基础上，逐步形成了"以人民为中心"的中国特色社会主义人权体系。市场主体为了各自的利益相互博弈，难免产生竞争失范、滥用权利等弊端。人的全面发展是实现其他各项人权的基础，农民金融发展权建立在政府自上而下的推动和农民自下而上的合作相互结合基础上，通过法治来保障人民的权利，维护社会实质公平。农民金融发展权强调农民在经济活动中的主动性、积极性和创造性，通过法制对公权力进行限定、制约和监督，对私权利采取保障、激励、促进措施

---

[1] 鲁道夫·冯·耶林.为权利而斗争[M].郑永流，译.北京：法律出版社，2012：9.

以实现社会进步。农民金融发展权的保障体系中,宪法保障具有最高的效力,是制定具体法律制度的基础。

(三)农民金融利益与人民利益的一致性

农村金融法制体系不完善导致侵害农民权益的行为时有发生,为了维护和发展最广大人民利益这一法制建设目标,应当实现农村金融的规范化、法制化发展模式。农民金融发展权不仅是农民的私权利,还关系到城乡经济社会的平衡发展、农业与工业的产业结构协调等。农村金融制度和资金供给不足不仅导致金融资源配置失衡,还加剧城乡差距、社会分化等矛盾。市场机制不仅有资源配置的功能,还有社会整合的功能。中国的城乡发展差距较大,保障农民公平享有金融发展权益,是维护其他发展权的重要基础。基于金融资源在现代经济中的重要作用,农民的金融利益是实现其他利益的核心和基础,与人民利益具有内在的逻辑一致性。金融资金使农民有能力扩大生产规模,同时帮助农民提高教育、医疗等生活水平;金融储蓄可以帮助农民积累资金、抵御市场风险及自然风险,从而减缓贫富差距。农村金融资源通过利益诱导在客观上培育着农民的经济意识,在利益整合过程中有利于实现农村经济繁荣与社会发展。

二、农民金融发展权是平等发展权的具体类型

我国宪法关于"国家尊重和保障人权"的宪法规范意味着国家有义务通过立法、司法和行政等方式保障人权,构成对国家公权力的有效约束。农民是中国最大的社会群体,农民金融发展权立足于促进农民自我发展的积极性、主动性和创造性,是实现公

民平等发展权的重要途径。

(一)农民金融发展权的实质平等性

我国《宪法》规定"公民在法律面前一律平等",公民在权利享有上一律平等,公民的正当权利和合法利益平等受到法律保护。同时,我国宪法确认的公民基本权利体现着实质平等特征❶,法律上的平等要求维护平等的社会关系,实现每个人平等获得社会物质财富的权利。社会实现"共同富裕"的核心在于参与机会的公平,因此,必须建立保障社会公平的法制体系,消除农民参与经济活动、分享经济发展福利的障碍。在宪法确认公民权利平等的基础上,应当根据政治、经济、文化发展水平确定公民权利和义务的范围、内容,对不同发展状况的社会群体实行有针对性的保护。❷农民金融发展权在规范意义上属于一种人权,在制度层面上则属于宪法基本权利和义务范畴。人权的普遍性原则并不否认人权在各个国家的现实特征,中国特色社会主义人权观遵循马克思主义人权观的基本原理,以生存权和发展权作为人权体系的核心,结合中国国情对人权理论进行了全面创新。农民金融发展权直面我国城乡发展差距,着手解决农村金融发展的新路径,是中国特色社会主义人权体系的重要组成部分。我国应当切实加强农民金

---

❶ 我国宪法确认的公民基本权利主要有:公民在法律面前一律平等;人身自由、人格尊严、通信自由和通信秘密、宗教信仰自由、批评、建议、申诉或检举及取得赔偿等人身和个人的权利和自由;选举权和被选举权,言论、出版、集会、结社、游行示威等政治权利和自由;劳动权、休息权、伤老病残有获得物质帮助等社会经济权利;受教育权和从事科学研究、文学艺术创作和其他文化活动的自由;男女平等权,婚姻、家庭、母亲和儿童受国家保护等。

❷ 星野英一.私法中的人[M].王闯,译.北京:中国法制出版社,2004:73.

融发展权的立法保护，保障农民有权利获得金融支持以实现发展的权利，构建符合中国特色的农民金融发展权模式。

（二）农民金融发展权从应然人权到实然人权

人权是实现发展的形式和手段，发展是人权的目的与归宿。实现发展权要求每个人积极、自由和有意义的参与发展进程、决策和管理，并公平分享由此带来的利益。❶ 国家应通过制定法律制度促进公民的平等发展权❷，法律是一个设定义务和规定权利的行为规则体系，如果发展权缺乏强制性约束，则发展权很难从应然权利转化为实然权利。从人权角度来看，发展权的基础是生存权，而发展权则提高生存权的保障，农民金融发展权作为发展权的一种具体形式，必须通过法制保障来实现。如果农民金融发展权仅

---

❶ 1948年的《世界人权宣言》第22条规定："每个人作为社会的一员有权享受社会保障，并有权享受他的个人尊严和人格的自由发展所必需的经济、社会和文化方面各种权利的实现。"1966年的《经济、社会、文化权利国际公约》《公民权利和政治权利国际公约》宣布，"所有人民都有自决权，他们凭这种权利自由决定他们的政治地位，并自由谋求他们的经济、社会和文化的发展"。1969年，联合国大会通过的《社会进步与发展宣言》隐含着赋予发展以权利形式的认识。1986年，《发展权利宣言》指出，"发展权利是一项不可剥夺的人权，由于这种权利，每个人和所有各国人民均有权参与、促进、享受经济、社会、文化和政治发展，在这种发展中所有人权和基本自由都获得充分实现"。

❷ 《发展权利宣言》第2条第3款规定："国家有权利和义务制定适当的国家发展政策，其目的是在全体人民和所有个人积极、自由和有意义地参与发展及其带来的利益的公平分配的基础上，不断改善全体人民和所有个人的福利。"第8条规定："各国应在国家一级采取一切必要措施实现发展权利，并确保除其他事项外所有人在获得基本资源、教育、保健服务、住房、就业、收入公平分配等方面机会均等。"第10条规定，"拟订、通过和实施国家一级和国际一级的政策、立法、行政及其他措施"以实现发展权。

仅停留在应然权利的层面上而没有转化为宪法性权利或者法律上的实然权利，那么权利的义务主体就会因为缺少强制力而怠于行使义务，而权利主体在权利受到侵犯时也无法向国家机关寻求救济。农民金融发展权理论立足于中国农村社会现实及农村金融发展内生力量，在中国特色社会主义人权体系框架内，逐步完善农民金融发展权理论体系，并通过多层次的法制建设将农民金融发展权保障由抽象理念转化为具体的制度规范。

（三）农民金融发展权是具体社会关系的体现

人是一切社会关系的总和，而发展权是现实社会关系发展到特定历史阶段的必然反映。发展权是人的发展需求与既有社会发展状况之间的矛盾运动，永远不能超越社会经济结构及其制约的社会文化发展。人权的内涵在社会发展中不断进化[1]，发展权是关于发展机会均等和发展利益共享的权利，其将个人与集体、社会与国家统一起来，强调个人发展与国家发展的一致性，主张必须在国家发展的基础上实现个人的发展。马克思主义认为发展权不是天赋的，而是历史变迁的产物，是对建立在一定生产力发展水平上的现实社会关系的调整。习近平总书记指出，人权事业必须也只能按照各国国情和人民需求加以推进。发展是解决中国所有问题的关键，国家保障生存权、发展权实现的过程也是国家发展的过程。人权保障与国家的经济政策密切相关，在经济发展中加入对生存权、发展权问题的思考，才能真正实现社会发展的最终目的。发展权是把人与社会相互联系的重要纽带，没有农民金融

---

[1] 第一代人权主要是选举权、被选举权及表达自由权等政治性权利，第二代人权涉及经济、社会、文化权利，第三代人权的核心是对发展权的确认。

发展权的保障，农民将因没有资本支持而缺少参与社会经济生活并获得经济发展的机会。农民金融发展权是结合人权的普遍性与中国特殊国情构建中国特色社会主义人权理论创新，有利于提高我国人权保障水平。

三、农民金融发展权是公民基本权利与国家义务的统一

农民金融发展权的实现不仅体现为农民获取金融资源的个体性权利，也体现为农民要求国家等义务主体保障农村金融资源合理配置的团体性权利。国家不仅要对农民赋权，而且要通过具体制度实现农村金融资源倾斜供给。通过对农民金融发展权的确认与保障实现农村金融制度保障，以期实现农民发展机会与发展结果的实质正义。

（一）国家对农民金融发展权的消极不干涉义务

经济法律关系主体的资源禀赋各不相同，需要通过法律制度的调整实现其利益平衡。农村金融带有一定的公共物品性质，但金融促进经济增长的功能受到要素市场状况、分配制度等制约。农业信贷风险较大、农村地区缺乏现代征信体系、农村金融交易成本高等因素制约着农村金融资源供给，我国农村金融产品供给者主要是各类金融机构、资金互助社等，而小额信贷机构协会、抵押担保协会等组织发展较为薄弱，农民作为单独的个体，很难与金融服务供给者博弈。政府适当介入金融市场有利于弥补市场失灵缺陷，提升农民在金融关系中的地位。国家有责任对农村金融进行合理干预，但是，国家干预侧重于优化农村金融交易环境和交易条件，而不是直接干涉市场主体的交易行为。农村金融成

本与收益平衡更多要依靠竞争来提高效率,为了解决现行农村金融体系的信贷供给不足问题,农村金融法制通过保障农村金融市场竞争秩序,发挥市场机制对资源配置的引导作用来提高农村金融运行效率。从经济社会均衡发展角度出发,农民金融发展权立足于国家保护弱者的理念,通过法律规范引导商业金融履行支农义务、扩大政策性金融扶持农村经济力度,以审慎监管来维护农村金融体系稳定,从而保障农民的自主性发展。

(二)国家对农民金融发展权的积极保障义务

随着经济社会的发展,国家对于农民金融发展权不仅负有不得侵犯和干涉的不作为义务,还负有采取积极行动实现这种基本权利的作为义务。《宪法》第15条规定:国家加强经济立法,完善宏观调控。国家依法禁止任何组织或者个人扰乱社会经济秩序。上述规范确立了国家对农村金融保障总体义务,从而构成了农民金融发展权立法设计的宪法规范依据。金融资源供给具备一定的公共性,国家应当发展有利于实现农民金融发展权的市场环境、提供农村金融基础设施、农民金融发展权救济途径等,保障农民享有平等获取金融资源的权利。金融资源配置不均衡是制约公民基本权利实现和发展的因素,农民金融发展权通过调整金融资源市场配置的不均衡性,保障农民获取金融资源的平等机会。国家有义务通过完善农村金融基础设施、提供农业贷款补助等措施帮助农民获得生产、生活资金需求。另外,国家通过法律制度保证农民平等享有经济社会发展福利的方式有:国家通过各类金融扶持引导农民提高金融素质和参与金融活动的能力;通过差异化金融监管制度鼓励农民参与金融合作、普惠金融项目;通过农村金融制度创新引导农村金融市场多元化发展,向农民提供更为完善的金融服务。

（三）农民金融发展权确立的价值秩序

农民金融发展权作为一种价值秩序，国家有义务尽其所能，通过建立各种组织和程序制度保障和促进农民金融发展权实现基本权利功效的最大化。农民金融发展权是满足农民生存和发展的自然性权利，同时也是维护农民实现其他人权的必要保证，在相关涉农法律法规中坚持实质公平原则是实现农民金融发展权的重要保障。农民金融发展权制度一方面追求金融资源配置效率最大化，另一方面也重视保障社会发展公平。当前，我国法制体系中促进市场经济效率的企业法、公司法等法律较为充足，但保障社会分配正义、促进弱势群体发展的法律制度则存在一定的缺失或不完善。农民金融发展权理论反对单纯强调物质增长的经济增长方式，提出法律在保障经济发展效率与社会公平正义方面应当相辅相成。我国经济和社会发展过程中一度以国民经济生产总值增长量判断地方政府的政绩好坏，过分强调了物的作用，未充分重视人的因素。纯粹的物本主义增长观表现为工具理性的极度膨胀和价值理性的缺失，作为上层建筑的法律是经济发展的重要保障，随着我国经济增长方式从单纯追求物资增长向注重经济发展质量转变，法律调整方式也应当强调效率与公平的均衡，促进经济发展以"人的全面发展"为重要目标。在国家立法赋权的基础上应通过完整的法制框架统筹各项具体措施，以切实保障农民金融发展权的实现。农村金融立法在建构具体法律制度过程中应遵循宪法确立的价值原则，从宪法基本权利的角度确立农民金融发展权的宪法依据。

第二节 农民金融发展权的权利体系

宪法是公民权利的宣告书，农民金融发展权并不单指某项抽象权利，而是包含丰富内涵且具有现实可操作性的权利体系。从哲学意义上说，发展意味着超越现有现实状况，新事物代替旧事物。农民金融发展权一方面是农民对其发展进程自由参与的权利，另一方面是获取发展所需各种资源和条件的权利。随着社会文明进步，农民金融发展权的权利表现形式更加多样。农民金融发展权的权利体系，如图5-1所示。

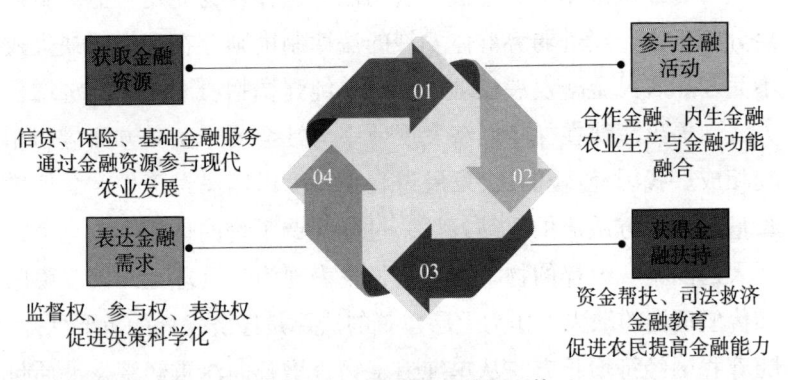

图 5-1 农民金融发展权的权利体系

从图5-1可见，农民金融发展权通过促进农民获取金融资源、参与金融活动、获得金融扶持、表达金融需求，最终实现农民的全面发展及农村金融的供需协调。只有法律上对权利予以确认，权利的保障才有据可循，从而实现法制的引导、激励、保障功能。在赋权理念指引下，农民金融发展权保障法律制度不仅要在法律上对农民金融发展权予以确认，还应该明确与其相关的内容，从而形成完善的权利体系制度,减少农民金融发展权中诸多权利贫困现象。

一、农民享有获得金融资源的权利

权利是特定主体具有、被普遍承认的资格、利益、能力和地位。农民金融发展权是农民这一主体拥有的一系列权利的集合,其中,获得金融资源的权利是最核心的内容,包含获得信贷资金、农业保险、基础金融服务等权利内涵。

(一)农民公平获得信贷资金的权利

农民的经济发展往往受到资金短缺的限制,因此,应当通过农民金融发展权制度保障农民公平获得信贷资金来减少和消除制约因素、获得发展机会。农民获得贷款是其最基本的金融权利,但由于农村金融法律制度未能充分体现农民金融需求特征、农村金融发展特性及金融支农激励功能等,导致正规金融机构对农村提供金融服务不足,农民不得不通过民间借贷、合会、私人钱庄等形式来满足资金需求。然而,非正规金融由于缺乏监管,业务发展模式及风险控制都极为不规范,在实践中屡屡发生侵害农民金融权益的情况。从供给侧角度来保障农民信贷权,需要以农村金融法制规范农村金融机构的支农惠农义务,明确地方政府、金融监管部门、农村金融机构之间的权利、义务关系及其保障农民公平信贷权的法律责任。农民信贷权利的实现一方面需要提高农民获得贷款的能力,具体涉及农村土地权利抵押担保、贷款利率市场化等影响因素;另一方面需要增强农村金融供给,通过合理的农村金融机构准入门槛促进农村金融供给主体多元化,通过完善农村小额信贷、农村金融扶贫、农村普惠金融等农村金融产品及服务供给，在充分的市场竞争下优化农村金融资源配置。

（二）农民获得农业保险的权利

农业生产经营面对难以控制的自然变化和市场价格波动，如果缺乏有效的风险识别、分散、转移、补偿机制，农民仅凭自身力量很难抵御自然风险及市场风险。农业高风险带来的农民收入不稳定，往往形成农民利用金融产品及服务的障碍。农村金融抑制、农村经济发展动力不足等问题相互影响，最终形成一种恶性循环。保险机制是对市场竞争优胜劣汰的必要平衡，国家应通过农业保险的普及推广来保障农业生产持续发展，从而降低农业信贷风险。在中央财政补贴农业保险的基础上，我国农业保险覆盖面正在逐步加大。❶ 农业保险与农业信贷的互补互惠体现在发展关联业务基础上实现金融收益多元化、长期化。农业保险有利于降低银行开展农村金融的业务运营成本，同时提升资源高效利用效益。如果单纯依靠政府部门推动农业保险发展，政府部门约束力有限与保险公司内控能力不足的矛盾难以解决农业保险可持续发展问题。从农民金融发展权角度保障农民获得农业保险的权利，不仅能促使农民的短期融资行为转化为长期投资，还能够稳定银行的资金来源，实现农村金融的可持续发展。

（三）农民获得基础金融服务的权利

农村金融基础设施落后于城市，农民可获得的金融资源也弱

---

❶ 据中国银保监会统计数据，2020 年 1—8 月，财险公司农业保险保费收入实现 665 亿元，同比增长 14.07%，保险金额达到 30536 亿元。

于城市居民。农民金融发展权强调农村金融服务的广度和深度，农村金融服务的优化建立在农村金融公共产品的有效供给基础上。从农民金融发展权角度来看，为农民提供基础金融服务不是各级政府对农民选择性的"恩赐"，而是在法律强制力保障下的一项法定义务，农民金融发展权制度通过相应的评估、考核、监督、激励制度来约束各级行政部门合法行使行政权力，积极主动开展农村金融基础设施建设。为了保障农民享有支付、存款、取款等基本金融服务，国家应当不断健全农村金融服务网点建设，调控农村金融资源、金融机构的合理分布，为金融服务便利化提供基础条件。同时，国家应加强建设农村信用体系、金融风险防控、农村产权保护等农村金融基础服务，有效动员农村社会积累资金向生产性资本转移，并将这种资本配置到农业生产中，为农村金融发展奠定坚实基础。

二、农民享有参与金融活动的权利

农民金融发展权建立在农民独立的金融主体地位和金融权益基础上，通过金融活动中的能力支持、收益共享、集体帮扶等机制来实现"赋权"到"赋能"的转化机制，鼓励和引导农民进行金融创新及资金合作，在农业生产中创新融资方式及营利机制，促进农民以切合农村金融实际情况的方式进行投资、获取盈利。

（一）农民开展合作金融活动的权利

合作金融是农民参与农村金融活动的重要形式，农民可以合作、入股等方式参与农村资金互助社、农村信用合作社等合作金融组织，也有权创新农村合作金融的模式，开展生产资金互助、农业产业链金融等合作金融。农民参与合作金融的权利属于保障农民在农村经济体系中主体地位的一类内源性权利，参照"社员所有、社员参与、社员获益"的合作模式，农村合作金融机构的成员权利包含下列几项：在合作金融机构经营期间享有利润分配权利及知情权、提议权等监督权利；退社权、股份转让权、股份继承权等股份处置权利；合作金融机构清算后的残余资产管理或者盈利分配权等。现有农村合作金融制度更侧重于对农村合作金融组织的监管，农民权益的实现途径不明确导致农民金融发展权难以落实。农村金融法制建设中，农民金融发展权的具体制度有利于促进农民在农村合作金融机构的获益权、监督权等。

（二）农民投资农村金融机构的权利

中国农村长期以来存在的合会组织是农民资金互助的一种民间金融组织形式，以集合资金进行借贷为目的的组织被称为金融会、钱会、银会等；基于成员共同利益而具有储蓄功能的组织被称为堆金会、攒钱会；属于保险类的被称为老人会、福寿会等。❶合理的民间资本投资渠道和方式有利于鼓励农村储蓄，减少农村金融资源流失，降低农民融资成本。合会组织虽然能够有效解决农村金融供给不足的问题，但是法律制度对其属性、经营规则、监管等均缺乏明确的制度约束，实践中合会的运营很容易产生异化，被非法集资、高利贷等金融犯罪活动干扰，引发较大的金融风险。❷近年来，我国金融体制改革鼓励发展农村小型金融机构，

---

❶ 詹玉荣. 中国农村金融史 [M]. 北京：北京农业大学出版社，1991：178.

❷ 王煜宇，黄德林. 论我国合会的法律调整 [J]. 经济法论坛，2014（2）：20.

并提出合理引导民间融资发展。合会等农民资金互助组织转化为农村小微型金融机构,加之近年来各地农村成立的农民资金互助社、农村资金互助社等,农民投资农村金融机构的渠道不断扩宽。法律制度清晰界定农民投资者与小型、微型农村金融机构的权利义务关系,有利于农村金融机构规范运行,同时也有利于保障农民投资农村金融机构的权利。此外,农村金融监管应进一步降低农村金融市场准入门槛、简化审批备案程序等各项措施,丰富农村金融市场供给主体。总体而言,农村金融法制通过减少限制和增强吸引力两方面的机制促进农民参与农村金融投资活动。

(三)农民创新内生金融活动的权利

农民参与金融活动不仅体现为参与农村金融机构的经营,还体现为创新农村金融模式。近年来,出现的"银行+农民+核心企业"或"银行+农民+专业合作社"等农村金融模式是农民(专业种养户)金融创新的重要成果。农村内生金融活动的实质是金融的融通资金功能及中介功能融入农业生产,通过农业供应链金融、农业合作基金等金融模式创新解决农业生产与金融资源相互脱节的问题,提高农业信贷资源可获得性。银行为了保证自身贷款的收益,对农民提供农业生产销售的配套服务,促进农民收入增长与银行效益提升的良性循环。农民创新内生金融活动具有灵活性与多样性,能够具体解决各地农村的金融供需结构矛盾。对农民而言,金融资金的支持使得其能够更好抵御市场风险及自然风险;对农业经济组织而言,内生金融模式更有利于提高生产经营效率,在生产扩大规模时更易获得银行的支持;对金融机构而言,农民创新内生金融活动是实现金融服务实体经济的重要途径,能够充分发挥金融资源的社会功能。

三、农民享有获得金融扶持的权利

农民金融发展权的核心价值是包括起点规则平等、过程规则平等和结果规则平等的实质公平。国家应为农民提供充分的发展机会,通过立法保障农民享有社会主义现代化的发展成果和社会经济福利,从而体现实质公平。

(一)农民获得资金帮扶的权利

社会分配的平等原则要求法律制约行政权力对经济运行过程的过多干预,国家不得干涉农民自主行使金融权利,更不能损害农民的合法权益,政府职能侧重于改善农村金融发展环境、维护农村金融市场运行秩序等方面。农民金融发展权是一项不可剥夺的基本人权,国家应在立法中明确相关政府机构保护农民金融发展的义务、责任和惩戒激励机制,促使政府机构增强履职的主动性及积极性,通过各项政策保障、财政扶持促进农民获取金融资源、参与金融活动等。农民金融发展权强调农民的全面发展与农村金融协同发展,通过包容性的制度安排保障农民分享社会发展福利,并形成农村金融发展与农民发展相互促进的良性循环。我国已初步建立了惠农贷款、金融支农等对农民进行资金帮扶的制度,但缺乏一套完整的制度体系,因此,基于实质公平原则建立健全农民金融发展权制度,是保障农民获得必要金融帮扶的根本途径。

(二)农民获得司法救济的权利

农民金融发展权与农民的民事权利密切相关,农民参与金融活动中具有金融消费者、金融投资者、股东、合伙人等多重角色，在土地使用权抵押担保中涉及担保法律关系、在农村金融合作组织的利益分配中涉及合伙法律关系、在各类金融借款中涉及合同法律关系等。农村金融多元主体的利益博弈中，分散而弱小的农民明显处于弱势地位，农民权益被侵害的情况难以避免。从程序上畅通农民维护权利的途径，国家应当在农村地区加强法律援助工作、对农民金融合作组织建立常态化的法律服务机制、通过司法巡回审判制度方便农民进行诉讼等。从实体上维护农民权益，国家应当健全完善对农村土地承包经营权、农村宅基地流转过程中的监管，扩大司法诉讼的受案范围，通过多元化纠纷解决机制维护农民权益。在农民金融发展权制度框架下对农民加强赋权，保障农民在收益分红、利益分配中受到侵害时可以依法通过司法途径维护自身合法权益，才能真正实现农民在经济社会中的平等发展。

（三）农民获得金融知识教育的权利

社会进步建立在尊重、保护弱者权利的基础上，真正的权利平等必须通过能力平等来实现。现代金融活动经过层层嵌套以后，具有较强的专业性、复杂性。农民获得金融知识有利于其理性参与金融活动，避免自身权益受到损害。只有经过金融法律知识的学习，农民才能清楚知晓自己在金融活动中的权利义务，才有信心积极参与金融活动。为了促进农民提高掌握金融资源的能力，避免农村社会系统性风险发生，国家应加强金融知识的宣传普及。对投资者、金融消费者的金融教育本身是现代金融服务的重要组成部分，借鉴孟加拉国乡村银行的经验，农村金融机构应加强对农民进行农业生产技术、金融基本知识等培训。市场经济的公平竞争、优胜劣汰客观上激励农民不断提高生产效率，通过各类培训提高农民生产管理能力有利于进一步提升农业生产效率，从而提高农民偿债能力。

四、农民享有表达金融需求的权利

当前，农民表达金融需求的实体性和程序性权利仍然非常匮乏，阻碍着农民金融利益的实现。农民表达金融需求的权利涉及对农村金融机构的监督、对农村经济组织决策的参与、对农村金融立法的意见表达等，从表达途径、表达方式等方面保障农民表达金融需求的权利是实现农民金融发展权的重要途径。

（一）农民对农村金融机构的监督权

农民对农村金融机构的监督权是农民保护自身权利的重要手段，对农村金融机构的监督权不仅能够遏制农村金融产品及服务损害农民的显性或潜在利益，还在客观上具有培养农民主体意识、权利意识的作用。由于中国传统乡土文化的影响和农村教育的落后导致农民的权利认知能力较弱，农民往往不清楚自己的权利，也不知道如何实现自己的权利。同时，由于金融活动的专业复杂性，弱小分散的农民很难凭借自身的金融知识及法律知识与金融机构进行博弈，因此，应当鼓励农民通过行业协会、专业生产合作组织等途径对农村金融机构行使监督权。借鉴日本通过农协等民间协会组织表达农民利益诉求、沟通政府和农民关系的经验，应当通过法律制度促使农民建立自己的利益表达组织以实现各项权利。农民金融发展权法律制度应明确农民行业协会的设立条件及成员的权利、义务、法律责任等，并进一步通过乡规民约、团体章程、行业标准、自治规范等发挥作用,运用非强制性的方式来降低农村金融监管成本,减少农村金融活动的交易成本,降低法制的实施成本。

(二)农民对农村内生金融组织决策的参与权

农民资金合作社、互助担保组织等农村内生金融组织以农民互助合作为宗旨,其经营管理区别于大型商业银行的企业运行机制,更强调农民之间的金融资源及各类社会资源在组织内部的互济互助。农民金融发展权制度明确农民对农村内生金融组织决策的参与权,有利于均衡组织内部的农民利益,保障农民参与决策的机会及范围。农民资金互助社、农业专业生产合作社等农村内生金融组织应当建立重大决策集体讨论、公示、投诉、监测机制,将制度制定与落实、项目选择与实施相结合,用制度保障经营过程公开、项目管理高效、监督过程同步等。农村内生金融组织充分发挥自我组织和自我管理能力,通过自我调适和制度调控能有力促进其提高经营管理效率。通过合作、协商、对话等机制减少农村内生金融组织运行中的对抗及冲突,形成科学高效的决策机制。

(三)农民对农村金融法制决策的表决权

法制决策在某种意义上是对社会各阶层利益进行整合,通过利益博弈实现动态均衡的过程。根据传统的政治经济学理论,农民是社会治理的被治理者,而非治理主体。农民金融发展权从利益均衡角度提供了一种新的分析视角和范式,农民向决策机构表达自己的意愿、利益诉求,并通过法律制度规范社会管理部门对农民意见的反馈及采纳机制,才能真正实现各方利益均衡。同时,对农民建立制度化的利益表达渠道是农民争取自身利益的重要途径，有利于农民获得更多发展机会。只有农民的金融需求真正体现于农村金融法制建设中，才能有效提高农村金融法制建设的科学性和有效性，实现制度供给与社会内生需求之间的契合。因此，保障农民对农村金融决策的表决权，是农村金融发展体现并维护农民利益的重要制度保障。国家通过法律制度引导农民形成一种良性的利益表达、利益博弈协调机制，是实现农民金融发展权的重要途径。

第三节　农民金融发展权的保障机制

农民金融发展权的实现是一个有机循环体系，包括农民金融发展权的创制、行使、救济、保障等环节。通过专门立法将农民金融发展权的基本内容、主要形式等固定为法律规范，才能够为农民金融发展权的实现奠定最基本的基础。农民金融发展权从实然权利到应然权利离不开具体的实现机制，从权利、义务、责任的角度促进农民金融发展权从抽象权利转化为具体权利。农民金融发展权保障法是一部对农民进行赋权、激励的法律，通过法律的有效执行将农民金融发展权由法定权利转化为社会生活中的现实权利，才能使农民的权利在农业生产经营活动和社会生活中真正实现。

一、农民获得金融资源权利的保障机制

为了实现农民金融发展权，法制在确立农民金融发展权具体内容的基础上，应当进一步明确农民金融发展权的实施体系，从而使

具体促进措施在整体价值目标引领下形成内在协调的制度体系。

（一）利益激励机制促进金融机构开展支农业务

随着社会经济发展，农民的金融需求不限于信贷与储蓄，还包括保险、期货、股权投资、债券、产业投资基金、投资者保护和教育等多元化金融需求，法律制度应当在尊重市场规则的前提下，引导农村金融机构向支农项目提供资金。如果金融机构从事农村金融业务无法以较高利润实现风险弥补，则不符合市场化运营原则，难以实现可持续发展。农村金融法律制度应通过配套扶持与资金补偿制度提供农民金融发展权的正向激励，具体可通过下列方式：对农村金融机构的税收优惠幅度与其支农贷款发放额度形成正向对应关系；通过金融机构发行专项债券筹集资金用于发放惠农贷款；以市场化方式激励农村金融机构吸收民间资金投入农业经济等。国家干预应在尊重市场规则基础上保障农村金融机构支农业务的可持续发展，通过优化金融资源配置增强农村金融资源供给。结合我国金融体制改革发展涉农资金扶持和财政转移支付，为农民金融发展权实现提供坚实保障。

（二）创新融资组织机制以鼓励发展新型农村金融模式

简单的农业生产循环对资金需求相对较弱，大多仅是简单的存量资金周转，没有资金扩展的需求。随着农产品的商品化水平提高，需要大规模的资本投入使农业产业投资和产出增长。增加农业资本投入的途径包括自身积累和外部投入，农村发展如果依赖自身积累是一个极为缓慢的过程，只有加大外部投入才能实现农业生产的转型升级，而农业资本的形成不仅包括资金的筹集，还包括将这些资金转化为资本，形成再生产能力。如果外部投入未能找到合适的结合点,就难以真正转化为农业生产率,因此,农业生产能够吸纳外部投入的资金,通过形成足够的资金回报率来形成和巩固农业资本,并随之实现农业现代化。外生性金融供给难以解决农村金融交易中信息不对称和交易成本过高等问题,而且,农民在抵押物、担保人、信用记录等方面的短缺也阻碍着农民获得金融服务。近年来,"贷款公司+农民""专业合作社+农民"等信贷模式有效解决了农民缺乏担保的难题。农民向金融机构借款时,可提供其与相关农业企业或农业专业合作社的购销协议,并由该合同相对方提供贷款担保。农产品集中收购时,提供担保的农业企业或农业专业合作社通过代扣农民收购款归还金融机构贷款。此外,部分农村地区发展起"公司+基地+农民"的融资模式,例如,新希望集团有限公司以养殖户的标准鸡舍为抵押物,获取贷款资金后实行封闭式运行用于养殖户流动资金,取得了专业养殖的销量与利润双重增长。新型农村金融模式的规范化、组织化程度不高制约着其充分发挥作用,立法应当及时对农村金融发展的创新活动做出回应,根据农村金融发展特征实现科学的制度供给,以促进、保障农民参与金融活动的激励制度提高农村金融内生性发展动力,真正释放农村真实有效的信贷需求,提高农业综合生产能力及农民可持续发展能力。

(三)发展小微金融服务农民金融需求

与农民分散、小额的资金需求对应,农村小微金融以其经营灵活、覆盖面广等特征较好满足了农民金融需求。我国金融体制改革强调存量改革与增量改革并重,促进金融机构开展支农业务是一种存量改革,则发展小微金融服务显然是一种增量改革。发展小微金融服务一方面要引导农村金融机构提供多元化的农村金融产品及服务,满足农民各类金融需求。另一方面则需要推动农村民间金融资金入股农村微型金融组织,例如,将从事民间借贷业务的信用担保公司发展为村镇银行和小额贷款公司、鼓励发展农业互助保险组织等。小额贷款公司、村镇银行等提供的小微金融服务有效满足农民的个性化金融需求,使农村金融更为紧密的嵌入农村经济体系,有效促进了农村外生金融的内生化。

二、农民参与金融活动权利的保障机制

马克思主义认为,劳动、实践、创新是促进人的全面发展的重要基础,在劳动过程中人的实践能力才能得到不断提升。人如果要实现长远、可持续的发展,就必须建立与社会良性互动的创新机制。在市场客观供求刺激下,农民自下而上内生出的金融创新活动是以农民金融发展权为核心配置农村金融资源的重要方式。

(一)鼓励农民参与农业产业链金融

农业产业链金融是市场主体创新而成的"内生性"农村金融模式,农业企业通过对物流、信息流、资金流等信息整合从而将社会闲散资金引入农业生产,进而促进农村金融供需合理匹配。农业企业参股农商银行、村镇银行等金融机构的股权,通过整合分析农业生产经营的大数据,充分挖掘农民金融需求信息以促进农村金融的供需匹配。产业链金融在借贷资金基础上为农民提供基于农业供销各环节的保险、担保等服务,有效解决农村金融供需双方信息不对称、抵押物不足等问题。另外,农业企业通过健全农村金融的客户风险信息数据库,在金融活动中建立"风控—财务—业务"架构,降低农民的违约风险。例如,大北农集团股

份有限公司以"猪管网"作为入口获取用户资金流水、猪场养殖水平等经营数据，建立统一的资信评级和贷款流程，为农民提供小额贷款融资、担保、农业保险、农业股权众筹等金融活动。农业产业链金融通过融合商业资本、产业资本、金融资本，促进农村产业要素的聚集，有效实现农村金融资源结构及配置的优化与整合。现代化的农业生产率可以达到与工业相当的资本回报率，因此，金融机构有投入现代农业的内在利益驱动。现代农业不仅能缩短农业资本积累所需要的时间，而且能接纳农业产业链金融中注入的资本。农业产业链金融是基于市场行为的创新，国家对这一内生金融创新模式应提供一定的鼓励及保障，以促进农村金融深化发展。

（二）坚持农村内生合作金融组织的资金互助属性

根据马克思主义合作理论，合作金融的本质是社会与政治功能，农民资金互助合作社等农村内生合作金融组织经营目的并非追求资本收益最大化，而是实现合作组织成员收益最大化。我国历史上长期存在各类合会、互助会等，表明农村内生合作金融组织有其存在的必然性及合理性，但农村内生合作金融组织存在的治理机制缺陷、监管体制不健全等问题制约着其发展壮大。20世纪90年代发展起来的农村合作基金会虽然属于农村内生合作金融组织，但农民在农村合作基金会只有部分收益权，而缺少资金使用权、处置权，农村合作基金会资金管理失控造成的非法集资事件屡屡发生，1997年，国家为防范和化解农村金融风险而关闭了农村合作基金会。2006年之后逐渐发展起来的各种农民资金互助组织主要有：在金融监管部门登记注册的农村资金互助社；依托农业专业合作社成立的农民资金互助社。农村资金互助社虽然有金融业务许可证，但在严格的商业银行监管模式下难以扩大发展。农民资金互助组织在监管缺失的情况下很容易将资金运用于放高利贷，潜在风险隐患较大。金融监管机构面对数量众多、覆盖面广的农村内生合作金融组织存在监管力量不足的困境，只有坚持资金互助性、社员封闭性、民主管理等农村内生合作金融规律，让农民成为农村合作金融组织的主体，才能实现农村内生合作金融组织的资金互助属性。

（三）保障农村民间金融规范化发展

农村民间金融以资金服务部、典当行、钱庄、合会、私人借贷等方式存在，包括农户和农村企业之间的互助性无息借贷、有息融资活动及以农村民间金融组织为中介的融资活动等，农民既是农村民间金融的需求主体，也是资金供给主体。正规农村金融机构强调风险管理的工作规程，虽然具有资金优势，但是在信息资源方面处于劣势。农村民间金融虽然获取信息的渠道充足，但资金量较小，难以对农村金融市场形成影响。从对民间金融的规范和监管角度分析，收益不稳定、可预测性差、缺乏抵押担保等导致农村民间金融的高风险。在缺乏风险分散的情况下，民间借贷往往以高利率对冲高风险，暴力解决借贷纠纷带来的各种犯罪问题，对此，应在国家有效干预理念下，加强对农村民间金融的差异化监管来降低农村金融风险。正规金融的资金支持与民间金融的配置效率相结合是农民金融发展权实现的重要途径，应在自愿的基础上鼓励和发展各种农民组织及农村民间金融组织与正规金融机构合作，通过农村民间金融的信息获取机制降低农村金融交易成本。

三、农民获得金融扶持权利的保障机制

农村金融的弱质性、高风险性、战略性客观上需要国家扶持制度对其外部风险予以合理补偿。长期以来，国家直接信贷补贴和财政支持的效果容易异化，只有通过长期稳定的法律制度保障农民的公平融资权，才能真正实现农民金融发展权。"平等不应当仅仅停留在表面，还应当在经济、社会领域中得以实践。"❶基于农民获取金融资源的弱势现状，"平等是弱势群体的社会地位在法律上的体现"，❷保障农民金融发展权必须坚持实质公平原则，通过倾斜性扶持实现对弱势群体保护。

（一）通过农村法制形成对行政权力的制约

限制公权力与保障私权是现代人权制度的立足点，也是农民金融发展权的逻辑立足点。通过农村法制制约行政权力对农民权利的干预主要体现在以下方面：《中华人民共和国农业法》第九章的内容为农民权益保护，从立法上明确了农民权益保护的义务主体和责任，并且规定了政府和农村集体经济组织的禁止行为。该法在总则和其他章节分别确立了农民自我组织的权利、享受农业投入和农村公共产品供给的权利、教育培训的权利、农业保险的权利等；《中华人民共和国土地管理法》《中华人民共和国农村土地

---

❶ 弗里德里希·恩格斯，卡尔·马克思. 马克思恩格斯选集[M]. 中共中央马克思恩格斯列宁斯大林著作编译局，译. 第2卷. 北京：人民出版社，2012：448.

❷ 博登海默. 法理学——法律哲学与法律方法[M]. 邓正来，译. 北京：中国政法大学出版社，2004：285.

承包法》等法律明确规定农村土地承包经营权流转的方式、土地承包经营权受限的情形与程序、农村土地承包经营权受侵害的救济途径等;《中华人民共和国农民专业合作社法》对农民专业合作社的入社、社员权、退社、盈余分配等进行了详细规定。通过农村法制形成对行政权力的制约需要不断加强农村金融立法,农民金融发展权法律制度通过对农民的赋权及保障深刻影响着农村金融发展模式,帮助农民在政府的扶持下充分获取金融信息和资源,从而更好实现农业集约化生产及规模经营。

(二)强化政策性金融与财政支农协同整合机制

国家对农村金融扶持的效果不仅取决于财政资金投入的数量,更重要的是财政支农供给与需求的均衡。财政支农资金与农村金融的结合,有利于提高支农资金的使用效率。财政支农资金应与农村政策性金融机构深度整合,通过国家财政激励和导向作用构建包含信贷、担保、保险等金融服务的农村金融扶持体系。以财政资金为支农贷款提供担保或补偿资金,从而促使政策性金融机构扩大支农信贷规模,带动更多社会资本投入农村金融领域。强化政策性金融与财政支农协同整合机制能够使财政资金的支农效率最大化,充分实现对农民的扶持。农民金融发展权制度通过提高农民收入水平形成拉动内需的长效机制,国家财政应着力于提高公共投入及社会保障,使农民分享到我国社会主义建设的发展成果,并形成扩大国内经济需求的强大动力。健全的农村金融法律制度有利于优化财政支农资金的配置结构,借助金融化运作模式发挥财政资金的杠杆和引领作用,形成从农业信贷资金到农业投资的高效转化机制。

（三）保障农村基本金融服务均等化

金融业功能的变迁与社会对金融的需求相关，随着现代科技进步，金融服务的电子渠道逐步拓展，金融服务通过手机银行和网上银行途径发展不仅高效便捷，而且覆盖面更广。现代金融服务业呈现出营业网点轻型化、金融服务电子化、金融服务社区化等特征，这不仅降低了金融服务成本，而且有效提升了金融服务的便利性。鼓励农村金融机构开展网络保险、网上信贷等服务方式，有利于提升农民对信贷资源的可获得性。农村金融基础设施的落后使农民难以享受便利的金融服务，从而加大了农村和城市在获得金融资源方面的差距。农民金融发展权法律制度是从宏观调控层面对农村金融资源配置进行总体规划，通过国家适当干预来弥补农村金融的市场失灵缺陷，为农村金融发展奠定良好的制度保障。保护农民金融发展权应当遵循金融发展规律，与我国的经济发展水平相协调。我国社会主义现代化建设以实现共同富裕为目标，迫切需要缩小城乡区域发展差距。基本金融服务均等化是农村金融公平的基础条件，农村金融公益性与农村金融公平在价值理念上均是强调关注弱势群体的金融资源获取状况，这就内在要求实现农村金融基本服务的普遍可负担性和普遍可及性，国家应加大资金投入建设农村信息网络、银行自助设备等金融服务设施，保障农民能均等的获得基本金融服务。

四、农民表达金融需求权利的保障机制

由于农民在农村金融发展中的话语权缺失，客观上加剧了农村金融资源配置供需不平衡，使国家提供的外生金融资源难以转

化为农村金融发展推动力,极大阻碍了农村经济社会发展。保障农民表达金融需求的权利不仅是尊重农民主体地位的体现,更是科学配置农村金融资源的客观要求。

(一)农村金融法制信息公开机制

农民金融发展权主张各类市场主体均具有平等表达金融需求的资格、机会,农民的金融需求表达主要是弥补市场经济缺陷及宏观调控局限性,要求国家提供条件保证市场经济顺利运行,消除歧视和不公平待遇。从权利意义上讲,农民的金融需求表达权实现要有完备的法律确认和保障,国家为农民提供权利表达所需的机会、方式、渠道等便利条件;农村金融立法程序保障农民充分表达自己的农村金融法制建设意愿,立法机关在农村金融立法过程中充分听取农民意见,并按照法律规定吸取或采纳农民的立法建议内容。农村金融法制信息包括农民对农村金融法制建设的认识和需求信息,农村金融立法机关从事农村金融法制建设活动和满足农村金融法制建设需要的信息。农民的主观需求与立法机关的农村金融立法活动之间往往存在差距,提供和研究农村金融法制信息的意义在于减少农民的主观愿望与农村金融法制建设的差距。信息公开是农民表达金融需求的前提和基础,农村金融立法机关应当及时主动向社会公开立法规划及具体法律起草、审议、表决等进程。农村金融法制信息公开有助于提高农民表达金融需求积极性、针对性、有效性;有助于立法机关协调平衡农村金融法制建设中各方主体的利益;有助于立法机关科学合理制定农村金融法律制度,使其真正体现和保障农民发展权益。

(二) 农村金融立法意见反馈机制

农村金融立法建立在充分获取信息的基础上，将农民的利益诉求纳入法律制度设计及实施中，更有利于提高法律制度的实施效果。农村金融立法机关公开农村金融法制建议处理过程和结果，是对农民的金融需求表达权负责的表现，是对农民表达金融需求信息的反馈，有助于农民知晓其表达金融需求结果，增强农民的权利表达意识，激发农民积极参与农村金融法制建设。由于农民在整体上文化水平和法律知识不足，农村金融立法机关应把农民表达金融需求信息处理的重要过程向社会公开，以取得农民的信任。公开农村金融法制信息处理过程，主要是公开表达金融需求信息的处理标准、处理方法、处理结果等，从而引导农民理解农村金融法制建设的原则、方向等。通过公开农民表达金融需求信息的处理过程和结果提高农民对农村金融立法机关的信任度，保持农村金融立法机关与农民在农村金融法制建设上的互动关系。

(三) 农村金融法制宣传教育机制

农民的金融知识、金融投资意识、风险意识是其掌握金融资源实现自身全面发展的重要基础，随着现代信息技术的发展，数字金融服务的覆盖面日益广泛，农民参与金融活动的意识也不断增强。但是，由于金融活动较为复杂，大多数农民对金融活动的认知能力仍然不足，缺乏对农村金融功能及自身权利的认知。农村金融法制建设离不开必要的法制宣传对农民进行教育和引导，各类农村金融管理部门应结合工作职责，以农村金融法制建设的实际行为宣传、教育、引导农民理性参与金融活动并积极充分行使金融需求表达权。法制建设目标不只是为社会提供可依之法，更在于法治理念的确立、法律体系的构建、法治社会的建设。农村金融发展有其特殊的信息约束条件，农民的金融素质与法治意识直接影响着金融制度的运行效果。农村金融发展需要农民的理性投资行为与内生金融组织形成良性循环，建立农村金融法制宣传教育机制有利于提高农民金融能力，促进其合法有序参与农村金融活动。

第六章

农民金融发展权的法制框架

宪法规定的公民基本权利属于抽象性权利,并未涉及农民金融发展权具体实施规则。如果没有专门法律规范明确农民金融发展权的实质内涵并通过制度保障对其实施规则予以具体化,农民金融发展权将只停留在抽象权利和应然权利层面,从而无法发挥对农村金融发展模式的价值引导和动力推动作用。在宪法确立的公平发展权基础上制定农民金融发展权保障法,确立内容全面、科学有效的农民金融发展权法制框架是农民金融发展权从应然权利到实然权利的必要保障。

第一节 农民金融发展权的法制形成路径

农民金融发展权理论需要我们对农村金融法律的功能定位进行反思,处理好促进效率与保障公平的关系,实现形式公平与实质公平的平衡。农民金融发展权的实现必须在宪法框架下制定农村金融基本法,明确农村金融供需主体及政府在农村金融供需结构中的权责及定位,就农村金融供给主体的组织形式、业务规则和监管制定具体规范。构建发展导向型的农民金融发展权保障法来促进农业、农村、农民的发展,一方面需要对发展主体赋权,才有利于其发展能力和发展利益受到法律保护。另一方面需要有促进发展的措施来提升农民的发展能力。农民具有充分的发展能力,才能有经济上的实质自由。农民金融发展权保障法立足于赋权、保障、激励的模式促进农民经济发展,并最终实现农民自身的全面发展。

一、以法制赋权促进农民金融发展权转化为实然人权

金融资源作为社会公共资源的一部分,理应由全体社会成员共同享有。农民金融发展权本质上是通过法律赋权农民以改变原有不合理的社会结构和关系,实现农民的权利诉求及权益保护,从而达到农村金融主体权利义务的平衡。

(一)从外生型赋权转化为农民参与式赋权

我国现行的农村金融法制往往将农民视为被动接受扶持的对象,对农民在农村金融中的主体性作用重视不足。人权观念认为,平等发展权是每一名社会个体固有的权利,国家有义务保障并促进社会成员实现平等发展权,并对社会弱势群体的权利加以倾斜性保护。农民金融发展权强调农村金融发展应当重视农民的利益,在农村金融决策及农村金融法制建设过程中尊重农民的意愿、听取农民的意见,以农民利益为核心配置农村金融资源。农民金融发展权保障法体现为农民参与式赋权,充分尊重农民作为权利个体的意愿和需求。一方面,通过信息公开制度促使行政机关公开涉及农民利益的事务,保障农民能及时了解政府决策。另一方面,确立农民的利益表达机制,农民在农村合作金融组织中充分参与

民主管理、在地方性法规的制定过程中体现农民利益诉求等，农民在参与农村金融法制决策过程中由被动的旁观者转变为积极参与者，既促进了农民权利意识的觉醒，也提升了农民参与社会管理的能力。而且，农民参与农村金融法制建设是农村金融法制与农村发展实际紧密结合的有效途径，法制建设中的利益协调客观上促进了农村社会关系的和谐稳定。

（二）从行政赋权转化为法制赋权

国家的发展理念会渗透到其政策、法律等制度中，从而影响发展实践。❶发展问题不仅重视经济效率，更重视经济增长的质量及经济、社会、环境的协调发展。行政赋权不是建立在农民自我权利意识基础上，虽然赋予农民较为全面的权利，但农民在社会结构中仍然处于被动和从属状态，最终难以实现农民的全面发展。同时，行政赋权基于行政机关的管理权，本身难以对权力进行制约，缺乏长期稳定的机制保障农民权益。为了实现常态性、可持续性的农民金融发展权保障，应当强化对农民金融发展权的法制保障，及时制定农民金融发展权保障法。农村金融立法与国家政策在根本目标上是一致的，但政策对权利与义务规定不够明确，单纯依靠政策不利于农村金融的制度化发展。国家政策是立法的指引和依据，农村金融立法吸收国家政策在制定和实施中的成功经验，充分利用国家政策的实施效果，通过制度规范确立农民金融发展权的权利体系。与行政赋权相比，农民金融发展权保障法的法制赋权方式能更有效地对行政权力进行限制，避免行政机关

---

❶ 柯武刚，史漫飞．制度经济学：社会秩序与公共政策［M］．韩朝华，译．北京：商务印书馆，2000：36-37．

的公权力行使边界过广而侵害农民金融发展权,实现对农民赋权与对行政机关限权的统一。

（三）从有限赋权转化为全面赋权

农民金融发展权理论需要我们对农村金融法律的功能定位进行反思,处理好促进效率与保障公平、实现形式公平与实质公平的平衡。权利的防御功能是公权力侵害公民基本权利时,国家应该承担相应责任。权利的受益功能是权利主体可以请求国家建立金融服务公共信息网络、提供低息农业贷款等帮扶。权利的客观价值秩序功能是权利主体可以要求国家通过农村基本金融制度及其实施机制促成农民金融权利实现、规范金融监管公权力运行、对侵害农民金融权利行为进行司法制裁等。❶从农民的赋权体系结构来看,农民在农村金融领域享有的获取金融资源权、表达金融需求权等尚未形成完整的权利体系。实践中,农民权益缺乏有效保护而受到侵害的情形屡屡发生。例如,农民有获得国家支农、惠农贷款的权利,但对于国家发放支农、惠农贷款的发放标准和发放对象是否符合农村实际需求等问题,农民难以通过有效渠道充分表达利益诉求。因此,不仅要赋予农民实体权利,还要赋予农民程序性权利。农民金融发展权保障法在明确农民金融发展权权利体系的基础上,明确了农民金融发展权的权利实现制度。行政机关在农村金融决策和监管中应当向农民公开相关信息、听取农民意见并通过投票表决方式将农民的意见吸纳到行政决策中,从而保障农民的知情权、参与权和表决权等程序性权利。农民金

---

❶ 张翔. 基本权利的受益权功能与国家的给付义务——从基本权利分析框架的革新开始［J］. 中国法学,2006（1）:24.

融发展权保障法从国家立法的高度充实和完善农民金融发展权的权利体系，为农民的金融发展确立了根本性的制度保障。

二、以法制保障促进农村社会资源分配的实质正义

社会各群体的发展环境及条件客观上存在巨大差异，从法律的实质正义价值观出发，应当关注发展中差别性或差异性，通过实质公正才能更好解决经济、社会动态运行中的发展不平衡问题。农民金融发展权有利于实现社会整体发展均衡，确保实质公平与可持续发展。

（一）国家宏观调控以法制手段为主

农民金融发展权是社会实质正义的体现，需要国家从宏观调控、倾斜性扶持等方面提供合理有效的保障。市场机制是市场经济中资源配置的基础途径，凡是市场机制能发挥作用的领域，国家就无须进行主动干预。随着农村金融市场不断成熟，农民金融发展权将更多通过市场机制实现，国家宏观调控主要以间接方式保障农民金融发展权。国家对农民金融发展权的扶持方式主要是提供制度支持和保障，规范农村金融机构的风险控制与治理机制，监管农村金融机构的经营行为，而不应直接参与和干涉农村金融机构业务经营。农民金融发展权保障法律制度应当明确规定：政府作为社会管理者的职责是采取间接扶持的方式促进金融活动有序开展，而不是直接向农民提供金融服务。农民金融发展权保障法律制度把农民金融发展权理念融入制度设计，建立农民金融发展权影响评估制度，将农民金融发展权实现状况作为评价政府绩效的重要指标之一，保障农民对金融资源的可获得性。市场机制

往往无法提供农业产业结构调整、农业技术改良等基础性社会公共产品,国家通过宏观调控保障农民金融发展权主要体现为对市场机制失灵的调控。农民金融发展权保障法律制度应当明确规定:国家对农民金融发展权的保障职能在于通过宏观调控为农村金融提供必要的机制、信息、资源等保障。国家为农村提供互联网网络、信用信息系统、金融支付途径等金融基础设施,有利于农民便捷参与金融活动;国家及时广泛向农民提供经济、金融信息,有利于形成农民对经济社会发展的合理预期;国家对农产品价格的调控、对农村金融市场利率的调控间接影响着农民的利益实现。

(二)国家扶持以保障农民基本权益为限

随着社会经济发展,金融支付、金融借贷、金融投资等金融活动深度融入农民生产、生活,金融产品与服务日益成为一种社会公共产品与服务。传统小农经济模式下的简单重复生产难以实现农民的快速发展,农民的自我积累和发展能力需要借助金融杠杆的支撑。在经济发展权、社会发展权、政治发展权等诸多类型中,经济发展权是发展权的核心,是其他发展权有效实现的基础。农民金融发展权是农民参与现代社会经济活动应享有的基本权利,农民金融发展权理论认为农民应该为自身行为承担风险和责任,反对以权利本位论削减个人责任,而是主张建立农民与政府之间的权利、义务平衡机制。一方面,农民希望通过农村金融机构创新服务、国家增加补助等方式获取金融资源;另一方面,国家帮助农民获得生产、生活资金的同时,也希望农民承担按期还款、将支农资金用于农业生产等义务。农民金融发展权制度设立各类关于国家扶持的配套制度以实现权利与义务的平衡:为了防止农民滥用权利而导致金融资源配置效率低下,国家应当对扶持资金用途、扶持资金使用期限等进行一定的约束；国家以责任分担机制促使农民对资金借贷、担保、投资等金融活动持必要的审慎态度，促使农民提高生产活动的积极性以承担贷款偿还等义务；国家通过金融知识的宣传和培训帮助农民提升自身金融素质、能力，使农民能理性认识金融活动，做出适当的借贷、投资行为。

（三）国家保障以不影响其他市场主体合法利益为原则

市场在资源配置中起着决定性作用，市场化意味着有偿性、商业性和可持续性，强调兼顾公平和效率。法制涉及的发展主体和发展权利是一个复杂的多元体系，城市和农村的各类市场主体都有发展的权利，国家负有保障、促进市场主体发展的职权或义务。经济法制度的发展理念包括协调发展、永续发展、共享发展，在城乡发展不均衡的情况下，农民金融发展权通过对弱者的帮扶促进社会均衡发展。市场经济实行平等、自愿、等价有偿原则，国家保障农民金融发展权的措施如果行使不当，则有可能减弱对其他市场主体利益的保护。例如，国家如果强制农村金融机构豁免农民的逾期贷款，将影响金融机构的利润增长，最终导致投资者撤出农村金融机构，从而不利于农民在今后的生产生活中持续性获得贷款。因此，虽然国家有扶持农民获取金融资源、参与金融活动等义务，但国家保障农民金融发展权的行使应当遵循权利义务平衡原则。国家对农民金融发展权的保护不能损害金融机构、农村经济组织等市场主体的利益，如此才能实现农村金融的可持续发展。农民金融发展权保障法律制度在人权框架下对农民金融发展权的倾斜性保护以必要性为限，不能损害市场主体的金融机会平等。农民行使权利的同时也要服从国家整体利益及农村金融长远发展的战略规划，农民金融发展权保障法律制度通过农民金融发展权保护来调节金融主体之间的利益冲突,从而构建和谐的农村金融秩序。

三、以法制激励促进农民与农村协同发展

农民金融发展权保障法律制度在立法理念上强调对农村金融市场主体的正面激励,以倡导合作为基本原则,以平衡和促进农民利益为立法目的,较少使用制裁、惩罚的法律责任手段,通过提供相关扶持、优惠、奖励措施,引导并鼓励农村金融机构服务农民金融需求。

(一)激励性法律规范降低农民参与金融活动的交易成本

在缺乏法律制度保障的情况下,农民往往因为顾虑金融活动需要付出较大的交易成本,对金融活动持拒绝态度。激励性法律制度通过促进合理高效的市场机制实现交易双方平等的议价与协商机制,从而有效降低交易成本。农民经济收入有限导致农民无法使用金融杠杆效应,分享金融发展成果的能力受限。农民参与金融发展的机会少造成农民金融发展能力不足,也导致我国农民普遍缺乏对自身金融发展权利的认知。针对具体事项的物质激励影响较为有限,而法律制度确立的授权性激励则影响深远。农民金融发展权保障法律制度以激励性的法律规范为主,体现国家宏观调控的促进和鼓励作用,强调国家给予农民金融发展的经济扶持。我国农村金融法律制度大多偏重宏观倡导性激励规范,缺乏具体明确的激励措施,因此,农民金融发展权保障法律制度通过激励型法律规范赋予农民具体权利内容,提高农民金融获得能力、保障农村金融资金需求、促进农村经济社会发展,实现国家对农民金融发展权的鼓励和倡导职能。

（二）激励性法律规范促进国家维护农民金融发展权益

农村金融法制体系包括宪法、法律、行政法规、部门规章、地方性立法等，打击、限制、禁止等法律规制措施虽然操作性较强，但其实际运行中命令控制和被命令被控制的关系容易加剧权利义务双方的对抗与矛盾，不仅不利于发挥市场机制的作用，而且阻碍农村金融结构优化及农村社会稳定等。激励性法律规范建立在利益引导机制的基础上，可以合理配置资源，降低农村金融的交易成本。农民金融发展权制度侧重于从正面引导优化农村金融结构体系，通过激励性法律优化农村金融法律规制结构，以农民发展促进农村金融与农村经济的和谐发展。农民金融发展权制度通过保障农民权益来促进集体经济组织的规范化管理，例如，建立健全村级集体经济组织资产清查、登记、保管、处置等制度，制定防范村级集体经济组织投资经营风险的制度等。农村金融发展客观上需要国家的财政扶持，但是，仅仅依靠国家提供免费补贴等政策扶持可能影响农村金融功能和运作逻辑，因此，农村金融发展需要从根源上解决内生发展动力问题。内生性发展并不等于权利的自发行使，而是要在国家宏观调控与市场机制的共同作用下发挥农民的积极主动性及创新性，实现农村金融可持续发展。农民金融发展权保障法律制度对公共权力进行约束的同时赋予政府相应的公共管理职能，通过政府有效调控市场以避免市场过度自由化导致的各种矛盾，通过法律制度引导和激励农民金融发展权实现。

（三）激励型法律规范引导社会资源投入农村金融

经济法的重要功能之一在于解决基于市场失灵的外部性问题，通过惩罚性规范抑制负外部性问题，通过激励性规范鼓励正外部性效应。农民金融发展权的实现从根本上依靠对农民的赋权及保障制度的激励功能,通过减免义务、增加权利等倾斜性配置资源的法律规范引导农民积极参与金融活动。❶ 具体而言,包括利率市场化、赋予市场准入资格、给予经济主体特定待遇及荣誉等权利义务激励机制;财政税收、贷款补贴、农民增收等成本收益激励机制;资金筹集、风险控制、业务考评、风险容忍度等资格待遇激励机制。我国现行农业法律体系是以农业法为核心,内容覆盖农业生产经营体制、粮食安全制度、农业产业化、农村经济发展等方面。虽然,国家制定了20余部涉农法律及70余部涉农法规对农业法律体系进行细化,然而,农村金融领域尚无专门立法。农民金融发展权保障法通过对农民权益保障形成资源互补、利益共享、协同发展的利益均衡机制,提高农村各类产业创新力、竞争力和全要素生产率,扩大农村社会整体福利。农民金融发展权制度赋予政府扶持农民发展的义务,有利于促进政府加大对农村地区的资金、项目支持,完善资金整合投入机制用于巩固脱贫攻坚、农业生产发展和农村基础设施建设。我国现有农村金融法制大多偏重管理型的监管法规,对农村金融发展的激励性规范尚未形成完善的体系,农民金融发展权制度侧重于激励国家、市场、农民的和谐发展,较少使用惩罚性和禁止性规范。农民金融发展权保障法律制度采用鼓励、引导等调整手段实现农民金融发展权,更符合"国家尊重和保障人权"的宪法原则。农民金融发展权保障法律制度强调农民私权对公权的制约,要求政府引导、推动、服务、促进农民金融发展权的实现,采用法律保障手段来解决社会公共产品问题。

---

❶ 胡元聪,杨秀清. 农村金融正外部性的经济法激励——基于完善农村金融法律体系的视角[J]. 农业经济问题,2010(10):30.

第二节　农民金融发展权保障法的立法模式

我国宪法有关公民基本权利的内容较为规范尚不具备可操作性及具体保障制度，还应当通过经济立法来促进、引导公民基本权利的具体落实。在乡村振兴战略下，农村金融领域需要制定专门的农民金融发展权保障法来解决农村金融发展滞后、供需结构矛盾等一系列深层次问题。有关农民金融发展权利与义务的规范不仅能明确农民金融发展权的基本权利制度，而且能有效确立国家对农民金融发展权的保障义务。

一、农民金融发展权保障法定位于农村金融基本法

农村金融法制是一个内涵丰富的综合性法律体系。我国现有的金融法律体系仍然以城市环境下的金融模式为主导而忽视了农村金融的特殊性。我国农村金融法制主要由行政法规、部门规章等构成，尚无一部农村金融领域的基本法律引领农村金融法制体系。国家制定农民金融发展权保障法并对其定位于农村金融基本法，将为农村金融发展提供有效的制度保障。

（一）从法律层面设置各级政府对农民金融发展权的保障义务

农民金融发展权保障法不仅激励农民积极主动行使金融发展权，还通过对各级行政部门设定义务以防止行政权力对农民金融发展权的侵害。从国家宏观调控角度来看，无论是维护农村金融市场秩序，还是完善农村金融发展环境均应当在一定的法制框架

下运行。国家对农民金融发展权的保护正是在具体的社会管理中实现,因此,农民金融发展权不是一项超然于社会发展现实的抽象权利,而是通过具体的社会活动来体现,借鉴发达国家通过法律制度保障国家宏观调控的价值目标与方向,从而促进农民基本金融权益实现。从国外农村金融法制经验来看,日本《农林渔业金融公库法》通过明确规定政府部门在农村政策性金融业务办理中的权限,以保护农民金融权益不受公权力的侵害。美国《农业信贷法》对农业信贷管理局、美联储等政府部门在农村金融宏观调控中的职责与职能均制定了明确的规范。虽然,我国金融监管部门制定了一系列农村金融监管的行政法规、部门规章、规范性文件等,但缺乏法律规范农村金融支持、农业补贴等支农措施的运行,不利于农民权益保障。农民金融发展权保障法立足于农民主体地位,通过农民金融发展权保障来促进城乡金融资源均衡配置、农村金融内生型发展,为农民参与金融活动、公平获取金融资源提供稳定的制度保障。农民金融发展权保障法作为农村金融领域的基本法,解决了农村金融发展动力、发展途径等一系列问题,对于推动农民从经济收入提高到自身全面发展具有重要意义。

(二)从法律层面引导农村金融法律制度体系

民富国强是国家自古以来追求的目标,法治首先关注的是生存问题,随着社会的进步,法治对社会各群体的发展方式以及发展效率越来越重视。发展权既是一种人权,也是公民享有的一项法定权利。[1]

---

[1] 联合国大会于1986年12月4日第41/128号决议通过的《发展权利宣言》第1条表明:"发展权利是一项不可剥夺的人权,由于这种权利,每个人和所有各国人民均有权参与、促进并享受经济、社会、文化和政治发展,在这种发展中,所有人权和基本自由都能获得充分实现。"

仅仅解决局部问题的法律法规难以支撑起农民金融发展权的权利体系，通过综合性立法形成法律框架才能有效保障农民金融发展权的实现。我国目前尚没有全国人大制定的农村金融法律，农民金融发展权保障法作为一部国家法律，属于各类农村金融行政法规、部门规章、地方性法规等的上位法。由于农民金融发展权保障法效力较高，其能够指导、规范农村金融领域的市场运行、监管等具体规则。农民金融发展权保障法对散见于各地方性法规、规章之中的碎片化制度规范进行整合，可以有效避免或遏制部门规章、地方性法规等对农民金融发展权的制度性侵害，从而有效保护农民金融发展权。另外，农村金融虽然具备金融的一般特征，但其与农村经济的发展状况相互呼应，形成了区别于"城市金融"的特性。随着农业产业化发展，农村金融需求扩展至保险、基金、债券等多元领域，但是，农村金融工具结构、创新能力、业务种类等均较为落后。农民权利的实现从根本上影响着农村金融机构的发展模式、农村金融市场体系的运行规范、农村金融监管制度的监管主体及方式等。农业弱质性、农村整体发展落后等因素导致农民的权利弱势地位，农民金融发展权保障法以对农民的赋权和权利保障为主要内容，通过对农村金融主体权利义务的规范，引导农村金融法律制度体系全面提升。

（三）从法律层面引导农村金融资源配置

在国家经济发展初期，一般由自上而下的金融供给引导金融发展方向，当经济发展趋于成熟时，则转化为金融需求引导金融发展方向。当前，我国农业的产业化发展和规模化经营不仅需要大量的资金支持，而且，融资需求也从生产环节延伸到销售、运输等各个环节，但是，我国农村金融供给量仍然不足。中国农业发展银行仅对国家重大农业生产建设项目提供政策性融资服务,金融资源供给对象相对有限,中国农业银行较高的服务门槛以及严格的审批手续使其业务范围事实上主要以城市为主;中国邮政储蓄银行多存少贷导致农村金融资源大量流失;农村信用合作社在转型改制中金融支农职能客观上被淡化,难以满足农民金融需求。

据统计,截至2018年年末,我国农村地区银行网点数量12.66万个,平均1.31个/万人,同期城市银行网点的数量达到22.86万个,平均6.72个/万人。❶农村金融供给主体因逐利而压缩网点建设,农村金融供给出现了地区供需失衡问题。与农村金融资源供给总量不足及金融供给主体支农功能弱化相对应的是金融支农的权利义务缺乏法律的明确规定。农村金融供需平衡需要实现金融资源的分配正义,但是,通过增加金融供给总量或新增农村金融机构及其网点的方式并不一定能够匹配农村金融需求,历史原因及金融活动的客观规律造成了农村金融资源向城市流失。

国家优先发展农业农村的乡村振兴战略正是对这一资源配置倾斜的调整,宏观战略的实施离不开具体制度的支撑,一方面,国家运用财政补贴、税收等财税手段及差别化存款准备金率、再贷款、再贴现等货币政策工具引导农业结构调整、农业产业融合、农村金融风险防控等。另一方面,国家通过法律制度赋予并保护农民金融发展权,通过促进农民发展来带动农业、农村发展,将农民作为资源配置的枢纽,通过农民的金融活动及生产活动实现金融与实体经济的融合,通过金融手段来促进农业技术进步、土地规模经营和农

---

❶ 国家统计局. 中华人民共和国2018年国民经济和社会发展统计公报［R/OL］.（2019-02-28）［2023-03-07］. http://www.gov.cn/xinwen/2019-02/28/content_5369270.htm.

业经营组织优化等乡村振兴目标。农民金融发展权保障法对于农村金融较强的地域性、多样性和层次性等特征给予了充分回应，通过基本立法与配套制度结合的模式引导农村金融资源配置。

二、农民金融发展权保障法采用保障型法律模式

立法模式应当与经济社会发展条件相适应，我国现阶段农村金融法律体系尚不完善，各地农村由于资源禀赋、地理位置等差异导致农民金融发展权的实现状况各不相同。农民金融发展权的实现离不开国家的倾斜性扶持，通过农民金融发展权保障法的实施对农民金融发展权进行确认、保障、救济等，是农民金融发展权从应然权利转化为实然权利的必要途径。

（一）农民金融发展权保障法的利益调整机制

维护农民个体利益应当服从于国家利益、集体利益，在保证社会发展整体效益和多数农民权益基础上进行合理平衡和深度协调，完善立体化的权益保护体系。农民金融发展权保障法是基于我国农村发展实际状况对农村金融市场主体的权利义务进行倾斜性配置的法律规范。在我国改革开放初期，市场经济需要以稳定的社会结构为基础，农村金融法制大多体现为管理型、强制型法律规范。随着社会治理理念的转变，仅仅依靠管理型法律规范已经不能满足社会发展需要，国家应根据社会经济结构矛盾对特定社会群体通过专门立法进行权利保障，例如，《中华人民共和国未成年人保护法》《中华人民共和国妇女权益保障法》等。管理型法律多采用惩罚、禁止等责任条款，是一种事后治理的法律机制。管理型法律中的政府职能侧重于维持社会秩序、监管经济活动等，

而保障型法律更强调政府职能的服务性，注重倾斜性扶持的利益调整机制。农民金融发展权通过特定价值体系引导权利义务的倾斜性配置，农民金融发展权保障法通过对农民赋权实现农村金融活动中的利益调整，是一种事前引导的法律机制。我国农业法设置了"农民权利保护"的章节，但未能涵盖农民金融发展权的基本类型。农民金融发展权的实现应遵循倾斜保护原则，制定专门的农民金融发展权保障法明确农民金融发展权的赋权、实施、救济制度，明确农民在农村金融发展中的权利、义务和责任，从而使农民金融发展权实现有法可依。

（二）农民金融发展权保障法的权利救济机制

农民金融发展权的实现过程中不可避免地会产生利益冲突、权利被侵害等情形，只有农民具有充分的权利救济途径，农民金融发展权才能真正成为促进农民参与农村金融活动的有效支持。农民金融发展权保障法通过建立农村金融信息公开制度、加强农村金融监管的民主参与及决策公开机制等畅通农民表达意愿的渠道，依法保障农民合理有序在农村金融活动中实现各项利益诉求。通过政府管理主体制度、村委会主体制度的完善来构建更为合理的经济主体法律制度，强化县、乡政府及村委会等主体在维护农民权益方面的责任。从权利救济的各种途径来看，农民金融发展权保障法通过建立农村金融的风险评估、信息反馈、应急处置等程序，避免农民权利受到侵犯。同时，农民金融发展权的实现离不开相关诉讼程序的保障。我国司法领域对侵害农民土地承包经营权、侵害集体经济组织成员权益等行为均可进行相应诉讼，农民金融发展权保障法应当完善权利的具体可实施内容，为司法诉讼提供充分的法律依据。当农民权利受到侵害时能够运用农民金融发展权的法律依据保护自己，司法机关根据农民金融发展权保障法等实体法律内容处理当事人之间的权利义务纠纷，从而减轻各类侵权行为对农民金融发展权的损害。

（三）农民金融发展权保障法将农民金融发展权的实现融入社会治理机制

农民是我国人口的大多数，乡村振兴是我国的重要发展战略。由于农民利益的保障是农村社会和谐稳定的基础，因此，要充分发挥农民主体地位，使其在自我服务和自我管理中实现各项权利。改革开放初期，政府职能主要定位于以经济建设为中心，随着经济逐渐发展，我国主要社会矛盾转化为"人民日益增长的美好生活需要和不平衡不充分的发展之间的矛盾"。人民的物质文化需求伴随着个体权利的彰显，社会治理不是单纯的管理与被管理、禁止与被禁止关系，而是建立在协商与合作基础上。农民金融发展权保障法将政府职能更多的定位为提供社会服务，政府应当加强农村金融基础设施建设，促进金融资源在城乡之间均衡配置，实现社会资源分配的公平正义。同时，保障农民金融发展权意味着对公权力的监督与制约。如果对农民权利重视不足，国家的支农惠农扶持政策实施中很容易出现各种贪污腐败、滥用权力的情况，因此，社会治理应当以人民群众的利益和公共意志为出发点，从立法上明确农村各级行政部门的权力界限。社会治理是农民权利实现的重要途径，为了遏制权力寻租现象，应当通过法律制度建立对行政权力的监督和制约机制，规范政府进行行政许可、确认、征收、处罚等职责，在社会治理中实现农民金融发展权的延伸。

（四）农民金融发展权保障法对农民权利意识的培育机制

马克思主义哲学认为对事物的发展变化起决定作用的是内因，外因是起辅助作用的条件。农民是农村金融活动的主体，农民自身的权利意识则是农民发挥主体性的内因。农民金融发展权的实现与农民维护自身权利的能力密不可分，现代化农业生产条件下的农民不再是仅仅依靠简单劳动从事农业生产，而是需要具备相应的法制观念、市场观念和职业技能。很多农民由于对自身发展缺乏信心，参与金融活动的积极性不高，缺乏发展的内生动力。❶农民金融发展权确立了农民的权利主体地位，但是，农民的主体意识、权利意识及对自身权利的信心并非立法能赋予，需要通过宣传教育使农民了解农民金融发展权的内涵并积极行使权利。农村金融机构为从长远机制培养金融交易客户，应当积极延伸其金融服务范围，其中，对各类客户或潜在客户进行宣传、培训是金融服务的一项内容，农民金融发展权法律制度对金融机构延伸金融服务功能提出了具体要求。金融活动具有较高的风险性，金融机构为农民提供法律宣传及法律援助等服务有利于增强农民参与金融活动的信心，使农民通过合法途径维护自身相关权利，维持正常有序的农村金融市场秩序。农民金融发展权将农民的发展与农村金融、农村经济的发展相结合，因此，金融机构应延伸金融服务功能对农民开展各类技术培训，培养农民契约意识、风险意识等市场经济观念，引导农民积极主动参与市场竞争。

---

❶ 毛安然，杨发祥. 深度贫困地区金融扶贫的政策设计与实践悖论［J］. 甘肃社会科学，2018（5）：142.

三、基于农民金融发展权保障法完善农村金融法制体系

农民金融发展权的实现建立在社会现实状况的基础上，立足于解决农业、农村、农民发展的主要矛盾和关键问题，但农民金融发展权制度设计不能仅限于解决"阶段性问题"，还应着眼于农民的长远利益及农村金融发展的整体战略，结合法律、法规与地方性规范构建多层次的农民金融发展权法制体系，逐步推进农民金融发展权内容的不断丰富。

（一）农民金融发展权保障法与《乡村振兴促进法》的内在统一

国家发展战略实施与具体法律制度保障往往具有密切联系，因此，农村法制建设应当与农村发展战略及相关政策协调。我国于2021年颁布了《乡村振兴促进法》，其根据乡村振兴战略的总体要求和目标，确立了农村经济社会发展的总体性制度规范。《乡村振兴促进法》总则部分明确了"坚持农业农村优先发展""坚持农民主体地位，充分尊重农民意愿，保障农民民主权利和其他合法权益，调动农民的积极性、主动性、创造性，维护农民根本利益"等原则。《乡村振兴促进法》的第63~66条集中阐述了农村金融的发展路径，主要包括：扶持农村金融担保、健全多层次的农村金融资本市场、促进农村普惠金融发展、建设多层次农业保险体系以扩大农业保险覆盖面。《乡村振兴促进法》在具体制度中规定：建立健全有利于农民收入稳定增长的机制；保障成员从集体经营收入中获得收益分配的权利；完善农村基层群众自治制度；健全村民委员会民主决策机制和村务公开制度；实现农村基本公

共服务均等化;支持农民专业合作社与农民建立紧密型利益联结机制等。《乡村振兴促进法》以保障农民利益为出发点和立足点,促使农民成为乡村振兴的参与者、支持者和受益者。国家的优惠鼓励措施是一种外部促进力量,农村发展更需要农民自身的内在动力,而农民金融发展权保障法从赋权、保障、激励等角度促进了农民在农村金融活动中的主体地位,有利于从根本上保障农村金融的长期健康稳定发展。《乡村振兴促进法》是对乡村振兴战略实施政策的总结及法制提升,与农民金融发展权保障法在发展目标及原则方面高度契合,能够与农民金融发展权保障法协调统一,协同发挥作用。

(二)农民金融发展权保障法与地方性实施细则结合

法治社会中,社会弱势群体能够在法制保障下拥有掌握自己命运的机会。❶国家立法与各地实施细则相结合能有效激励地方政府积极进行制度探索,从而更好落实国家法律,并推动建立国家机关及其公职人员向社会、公民负责的制度机制,进而提升地方国家机关服务社会、服务公民的能力。❷在中央与地方权责明晰的基础上,农民金融发展权保障法与地方性实施细则结合,更能适应农村金融发展的层次性与多元性。各级地方政府在不违背宪法、法律的情况下探索符合本地实际情况的制度,在国家法制框架下推进农民金融发展权保障是适应我国农村金融发展地域差距特征

---

❶ 葛洪义. 多中心时代的"地方"与法治[J]. 法律科学, 2016(5): 33.

❷ 葛洪义. 中心与边缘: 地方法制及其意义[J]. 学术研究, 2011(4): 33.

的一种法制模式。❶根据我国立法法,省级人大可根据本地情况制定地方性法规,设区的市人大可以对城乡建设与管理等事项制定地方性法规。❷金融监管部门通过"国发"、部门规章等行政授权的方式授予地方政府及地方金融监管部门一定的金融监管权,对农村民间金融制定具体管理规定。地方政府有权对农村的民间集资行为实施日常监管并对非法集资实施行政处罚等,实现民间金融监管与风险处置的有机结合。省级政府对小额贷款公司、农村资金互助社等拥有监管权,实践中,重庆、浙江等地出台了地方性法规、政府规章或规范性文件确立地方政府对农村金融监管的具体规范。❸我国目前主要以地方性规范性文件对农村金融监管进行具体规范,但中央与地方金融监管权责分配、农村金融监管机构的权责及职权配置等属于金融领域的基本制度,不应以地方性法规或地方政府规章的形式确认。随着法制建设不断深入,农村金融基本制度应当由法律或行政法规确认。农民金融发展权保障法与地方性实施细则结合既有利于保障农民权益,也是农村金融法制建设客观规律的体现。

(三)鼓励农村金融法制地方性探索

农村金融地方性立法符合本地实际特征,能够平稳、有效、

---

❶ 根据《中华人民共和国立法法》第8条第9款规定,金融领域的基本制度只能制定法律,在法律尚未作出规定的情况下,全国人民代表大会及其常务委员会有权授权国务院以行政法规的形式对其中的部分事项先行规定。

❷ 《中华人民共和国立法法》第72条、第73条规定,地方性法规授权只能为执行法律、行政法规已经规定的授权事项作出细化授权或者是依据法定授权对自己所管辖范围内的事项进行具体性授权。

❸ 地方性管理规范主要有《重庆市小贷公司试点管理暂行办法》《浙江省小贷公司日常监管暂行办法》《浙江省P2P网贷平台业务活动管理实施办法》等。

迅速推进农村金融发展，因此，农村金融内生型发展要充分考虑地方性经验，通过各地农村进行金融创新探索并在实践中检验实效，最终形成科学成熟的法制建议并反映到农村金融立法中。2011年开始，我国先后建立58个农村改革试验区，积极探索农村金融制度、农村产权制度等改革，通过农村地方性改革试点创新来形成地方性法制经验。国务院于2015年提出普惠金融发展规划后，全国先后设立了河南省兰考县、福建省宁德市、福建省龙岩市、浙江省宁波市等金融改革试验区。农村金融地方改革较有影响力的方案见表6-1。

表6-1 我国近年来较有影响力的农村金融地方改革方案

时间	方案	内容
2015年	《吉林省农村金融综合改革试验方案》	12个方面57项政策措施，包括用足货币政策，完善监管体系，深化普惠金融改革，加大涉农信贷投放；推动标准化金融服务站铺设，健全省市县三级物权服务，加快农村新型融资服务体系建设；普及"三农"风险管理工具，搭建股权交易涉农板块，强化资本市场服务"三农"功能；提高农业巨灾保险应急救助能力，加大涉农保险创新研发力度，推进农业保险提标扩面增品；拓宽农村资源抵质押物范围，开展涉农产业链融资，创新农村信贷服务产品及模式；加大贫困地区信贷投入，精准对接脱贫攻坚多元需求，提高金融精准扶贫力度；加大金融"村村通"工程建设，普及支付工具，完善农村基础金融设施；建设线上线下一体化平台，助推涉农企业并购重组，推动金融与项目互动等方面

续表

时间	方案	内容
2015年	《河南省推进中原经济区农村金融改革试验区建设实施方案（2015—2020年）》	通过在试验区实施农村金融改革，率先建立"统一开放、主体多元、竞争有序、风险可控"的现代农村金融体系；2015—2020年涉农贷款年均增速高于各项贷款平均增速；县级农信社全部改制为农村商业银行，在商业可持续和有效控制风险的前提下，稳步扩大村镇银行县域覆盖面；全省统一的农村产权交易流转市场基本建成；涉农直接融资比重大幅提升，涉农期货品种不断增加，保险覆盖范围持续扩大，抵押担保难问题有效缓解；农户信用信息实现全省互联互通，农村支付服务供给扩大，农村金融生态环境进一步优化
2020年	《江西省赣州市、吉安市普惠金融改革试验区总体方案》	健全多层次多元化普惠金融体系、创新发展数字普惠金融、强化对乡村振兴和小微企业的金融支持、加强风险管理和金融生态环境建设5个方面21项任务措施，力争用3年左右时间，在试验区基本建成与高质量发展要求相匹配的普惠金融服务体系、激励相容的政策体系、持续优化的金融基础设施
2020年	《山东省临沂市普惠金融服务乡村振兴改革试验区总体方案》	推动农村金融服务下沉、完善县域抵押担保体系、拓宽涉农企业直接融资渠道、提升农村保险综合保障水平、加强乡村振兴重点领域金融支持和优化农村金融生态环境等7个方面26项任务措施，通过3年左右努力，打造普惠金融支持乡村振兴齐鲁样板的沂蒙高地

从表6-1可以看出，各金融试验区的改革主要集中于农村土地权利抵押担保、农业保险、农村金融机构等方面，农村金融发展资本市场融资、农业债券及期货等金融衍生品改革的步调并不一致，这也反映出我国各地农村发展差异较大，各地农业自然条件及资源禀赋均不相同，因此，农村金融发展更强调地方化差异。农民金融发展权制度是中国特色社会主义法治建设的制度创新，

通过鼓励农村金融地方性试验来探索中国的农村金融发展规律，为农民金融发展权保障法的制定提供充分实践经验是一项科学的制度发展路径。

（四）完善农民金融发展权保障法与农村金融法制的整合

农民金融发展权保障法顺应农业、农村、农民发展要求和城乡关系变化趋势，有利于促进城乡要素有序流动、资源均衡配置。正确的制度设计可以提高政府行为质量，弥补金融市场失灵，降低金融体系系统性风险的概率。❶ 金融活动的复杂多变及金融产品创新性要求金融法制具有一定的前瞻性和包容性，通过各种经济制度来影响生产、引导资金流向以有效克服市场机制的缺陷，促进农民优势资源实现资源配置效率的帕累托改进，更好实现农民金融发展权。农村金融法律制度包括市场主体权益保护法、机构组织法、市场体系建设法、金融监管法等，农民金融发展权保障法通过明确农民金融发展权的内涵、外延，并通过制度保障来实现农民金融发展权与农村金融的相互促进。我国农村地理条件、资源环境、经济发展、文化传统等存在较大差异，东部沿海地区农村交通发达，经济增长迅速，东部沿海发达地区的农村建立起相对成熟的农机、畜牧、水产等产业群。而部分地理位置偏远、生态环境资源贫瘠、公共服务供给不足、市场发育不成熟的农村，与现代农业发展的市场经济尚不具有自洽性。随着市场要素流动加速一体化，这些资源禀赋和发展基础差异，导致了区域之间、群体之间更大的发展不平衡和分化。因此，对于区域之间的发展

---

❶ 王曙光. 农村金融学［M］. 2版. 北京：北京大学出版社，2015：28-29.

差距应当加强地方立法，通过地方立法发挥作用。例如，广西先后出台了《金融服务乡村振兴的实施意见》《创新农村基础设施投融资体制机制的实施意见》《促进小农户和现代农业发展有机衔接的若干措施》等。农民金融发展权保障法属于国家立法，各级立法机构制定的农村金融法律制度应当符合农民金融发展权保障法的基本原则。农民金融发展权保障法作为农村金融基本法，通过协调农村金融立法，充分发挥农民金融发展权保障法统筹协调农村金融法制的作用，维护农民的合法权益。

综上，生产力水平始终是制约法制建设的根本力量，特定历史条件决定农民金融发展权保障法更适于采用概括性或原则性规定，形成以农民金融发展权保障法为核心，地方性法规及行政规章为基础的农民金融发展权法制体系。农村金融法制建设应充分发挥农民金融发展权保障法的指引功能与地方立法补充、完善、细化的功能，根据农村金融发展的基本利益逻辑及利益分配机制明确国家、农村金融机构、农民之间的权利义务关系。农民金融发展权保障法通过促进农业、农村、农民的整体发展，解决我国城乡二元经济结构下农村金融发展不平衡问题，实现农民金融发展与农村经济发展的整体目标。

第三节　农民金融发展权保障法的框架建构

金融资源具有社会公共产品性质，农民金融发展权作为一种具有经济法属性的权利，注重国家干预对金融资源配置的影响。农民金融发展权的实现及农村金融发展是乡村振兴的重要组成部分，农民金融发展权保障法从制度设计角度设定了相应的国家扶持义务,并规定了具体制度规范。通过国家扶持的制度化、规范化从长效机制来培养农民自力更生、自我发展的能力。

一、农民金融发展权保障法的基本原则

农民金融发展权保障法通过均衡配置国家、金融机构、农民之间权利义务来实现农民金融发展权与农村金融整体发展的协调统一,对农村金融法制体系中各项法规、规章和规范性文件有重要的指导意义。

(一)促进农民金融发展权应当坚持农民的主体地位

在马克思主义关于"人的全面自由发展"理论基础上,坚持为人民服务的"人民主体论"、以人民为基础的"人民创造论"、满足人民需求的"人民幸福论"既是发展中国特色社会主义的价值目标,也是解决和回答当代中国发展问题的理论内核。农民既是农民金融发展权的主体,也是农村金融活动的参与主体。农民金融发展权通过关注金融资源分配公平问题,不断缩小城乡差距、贫富差距,让所有社会成员都享有平等的发展机会,能够与社会共同发展进步。农民的生产活动是产生金融需求的根源,对金融资源的需求决定着农村金融的发展特征。农民大多以家庭为生产单位,对农村金融资源的利益表达较为分散,因此,农民金融发展权赋予农民通过参与决策、监督等途径集中有效地表达金融需求,有利于保障农民获取金融资源的实质公平。我国现有金融法律体系以城市为主导而忽视了农村金融的特殊性,农民金融发展权保障法立足于农民金融需求,促进城乡要素平等交换和公共资源均衡配置,为农村金融发展提供系统的制度保障。农民金融发

展权保障法确立了农民在农村金融活动中的主体地位及金融发展利益，使农民成为农村金融发展的内在动力，而不是被动接受者。农民不仅是农村金融服务的需求者，更是农村金融事业建设者，农民参与金融活动既是农民金融发展权的重要特征，又是农民基本人权的体现，因此，保障农民金融发展权应当立足于"人民本位"的出发点，建立相应法律制度确立和保障农民的金融活动主体地位，妥善协调农村金融市场的多元利益诉求。

（二）促进农民金融发展权应当尊重市场规律

市场机制是农村金融资源配置的核心，市场驱动力量与国家宏观调控有机结合是促进农村金融市场主体利益均衡以及制度协同的重要保障。农村金融法制建设应当充分尊重市场规律，农民金融发展权制度的核心在于把握好市场和政府的关系，国家对农民金融发展权的保障机制应当减少直接采用无偿投入资金、普遍实行信贷补贴等方式，注重加强农村金融市场公共服务、农村金融风险治理、农民金融知识培训等途径。从金融与经济相互促进的内在关系出发，农民对土地使用权、农村集体经济组织财产享有明晰产权，是农村生产要素市场化交易的前提，也是农村金融与农业生产深度结合的重要途径。农村金融机构在适度竞争基础上为农村金融市场持续提供覆盖全面、服务高效的金融服务，将金融产品以可承受成本提供给农民群体，是实现农民金融发展权的现实基础。为了激发社会主体扩大对农村金融资源供给，应注重发挥市场机制作用，促进金融服务多元化提供。农村金融服务在资源供给不足的情况下更强调实质公平、国家保障等福利性质，但是在农业补贴理论的影响下，传统农村金融发展模式是国家通过财政支持来弥补市场失灵缺陷，国家提供大量农业补贴带来了财政负担沉重及资金效率低下等弊端，难以实现可持续发展。根据不完全市场竞争理论，政府定位为提供社会公共资源服务主体，国家的主要功能在于规范农村金融市场秩序；破除影响金融资源合理配置的体制机制性障碍；培育农村金融发展的市场环境等。农民金融发展权并非对其他市场主体权利的剥夺，而是通过对农民的倾斜性保护促使农民发挥主体作用，解决农村金融供需结构矛盾及发展动力不足等问题，从而实现农村金融的高质量发展。农民金融发展权制度通过明确政府对农村金融市场的服务、监管等职责，弱化农村金融对行政管理、政策指导的依赖，通过市场规律与国家调控的有机结合，促进农业、农村、农民协调发展。

（三）促进农民金融发展权应当注重统筹发展

社会中的每一位公民都有平等获得发展机会的权利，单纯依靠市场机制，经济弱势群体难以获得经济增长的重要资本支持。城乡二元经济结构背景下，农村金融发展滞后严重制约了乡村振兴战略的实施，农民发展相对落后问题影响着社会秩序稳定，从实质正义的角度提出农民金融发展权是破解农村金融发展困境的重要突破点。社会化大生产是农业生产的发展趋势，金融资源引导各类生产要素配置，通过法制协调各类市场主体的利益博弈，在整体发展观的价值追求下促进农业、农村、农民的可持续发展。依法确立国家对农民金融发展权的保障义务并不意味着排斥农村金融机构、农村金融中介组织等社会主体对农民金融发展权的促进作用。为了实现国家与社会共同促进农民金融发展权的局面，应当依法明确不同主体对促进农村金融发展的功能，统筹实现农民增收、农业进步、农村社会持续稳定发展。农民参与金融活动往往受地域范围限制，而政府承担的服务和激励职能包括为农业生产提供信息服务，加强宏观调控，构建完善的农业保险体系、提供政策性金融支持，各类农村金融服务组织通过专业评估、担保、中介等功能帮助农民进行资产流转、获取交易信息，促进农民克服地域限制，在更大的市场范围内进行交易活动。行业协会、农业科技协会等各类农村社会组织在政府与市场主体之间沟通信息，促进农民、农村金融机构、国家的良性协调互动。法制激励主要包括在制度上赋予市场主体自治权和参与权，使农民拥有真正的话语权；通过公共投资建立吸引多元主体积极参与农村金融的激励和约束机制；完善农村金融监管制度以促进农村经济社会发展的均衡性和协调性。

（四）促进农民金融发展权应当从政府主导转向多元主体共同参与

"善治的本质特征是政府与公民对公共事务的合作管理。"[1]农民是农村金融市场的基本主体，农村及农业经济生产发展中需要有农民的积极参与和支持。如果农民主体意识得不到提升，不能充分表达自己的意见和建议，实践中很容易出现金融制度偏离农民意愿、忽视农民权益的情况。现代社会治理模式强调公民、社会组织等主体的意志通过协商方式融入公共决策之中，公共权力的行使从"主体→客体"模式向"主体←→主体"模式转变。面对社会关系复杂化和利益诉求多元化，综合发挥乡镇基层政府、乡村社会组织及村民代表等多元主体作用，形成多方参与、合作共治的治理模式。鼓励社会组织承担社会公共服务事务，同时，

---

[1] 俞可平. 论国家治理现代化[M]. 北京：社会科学文献出版社，2014：19.

整合各类治理主体的资源、能力和意见,提高治理的科学性、包容性,更大范围兼顾各类社会主体的利益诉求。尊重市场经济主体的意志,将公民、社会组织的利益诉求通过协商的方式融入公共决策之中,有利于形成协商共识基础上的社会治理,实现社会和谐发展。农民金融发展权理论强调农民的主体地位,认为农村金融发展是合作共治的关系,农村金融法制的形成与执行应通过多元主体之间的协商进行。良法善治追求的是一种和谐的秩序,多元主体共同制定规则有利于保障社会各类主体的利益,在共治和共享的基础上促进经济和社会的良性循环。农民金融发展权制度通过完善信息公开机制、农民意见的反馈机制等保障农民表达金融需求的权利,实现社会多元主体共同参与农村金融法制决策。

二、农民金融发展权的激励促进机制

随着社会经济发展,农村金融活动规模不断扩大,金融交易也日趋复杂,需要相应的制度或规则保证各个金融活动交易主体的利益、降低交易成本以及减少不同利益主体之间的矛盾冲突。

(一)农民金融发展权激励行政机关提高财政资金使用效率

社会主义市场经济保障各类市场主体能够开展自由、充分、有效的竞争,以充分发挥市场机制的作用。政府与市场的边界划分在于政府享有哪些权力,市场主体享有哪些权利。政府"放权"并对市场主体扩权,才能使市场主体有更大的经济活力,以此促进经济与社会的良性运行和协调发展。为了更好保障农民金融发展权,国家财政扶持应当鼓励农业企业、农村经济合作组织带动农民发展现代规模化农业,并建立相应的考核及激励机制。各级政府应坚持市场化方式发展农村经济,合理引导资金、技术和政策服务广大农民,鼓励农民入股新型农业经营主体,支持农民发展农业产业链金融,对农民的土地承包经营权入股实行合理的分配机制。农民金融发展权保障法通过整合政府、社会、农业企业、农村金融机构等多方资源,推动技术、资本等生产要素优化配置。农民金融发展权保障法通过具体制度完善财政支农与金融支农的良性互动关系,引导社会资源支持农民发展,从而实现财政资金使用效率最大化。

(二)农民金融发展权激励金融监管机构优化监管规则

金融监管机构与被监管者之间激励兼容,农民金融发展权激励金融监管机构设计更优的金融监管规则,提高农村金融活动效率。一方面,金融监管应当体现保障农民权益的价值目标,农村金融监管机构应当合理界定监管职能并规范监管行为、设置符合农村金融体系特征及农民金融需求的金融监管指标、设计完整和明晰的金融活动规则,使农村金融监管在法治轨道上运行。另一方面,市场主体实现其目标的行为极大依赖于相关金融信息。金融监管信息公开是农民获取金融信息并参与金融活动、表达金融需求的必要前提,因此,金融监管机构应完善信息披露制度和提高金融监管透明度。农村金融监管机构合理界定信息公开范围、制定信息披露规则,可以降低农村金融监管机构、农村金融机构、农民之间的信息不对称,提供公共金融信息使被监管者对自身行为后果有较为明确的预期。

（三）农民金融发展权激励农业经营主体科学发展

农业产业结构由传统小农经济向专业化农业生产转变离不开金融资金的支持，靠农业积累及农民投资能力很难满足现代农业的资金需求，因此，金融资源与规模化生产的现代农业相伴相生。发展并非仅谋求经济增长，而是要激励相容以促进经济与社会的良性运行和协调发展。现代经济体系是一个复杂系统，只有将法律制度内嵌于经济活动中，将法治贯穿现代化经济体系建设中，使其成为"内生力量"，才能有效降低制度性交易成本，提升各类主体分配能力和发展能力，从而更好解决发展不平衡问题。农民金融发展权通过金融资源促进生产发展的重要途径在于提升农民组织化程度，通过金融筹资来吸引更多社会资本投资农业。要实现现代化规模经营农业，必须培育新型经营主体和建立相应的配套制度。从农业生产主体来看，应当鼓励行业协会、农业企业、农业专业合作社通过设立风险资金、为农户提供信贷担保等形式与农民形成资源合作关系，让农民更多分享农业收益。从农业经营合作方式来看，农民把土地承包经营权及劳动力进行量化入股，通过农业经营主体每年派息分红，有利于调动农民的生产积极性。完善农民对集体资产股份的占有、收益、有偿退出等制度，有利于推动农民与新型农业经营主体建立利益联结机制。从农业经营管理来看，应当完善农民土地承包经营权流转的风险防范制度，从而维护农民权益。从农业经营的服务保障来看，应当健全农业社会化服务体系、落实对新型农业经营主体的信贷及保险等金融支持体系，提高农民自我发展能力。

(四)农民金融发展权激励农民提升农业生产效率

美国经济学家诺斯指出:制度构造了人们在政治、社会或经济方面发生交换的激励结构……它完全类似于一个竞争性的运动队中的激励规则。❶农民金融发展权制度鼓励金融资本投资农业项目,鼓励农民借助金融资源开展适度规模经营。市场化和专业化是金融促进农业农村优先发展的必由之路,坚持有偿性、流动性、安全性原则,才能更好引导金融资源优化配置,服务社会高质量发展。如果农村金融法律制度不健全,农民的长期利益难以得到保障,其往往会牺牲长期利益以追求短期利益。农民利益保障的核心在于产权制度,在产权不明晰的情况下,利益激励机制难以有效发挥作用,而产权的清晰界定会使农民的个人积极性得到充分发挥,从而提高资本和劳动力的使用效率。产权制度有多种实现形式,如"土地流转+优先雇用+社会保障""农民入股+保底收益+按股分红"等方式,有利于完善农业经营中资本、劳动力、土地等资源参与利润分配的机制。农民金融发展权制度强调农民作为市场主体的平等地位,引导农民依法通过股份制、合作制等形式行使产权,通过增强农民在农村集体经济组织利益分配中的参与权及话语权,创新收益分享模式,促进农民个体利益与农村集体经济组织集体利益的激励兼容。

---

❶ 道格拉斯·诺斯. 制度、制度变迁与经济绩效[M]. 杭行,译. 上海:格致出版社,上海三联书店,上海人民出版社,2008:4-5.

三、农民金融发展权的具体保障机制

权利的实现永远不能超过社会经济结构的制约,法律和制度文本意义上的平等权利受到社会现实条件的种种制约。因此,推动农民金融发展权实现必须坚持倾斜性保护,使农民获得实质意义上的平等权利。

(一)农民金融发展权实施评估机制

为了解决农村金融发展需求和供给不平衡矛盾,加快形成农民金融发展权与经济社会良性协调发展,农村金融立法应当把建立农民金融发展权实施评估制度作为落实农民金融发展权促进职能的重要手段。借鉴美国《社区再投资法》,各级政府及金融监管部门应当对农村金融机构保障农民金融发展权的状况建立相应的评估机制,在对农村金融机构进行各类行政审批及监管时根据评估结果给予相应的正面激励,并根据评估结果制定、完善相关农村金融制度。农民金融发展权益改善状况是衡量政府履行农村金融发展保障职责的重要参考,也是衡量各类农村金融机构履行支农职责的重要依据,因此,将农民金融发展权实施评估机制与农村金融监管相互衔接,将会有效激励各类农村金融机构履行促进农民金融发展权的积极性,同时,也为社会公众参与监督和评价农村金融机构履行服务农业、农村、农民金融需求的职责提供了参照标准。因此,农民金融发展权保障法规定国家应当建立农民金融发展权实施评估机制,通过科学有效的客观评价指标激励各类农村金融机构积极履行职责保障农民金融发展权。

（二）健全农村金融协作治理机制

基于农村金融的地域性、多样性和层次性，各级政府对农村金融进行宏观调控和管理应当做好职责分配，确保各部门能够分工明确、协调一致，但是，现行法律缺乏对地方政府与金融监管部门、农民专业协会等组织之间有效联动、相互支持配合的规定，在非法集资、民间高利贷等农村金融风险事件应对过程中未能充分发挥协调作用。市场监管、农村金融监管等相关部门的协作关系不明确，限制着农村民间金融健康发展，不利于农民进行合作金融、农业产业链金融等内生金融模式创新。现代社会中，政府的主要职能是公共服务和社会管理，因此，应通过健全政府责任的运行机制，加强各部门之间的工作联系和合作，充分动员广泛的社会治理力量共同参与到农村金融风险防控，为农村发展营造良好环境、提供优质公共服务、维护社会公平正义。❶针对农村金融服务供给不足问题，农村金融机构发挥资金、技术、风险管理优势，农村基层组织发挥信息、组织、行政资源优势，通过优势对接和整合将农村基层治理、农村民生服务、农村金融服务有机融合。农村基层组织通过农民信用信息与乡村治理深度融合，缓解农村金融信息不对称的问题，优化农村信用环境。农民金融发展权保障法规定地方金融监管部门、发展改革委员会、财政部门等建立协作治理机制，将农村地区的金融监管与社会综合治理有机结合，通过社会多元力量的参与有效配置农村金融资源。

---

❶ 梁岩妍，张媛. 我国贫困农民发展权法律保障现状成因及策略重构——以精准扶贫实地调研为进路［J］. 汉江学术，2020（3）：93.

(三)建立对侵害农民金融发展权的责任追究机制

农民金融发展权保障法作为农村金融基本法,应当确立政府、金融机构等促进农民金融发展权的义务,推进责任机制构建,明确对侵犯农民金融发展权的纠纷解决方式、解决程序、解决机构等,切实保障农民金融发展权不受侵犯。农村金融法制不仅具有保障农民权利的功能,还承担着维护农村经济社会秩序的重要职责。农民金融发展权内容的复合性、农村金融风险因素的复杂性、农村金融周期的延展性,从本质上要求不断强化政府责任机制,不仅要明确各级政府保障农民金融发展权的具体责任,还应当建立完善的责任考核制度和机制,落实各级政府保障农民金融发展权益的法定职责和相应责任。农民金融发展权保障法通过建立具有针对性的约谈机制,规定行政部门促进农民金融发展权的具体工作职责,上级人民政府定期对相关负责人进行协调沟通,了解其关于农民金融发展权促进工作的实际进展,对于不履行职责的政府部门工作人员进行责任约谈,并要求政府相关部门和主要负责人整改工作,提高政府各部门促进农民金融发展权落实的责任性和积极性。

第七章

农民金融发展权的配套制度

市场经济是法治经济,要求国家在尊重市场经济主体权利的基础上通过法律制度对资源配置进行调控,从而提高金融交易效率。我国一直以来的农村金融法律制度均是国家自上而下的强制性制度变迁,法学家达维德提出,在时代发展中,法律不仅用于建立和约束社会秩序,还必须充分利用法律手段来推动社会改造。❶农民金融发展权法律制度以宪法确立并保障的公民基本权利为基础,建立以宪法为基础、法律为框架、各类法规规范为辅助的法制体系实现权利保障。

第一节 国家财政对农民金融发展权的扶持机制

农业信贷补贴理论的局限性及其在实践中的低效率充分表明,国家直接提供信贷补贴来发展农村金融,不仅无法从根本上解决农民的贫困问题,反而易导致农民将农业贷款视为无偿援助而拒

---

❶ 勒内·达维德. 当代主要法律体系[M]. 漆竹生,译. 上海: 上海译文出版社,1984:12.

绝偿还，同时还对农村金融机构开展商业性金融业务造成一定干扰。国家对农村金融的扶持应当尊重市场规律，将国家与农民之间建立在农民"身份"基础上的无偿分配关系转化为建立在社会"契约"基础上的市场交易法律关系。金融支农供给与需求结构见图7-1。

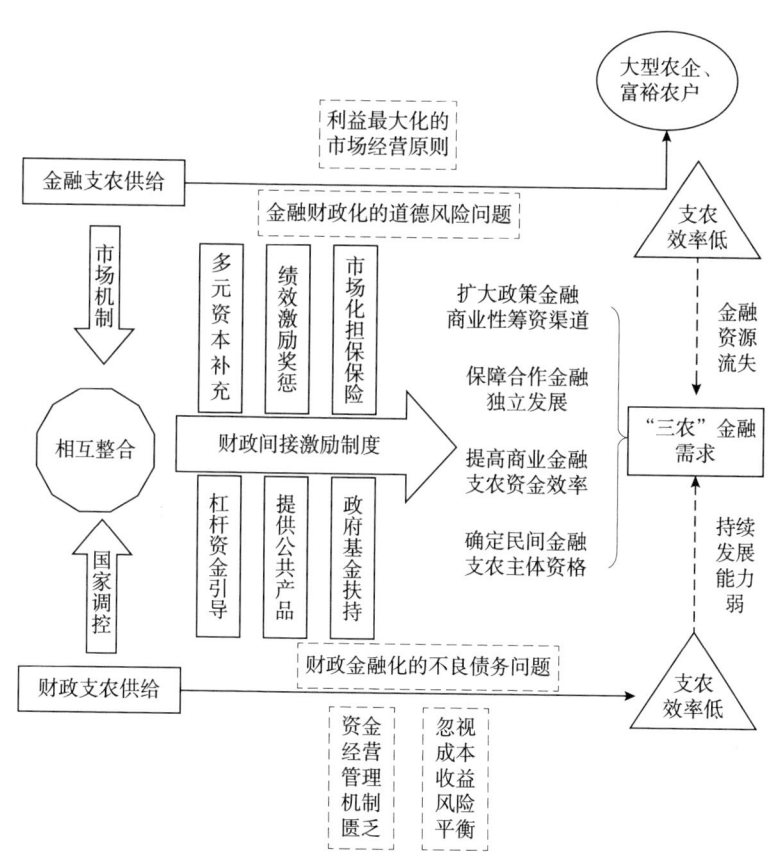

图7-1 金融支农供给与需求结构

从图7-1可以看出,财政间接激励各类金融机构支农符合"三农"金融需求,是提高金融支农效率的有效途径。国家财政扶持农村金融优先发展机制,为农民金融发展权保障奠定坚实基础。

一、财政间接激励对市场失灵的制度矫正

单纯依靠市场机制无法将资金留在农村,因此,必须依靠国家干预来激励金融机构开展支农业务,通过经济手段抑制农村信贷资金外流,使支农资金服务农村经济社会发展。

(一)农民金融发展权制度中财政支农的成本约束机制

财政激励是对市场主体的利益诱导,而非行政强制。作为一种影响金融机构行为选择的外部条件,财政激励的运行过程应当尊重金融机构选择交易对象、交易内容和交易方式的独立自主权。❶从提供补贴、资本投入、税收优惠等直接支持转为优化金融运行环境、提供担保等间接激励,更符合市场化原则,更有助于建立财政与金融之间良性互动关系,提高支农资金使用效率。国家以无偿补贴、财政补助、奖励等方式直接支农缺乏成本约束,容易导致资金挪用、闲置等风险,造成财政支出规模大但使用效率低的弊端。财政间接激励通过制定科学合理的财政调控制度及灵活运用财政投资、财政信贷等措施,借助农村金融机构成熟的管理方式运作支农资金,从而提高财政资金对支农惠农的效率。❷

---

❶ 陈治. 财政激励、金融支农与法制化:基于财政与农村金融互动的视角[J]. 当代财经,2010(10):25-33.

❷ 彭克强,陈池波. 财政支农与金融支农整合论[J]. 中州学刊,2008(1):78-82.

（二）农民金融发展权制度中财政支农的收益激励机制

农村金融市场信用体系建设落后、信用基础设施严重短缺、农业生产要素抵押制度不成熟，信息的不对称导致金融机构的信息采集成本及风险控制成本较高。支农贷款高成本、高风险与低收益的特征不符合商业金融追求利润最大化的商业目标及安全性要求，导致农村金融机构的涉农贷款比重较低、农村金融业务逐渐收缩。财政间接激励金融支农可以借助金融特有的信用中介功能，通过前期资金投入及政策优惠、配套服务措施激励金融机构向农业、农村投入资金，并形成吸引社会资本向农业、农村、农民投资的示范效应，拓宽农村金融融资渠道，放大财政支农效应。[1] 财政通过资金引导其他资源对农业领域投入的"杠杆效应"能较好地吸引配套项目建设单位自筹资金的配合和跟进，有效引导资源再分配，激励金融机构向农业、农村、农民提供信贷支持。[2] 农民金融发展权制度有利于完善财政支农资金整合机制，发挥涉农资金统筹整合的主体作用和规模合力效应。财政资金通过政府购买服务、担保贴息、以奖代补、风险补偿等措施发挥引导和杠杆作用，通过以奖代补、贴息、担保等方式引导民间资本投入农村现代农业、生态修复、人居环境整治、农村基础设施建设等，从而形成财政优先保障、金融重点倾斜、社会积极参与的多元投入格局。

---

[1] 张晓彩，张贵益，沈军，赵蕾. 金融支农资金与财政支农资金整合研究[J]. 农村金融研究，2012（11）：57-61.

[2] 彭克强. 财政与金融支农整合的理论架构与方略[J]. 社会科学，2008（12）：46-54.

（三）农民金融发展权制度中财政支农的风险分散机制

农村金融收益来源于农业经济收益，农业的天然弱质性决定了农村金融收益率较低，农业生产自然灾害风险和经济风险的双重风险导致农村金融的高风险性。财政金融化将财政风险转移到金融机构，并不能实现资本风险的最终化解。农村金融机构由于对财政补贴、财政救助的路径依赖，没有建立起完善的涉农贷款风险治理机制，影响了金融支农业务的可持续发展。农业保险是分散、转移风险的重要途径，国外发达国家的农业保险涵盖农产品的生产、运输、销售等多个环节，有效降低了自然风险和市场风险对农民收入的影响。我国财政支农对农业保险缺乏充分重视，完全依靠市场机制很难实现农业保险的广泛覆盖，农民金融发展权制度提倡在财政配套制度中嵌入农业保险，通过多种协作方式对农业保险提供财政资金扶持，有效丰富了财政支农的功能。另外，我国农村信用担保方式单一，政府未能设立相应的基金会、公益性担保组织等对农业贷款提供信用担保。为了维护农民金融发展权，国家应提供财政资金支持发展农村信用担保体系、农业保险体系、农民征信体系等，通过风险分担、转移、补偿等多种渠道充分分散金融支农风险，既提高农村金融机构盈利水平，也有利于增强金融支农效率。❶

---

❶ 徐洪强. 财政支持农村金融发展的功能定位及路径选择［D］. 北京：财政部财政科学研究所，2010.

二、财政支农资金的运行约束制度

"以行政命令为主的农村金融调控政策导致农村金融机构事实上成为地方财政融资工具,无法提供高效的农村金融供给"。❶ 法律制度的稳定性、强制性、权威性,能从根本上克服经济社会中的资源配置不当。法律制度通过明确行为主体的权利、义务及责任,可促使市场主体对国家宏观调控行为及财政扶持方向产生合理的预期。

(一)建立财政支农资金补贴评级制度

由于农业生产的高风险性和农村金融的公共产品特征,农村金融体系的建立和正常运行离不开政府的扶持,但是,我国至今尚未有法律制度明确规定农村金融补贴的认定依据、相关标准等运行规范。部分地方政府出台了规范财政支农资金补贴的地方性政策,例如,海南省支持农村信用社改革发展的若干意见、河南省财政厅对财政贴息管理的具体规范等,但是,大多数地方政府并未建立财政支农资金补贴评级制度,从而导致农村金融补贴的不确定性与短期性。涉农业务加重了金融机构经营风险与负担,政府对农村金融进行补贴虽然能直接弥补其利润损失,但通过行政措施提供补贴具有不确定性,因此,需要统一化与规范化的农村金融评级补偿制度,全面提升农村金融补贴的规范性和系统性。我国可以美国社区金融评级制度的相关规定为借鉴,根据农村金

---

❶ 孙彩虹,秦秀红. 浅析发达国家农村金融法制建设及对我国的启示 [J]. 农业经济,2014(6):37.

融机构开展涉农服务的业务量确定等级,并按照等级给予补偿。农村金融评级补偿制度有利于合理利用国家农业补贴,充分重视金融机构为农业产业化、规模化提供服务的比率,最大限度地促进农民金融发展权实现。

(二)建立财政支农资金的基金运作机制

农民金融发展权的实现离不开有效的财政激励机制、开放的市场环境及良好的金融信贷机制。财政支农不能仅考量社会价值追求,也不能仅以成本收益的经济分析为评价标准,而应尽量扩大社会价值与经济价值的互补性,缩小社会价值与经济价值的矛盾冲突,实现支农效率与社会利益的平衡。例如,经济发展需求与环境资源有限性的矛盾引发农村环境污染、生态系统退化等问题,地方政府通过基金运作机制建立健全财政资金和社会资本合作机制,有利于引导和鼓励社会资本、社会组织参与农村基础设施建设。我国农村金融市场发展尚不完善,必要的财政激励有利于促进农村金融机构公益性支农业务与营利性的商业金融业务平衡发展。财政部《关于财政资金注资政府投资基金支持产业发展的指导意见》提出以财政资金为基础建立投资基金、担保基金、补偿基金等方式来引导金融资本支农。财政资金分级建立农村基础设施建设投资基金,分级发行一般债券和基础设施建设项目集合债券,有利于缓解农村基础设施建设资金不足问题。国家通过建立财政支农资金的基金运作机制促进资金、技术和市场相融合;通过多元化投资优化支农基金内部治理结构,形成出资方合理制衡,促进农村产业协同发展的局面。

（三）建立财政支农资金的动态监控机制

财政间接激励金融支农必须坚持财政扶持与市场运作相结合。如果财政功能缺位会导致农村金融体系缺乏必要扶持，农村财政公共产品提供不足，农村金融机构在成本、收益、风险的权衡下脱离农村经济，从而加剧农村金融资源流失。财政功能越位则会降低信贷资金使用效率，不利于金融机构自我发展及风险控制，阻碍市场机制发挥资源配置作用。财政资金间接激励的效果体现于一系列复杂的经济运行过程，建立财政支农资金动态监控机制才能准确把握财政资金的运行绩效，从而不断优化财政间接激励的适用方式及功能定位。为了提高财政支农资金的使用效率，应当确立财政支农资金的监控内容、职责分工、预警信息处理、监控数据管理等制度规范，并推进监控工作的常态化、规范化。各级政府通过监控财政支农资金分配、支付及资金绩效等环节，对支农资金指标、支付、绩效等信息数据共享，实现财政支农资金运行过程中即时核查、风险预警、联审联签、责任追溯等功能。

三、财政支农引导农村金融机构服务农民金融需求

农民金融发展权的实现有利于发挥农民在经济活动中的能力和作用，提升资源配置效率。农村金融发展需要立足于农业资金支持体系，研究如何整合金融与财政手段以提高支农资金配置效率。

（一）拓宽农村金融机构的筹资渠道

农业生产只有超越简单再生产才能实现农村经济提质增效，农民和农业经济组织对于资金的需求量、需求时间等各不相同，

政府财政支持难以完全符合需求。由于政府投入和农民积累都不能有效解决农村社会的资金需求，只有发展市场化融资渠道才能有效解决农业生产和农村社会的发展问题。在乡村振兴战略背景下，国家提出农业农村优先发展的方针，但是，农村金融机构的支农效果却并不理想。我国农村金融体系包括商业性金融、合作性金融、政策性金融、民间金融等多元主体，不同性质的金融机构具有不同的法律地位和功能负担，形成了多元化的支农路径和目标诉求。财政资金应当融入多元化的金融支农主体，通过金融市场主体的公平竞争以实现资源合理配置。财政资金通过信用担保可以有效拓宽农村金融机构的资金筹措渠道：通过适当增信提升农村金融机构整体的信用水平；允许农村金融机构发行由财政部担保的农业金融债券；通过农业发展银行与农村信用合作社等农村金融机构的再贷款合作，促使农村金融资源服务于农业、农村、农民的金融需求。

（二）在农村金融机构发展初期提供财政资金支持

从国外发展经验来看，德国从自发建立合作组织过渡到合作银行的商业化运作，在政府监管的同时，金融行业自律的作用较为突出。美国的模式是建立初期政府直接控股参与管理，在合作社运行成熟时适时退出，并最终成为监管者。合作金融支农应当通过法律将政府参与农信社管理的制度固定下来，让市场有连续和稳定的行为预期，并完善相应的监管制度，使农信社在稳定经营目标的市场环境下独立发展。国家对农村金融机构的支持大多体现在设立初期的投入，随着农村金融机构逐渐发展壮大，政府财政资金应当逐渐退出，让农村金融机构实现独立经营的市场化发展道路。否则，政府始终提供财政资金支持将在一定程度上导致农村金融机构对财政的路径依赖，形成金融贷款盲目投向政府建设项目，政府不良债务恶性膨胀的农村金融财政化。农村金融财政化导致资源配置不能通过价值规律的波动实现自发平衡，扭曲了市场竞争的激励机制，因此，财政资金对农村金融机构的扶持仅仅是设立初期的阶段性支持，农村金融机构的可持续性发展从根本上要依靠市场经营的营利机制。

（三）财政资金支农与农村金融机构的功能互补

农村金融供给与需求相互依存、相互影响，财政资金支农与农村金融机构提供金融产品及服务均是农村金融供给的途径，但两者的侧重点各不相同，财政资金支农主要用于改善农村金融基础设施、帮助农民脱贫等，而农村金融机构以市场化运行为原则，通过发展普惠金融、特性化产品等服务农民的多层次金融需求。农民金融发展权制度产生于市场和政府双重失灵的背景下，其立足于实质公平价值理念，通过对经济主体的细化分类，强调对弱势经济主体的倾斜性保护。财政资金支农与农村金融机构的功能互补是提供充足的农业生产资本，优化农村金融供需结构的关键。国家对财政资金支农与农村金融机构的功能互补极为重视，例如，2019 年中央一号文件提出建立金融机构服务"三农"的激励约束机制等措施促进金融支农市场化。❶ 财政资金支农应当突破其资金运行封闭性，结合农村政策性金融机构的宏观调控功能、农村合作性金融机构的普惠服务功能、农村商业金融的资金聚集功能、农村民间金融的补充调剂功能，通过科学的资金运作模式以提高支农效率。

---

❶ 董峻，于文静，等. 确保如期完成"三农"硬任务的总部署：透视 2019 年中央一号文件四大信号 [J]. 经济，2019（3）：12.

第二节 从农村金融供给角度提高农村金融机构支农效率

一个国家的金融结构体系在某种程度上是国家权力与市场力量的动态博弈,我国农村金融体系由内生金融和外生金融组成,总体上具有主体多元、功能交叉等特征。具体而言,我国的农村金融体系,见图7-2。

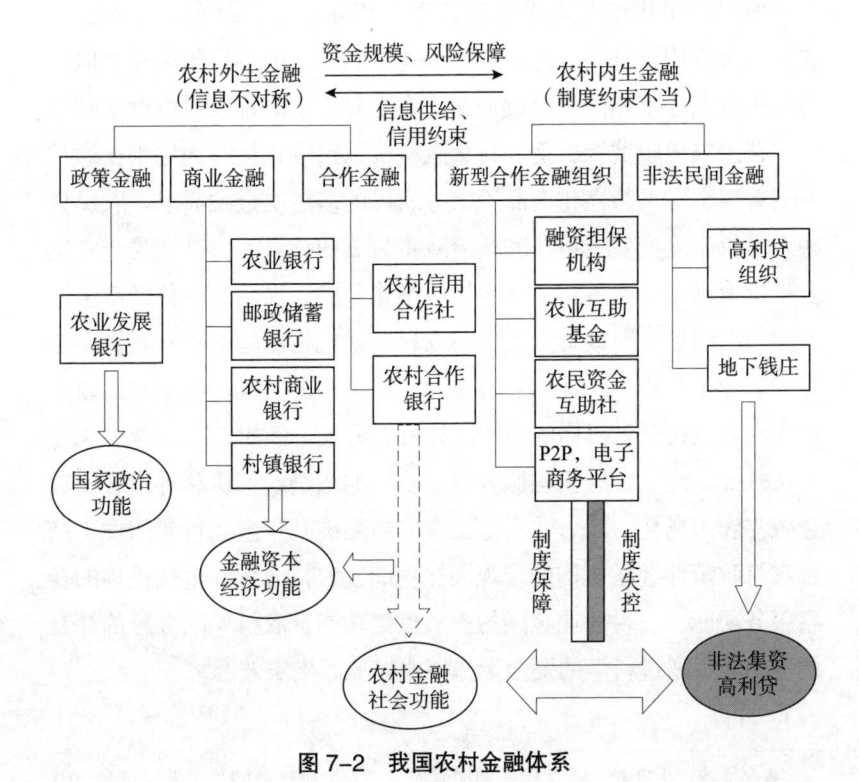

图7-2 我国农村金融体系

从图 7-2 可见，我国农村金融体系是由各类金融机构发挥不同功能，相互依存又相互竞争的系统。基于市场外生角度的静态均衡分析，忽视了农村金融市场的内在属性与内生发展动力，难以解释我国农村金融发展困境。农民金融发展权保障法立足于促进农村金融内生发展动力，通过规范各类农村金融机构服务农业、农村、农民金融需求的义务及相应机制，激励农村金融机构从供给角度加强农村金融产品与服务的质量，不断扩展农村金融服务的深度和广度，切实保障农民获得金融资源，从而促进农民金融发展权实现。

一、提高农村政策性金融机构的支农效率

农村政策性金融机构是公共金融资源的主要提供者，其对于满足农村金融基础需求及实现国家宏观调控战略具有不可替代的作用。宪法确立公平发展权的基础上，发挥法制对农村政策性金融机构的规制作用，构建治理有效、运作高效的政策性金融法律规范体系，有利于通过公共金融支撑和驱动作用来保障农民公平获得基础性金融资源。

（一）促进农村政策性金融机构资金来源多元化

农村金融需求往往具有投资大、周期长、风险高、回报低的特点，单纯依靠财政投资难以满足农村金融需求，需要政策性金融机构提供低息、长期资金支持。中国农业发展银行是在政府财政支持下向社会提供公共产品的政策性金融企业，其资金来源主要由财政支农资金、央行贷款、企事业单位存款等构成。增强农村政策性金融机构的资金供给有利于保障农民获得公共金融资源

的权利，中国农业发展银行应积极通过市场运作方式吸引社会资金投入。借鉴日本农林渔业金融公库的多元化筹资方式，通过发行债券、公民养老金管理等方式来筹集资金，通过资金来源多元化、社会化和市场化，确保农业财政资金及时准确服务农民金融需求，这样能够有效减轻国家财政压力，同时也能够有效地将社会闲散资金充分利用起来。农村政策性金融机构通过与农村信用合作社、邮政储蓄银行进行再贷款合作等方式，还能够有效地促进双方发展，为农业生产和农业经济发展提供更大范围的资金支持，也有利于实现农业经济调控目标。我国农村金融法制对中国农业发展银行的经营方式、法律性质、业务范围等各方面缺乏明确规范，应尽快通过立法明确中国农业发展银行的商业性资金来源的补充体系，促进中国农业发展银行的健康发展。❶

（二）降低农村政策性金融机构融资成本

农民需要依靠农村政策性金融机构来获得比市场利率水平低的信贷资金，以此来扩大农业生产规模、增强市场竞争力。有效降低农村政策性金融机构融资成本不仅能够确保农业发展资金来源的稳定性，还有利于扩大农村金融领域支农贷款的规模，从而提升农业生产的市场竞争力，为农村金融发展创造一个相对和谐和稳定的生态环境。借鉴德国复兴信贷银行的融资模式，我国应当以国家信用和政府担保来增强农村政策性金融机构融资能力，促进农村政策性金融机构形成自我发展良性机制，确保农村政策性金融机构具有稳定的低成本资金来源，使其在留足自身合理利

---

❶ 孙彩虹，秦秀红. 浅析发达国家农村金融法制建设及对我国的启示［J］. 农业经济，2014（6）：37.

润空间之后，依然可以向农业、农村、农民领域提供低于市场利率的优惠贷款。另外，农村政策性金融机构向社会发行债券是其获取低成本资金的重要途径，国家对农村政策性金融机构增强授信，可以有效降低其资金筹集成本。为了以法律形式来促进政府担保农村政策性金融机构获得较低的融资成本，立法应当明确规定，由政府对农村政策性金融机构的信用提供背书，保证农村政策性金融机构发行的债券具有较强的流通性和安全性，从而为农村金融发展提供相对稳定和低成本的资金来源。

（三）完善农村政策性金融机构服务模式

据统计，中国农业发展银行2013年的不良贷款率为0.71%，2017年的不良贷款率为0.81%，上涨了十个百分点，而2013年的不良贷款拨备覆盖率为446%，2017年的不良贷款拨备覆盖率下降至394%。[1] 与日本农林渔业金融公库相比较来看，我国农业发展银行提供的产品主要面向企业或金融机构，导致中国农业发展银行的整体规模无法有效的扩大，而且，中国农业发展银行与农村商业金融、合作金融的功能协作机制未能有效建立。对此，应当以农民金融发展需求为向导，构建多元金融主体的业务合作与互补关系。首先，农业发展银行在部分非核心业务引入和委托第三方市场主体参与，充分利用商业性金融良好的运营能力及金融网点多、产品模式成熟等优势，从而有效地提升我国农村政策性金融机构的资金运作效率并降低业务成本，更好地为农民提供金融服务。其次，农村金融基础设施建设客观上需要国家财政支持，

---

[1] 中国农业发展银行. 中国农业发展银行2017年年度报告［EB/OL］.［2020-05-28］. http://www.adbc.com.cn/.

农村政策性金融嵌入商业性金融运营模式发展农村金融基础设施，通过金融机构的企业运营机制能有效提升财政资金配置效率。最后，"政策性金融＋商业性金融"的合作框架借助国家信用"隐形担保"能够引导商业性金融以更大的规模进行投资，利用这一方式来实现金融资源配置的虹吸效应，为农村金融发展奠定坚实的基础。

（四）强化农村政策性金融机构支农功能

国家宏观调控对于农业生产和发展具有重要的调节性作用，因此，在农业生产和发展过程当中，需要充分的运用国家宏观调控机制来为农村经济发展引入更多的资金和资源。农村政策性金融机构在业务发展中要严格遵守国家的相关法律法规，在国家限定业务范围之内进行经营和生产，向农村提供直接或间接金融资源，满足农业、农村、农民的金融需求。农村政策性金融机构通过提供农业发展的初始启动资金、优惠政策支持等培育农村金融市场，金融支农资金的"引导—虹吸—扩张"机制能够广泛吸引社会投资，有效解决农村金融资源供给不足的问题。农村政策性金融机构提供的公共金融产品是服务农民最基本的金融资源，农村政策性金融机构通过提升金融服务水平，最终支持农民增收、农村经济发展和乡村振兴战略实现。农村金融是具有正外部性的公共产品，农村政策性金融机构应当全面保障农民的金融权益，将农业经济发展作为一项基本的社会责任。农民金融发展权保障法明确规定农村政策性金融机构应当通过提供农业贷款、开发普惠金融产品等形式扶持农民金融发展。

二、保障农民在农村合作金融组织的合法权益

农村合作金融是建立在平等互助、自愿参与及非营利性等原则上的经济组织，成员可以通过资金互助合作达到内源性融资的目的，同时，也可凭借该组织的声誉作为担保获得外源性金融资源。依法全面保护农民的权益有利于农民个体利益与集体利益的整合，提高资源配置效率及整体经济运行效率。

（一）股东财产权独立于集体产权

资金互助是农民获得金融资源的有效途径，也是农民参与金融活动的重要方式。合作金融与集体金融具有本质区别，集体金融中，农民个人成为集体金融组织中的劳动者，丧失了独立的市场主体地位和金融主体地位。农村合作金融与集体金融的区别见表7-1。

表 7-1　合作金融与集体金融的区别

	合作金融	集体金融
设立宗旨	弱势融资群体农民为了实现资金互助和信用联合而组建的金融组织形式或资金融通方式	为了保证某一集体组织对社会资金资源的控制与支配而采取的金融组织形式
产权制度	合作金融以承认社员的个人财产所有权为前提，社员享有股本分红、惠顾返款、退社时返还股本的权利	不承认集体组织中的个人享有独立的产权，产权属于全体成员所有，成员在退出集体组织时丧失了自己在组织中所拥有的那部分财产所有权
组织结构	农民自愿组建，自下而上控股	自上而下的行政控制

续表

	合作金融	集体金融
管理制度	民主管理	成员在集体金融中没有决策权和管理权
分配方式	按劳分配和按交易量返还相结合的分配方式,既实现互助合作又杜绝平均主义	集体积累主要用于增强集体组织抵御风险的能力

从表7-1可以看出,我国农村合作金融组织的产权在现实中异化为以国家、地方政府为主的集体产权,产权主体错位现象严重。农村信用合作是建立在社员相互合作关系的基础上,主要目的是为社员提供更优质的服务和帮助,通过追求农民群体的利益来间接实现社会公共利益。农村信用合作社增资扩股过程中大多没有对社员进行分红付息,造成农村信用合作社资产积累的产权主体不清,名义上归"集体"所有,然而,因为分散的社员个体对农村合作金融组织的集体产权难以掌控,在股权分红派息等利益分配中权益往往容易受到侵害。农民金融发展权制度应当明确农村信用合作社的独立市场经营主体地位,保障其不受行政机关的不当干预,保障社员在农村信用合作社的各项金融发展权得以实现。产权结构与治理结构之间存在密切联系,并对公司的决策机制和监督机制产生直接影响。农村信用合作社因为组织结构不完善、政府强制干预以及产权不明确等问题而偏离了合作金融"互助合作"的基本属性,对农民的金融服务供给明显弱化。农民金融发展权制度应当明确农村合作金融组织与社员、股东之间的权责利关系,厘清农村合作金融组织与政府、外部监管力量之间的关系,规范农民社员出资、国家扶持资金、企业入股、政府补贴等各类资本的产权保护,激发不同产权主体的积极性和活力,

促进农村合作金融获得更多的社会闲置资金。农村合作金融发展需要依靠国家提供制度规范、政策扶持、风险监管等,因此,应当充分发挥国家宏观调控、风险监管等作用,通过制约公权力及保障私权利来推进农民金融发展权实现。

(二)健全农村新型金融合作组织内部制度

农村新型金融合作组织的资金主要由原始股金、经营积累资金、社会投资、政府扶持资金等组成,但是,由于产权主体模糊、缺乏理事会和监事会等组织制度、社员缺乏明确的权利行使机制等,往往导致农村新型金融合作组织产生收益分配混乱、社员合法权益缺乏保障等问题。因此,我国农民金融发展权制度应当明确农村新型金融合作组织的股权流转制度、组织规则、民主决策规则等,从而确立农民在农村新型金融合作组织中的主体地位,增强对农民权利的保障。通过股权流转制度使农民可以处置和转让个人股份,推动股权流转交易公开、公正、规范运行。通过健全与完善成员代表大会、董事会、理事会等组织规则,有利于提高管理效率、防止管理权力被滥用。通过规范农村新型金融合作组织的民主决策规则,有利于农民表达利益诉求,对农村新型金融合作组织的运行发挥主导作用。

(三)落实社员对合作金融组织的监督权

农村合作金融组织以社员互助为基本宗旨,社员对农村金融合作组织的经营管理进行监督是农民在金融活动中主体地位的重要表现,也是对社员利益的制度保障。在农村资金互助合作社中,社员有权利知道社员大会举办的时间、地点、年度报告、决策以及会议内容等。当农村合作金融组织有重大事项时,组织管理人员需要及时把相关情况告知给社员，让社员能够更好地进行客观评价、理性反馈并提出科学建议，实现对合作组织高效管理。社员拥有查阅组织章程和组织会计报表等权利，发挥出社员对管理层的约束作用。当农村合作金融组织的社员大会、理事会违反合作规则造成对社员的权益损害，社员有权要求罢免违规行为的相关责任人员，也可以向人民法院申请撤销相关决议。农村合作金融组织具有一定的封闭性和人合性特征，为了确保农村合作金融组织资本稳定性，降低金融合作组织的资金流动性风险，需要明确规定社员退社条件和程序，从而既保障农村合作金融组织的稳定运营，防止农民大规模退股，又充分尊重农民自愿参与农村金融合作活动的意愿。

（四）保障农民的融资合作权

农村合作金融既是农村经济发展的客观需要，也是完善农村金融体系的重要途径。为了确保社员从农村合作金融组织获得优惠、便捷的金融服务，农民金融发展权保障法确立了农村合作金融组织服务社员的宗旨，要求农村合作金融组织发放贷款应当坚持普惠、分散的运行模式，农村合作金融组织的章程应当规定信贷总额中社员贷款的最低比例、对社员个人贷款最高额限制等。同时，农民金融发展权保障法规定农村金融合作组织的章程应当严格限制组织中的理事、监事及高级管理人员的贷款额度，从而保障农村合作金融组织更好满足农民分散化、多样化的资金互助需求。农村合作金融是农民获得金融服务、参与金融活动的主要途径，农村合作金融应该大力推进涉农信贷的发展，对农业产业信贷提供更多的信贷优惠，创新抵押担保形式，鼓励农村合作金融与合作经济组织相互合作，创新"公司+农民""信用社+农业产业链"等金融模式，从制度建设、管理体制等方面完善治理机制,开发更多适应农民需求的金融产品和服务。

三、促进农村商业金融机构发展普惠金融

农村商业金融机构虽然追求利润最大化,但长期利润最大化的价值显然高于短期利润最大化,面向农业、农村、农民发展普惠金融是农村商业金融机构实现长远发展的重要基础,因此,农村商业金融机构应该全面落实惠农政策,开发更多适应农民金融需求的金融产品与服务。

(一)农村商业金融机构支农责任法定化

农村金融供给不足问题严重制约着农民金融发展权的实现,为了克服农村商业金融机构片面追逐短期利益、局部利益的局限性,应将农村商业金融机构支农责任上升为法律义务。为了促使农村商业金融机构为服务农民金融需求发挥正外部效应,一方面,农民金融发展权保障法通过制定相对统一的农村金融服务标准,避免农村金融机构在金融服务中采取差异化标准,损害农民平等获取金融服务的权利。另一方面,农民金融发展权保障法对农村商业金融机构发展普惠金融义务制定具体制度,建立对农村商业金融机构履行支农任务情况的评价体系。由于财务效益指标只能反映出农村普惠金融业务的结果,难以体现其经营过程及经营的社会效果,可以采用客观评价与主观评价相结合的办法,将金融机构服务所在村镇以及完成涉农普惠金融业务的情况进行公示,并走访调查农村金融机构所在村镇的农民评价意见,以此综合判断农村金融机构开展普惠金融的情况。农村金融机构申请获取国家扶持时,监管部门应当考核其支农业务、普惠金融业务开展情

况,并据此决定是否给予其相关优惠待遇。此外,农村商业金融机构应每年公布支农、惠农贷款及金融服务情况,接受社会监督及金融监管部门对其支农责任的考核。

(二)发展农村微型金融机构

现代社会中,农民拥有一定金融资源才能有机会参与经济发展,从而实现城乡经济协调发展和社会共同富裕。由于金融业对信用信息的收集和处理都会产生大量成本,为了降低交易成本,商业金融模式趋向于发展大额信贷业务。农民金融需求具有分散性、季节性、微利性等特征,往往受到大型商业金融机构的排斥。微型金融机构以开发个性化金融服务为主,经营方式灵活,对贷款对象并没有固定的要求,能够较好适应农民的金融需求。美国金融系统中资产在5亿美元以下的中小银行约为银行资产的94%,而我国大型银行占银行总资产的80%以上,为农民提供金融服务的村镇银行、农村资金互助社等微型金融机构数量远远不足。❶因此,国家应当大力发展农村微型金融机构,发挥其经营方式灵活的优势。农村微型金融机构运营规模小、地域分布广,与我国农民居住分散的状况相适应,通过微型金融机构提供金融服务是促进我国农民金融发展权实现的重要途径。

(三)促进农村普惠金融的可持续发展

近年来,由于我国农村商业性金融机构缺少发展农村市场业务的积极性,农村金融服务网点和金融产品较为匮乏,农村信贷供给增长缓慢,难以满足农民金融需求。普惠金融主要关注金融服务覆

---

❶ 根据《村镇银行管理暂行规定》第2条规定,村镇银行是专门设立在农村地区为农村和农业服务的银行业金融机构,其定位为地区性金融机构。

盖面、薄弱领域金融可得性、金融服务效率等问题。我国农村经济发展相对落后，难以有效利用金融资源和金融市场。普惠金融公平提供方便及时、高质量、价格合理、可持续的金融服务，有利于解决农民融资难、融资贵问题。经济权利的配置深刻影响着融资成本及金融利益分配，人人皆有权参与和分享金融发展的过程和成果。农村商业金融机构开展支农业务应注重提高金融资源配置效率及增进社会福利。农村商业金融机构提供普惠金融服务建立在相关市场机制及法律制度环境的基础上，其并非提供无偿援助的慈善活动，而是以商业化原则来运营的微利经营模式，因此，应当以收益覆盖成本，实现金融机构的可持续发展。普惠金融模式不是对农民的单纯资金供给，还需要提供相应的金融知识指导、农产品交易信息交流、农业产供销协调等配套服务，通过对农民生产能力、自我发展能力的培养来提高金融贷款的偿还效率。借鉴孟加拉国的乡村银行制度，我国农村普惠金融应实行可覆盖成本的灵活利率，以微利经营模式保障农村金融机构的可持续性发展。农村普惠金融的制度保障有利于其科学、规范发展，从而为农民提供便捷、高效的金融服务，促进农民金融发展权实现。

四、规范农村内生金融发展模式

内生金融是我国农村金融发展的重要动力，农村内生金融具有扩大融资覆盖面、保障要素收入的公平性、增加农村补充性金融投入等功能。农村内生金融由于规模小、经营方式灵活，其经营中农民参与度较高，通过农民金融发展权制度为农村内生金融的规范发展提供制度保障，有利于优化农村金融体系结构，形成农村金融与农村经济相互促进的良性循环。

（一）完善农村内生金融的结构和功能

金融发展对经济增长的促进作用不仅体现在金融资金总量的投入，更重要的是合理的金融结构对生产要素的刺激和引导，如果没有合理的金融体系结构，金融资金投入量的增加并不能必然与农民金融需求及农村经济发展相适应，反而造成金融资金使用效率低下，因此，脱离农村内生金融发展的资金投入很难具有可持续性。我国改革开放初期实行工业优先发展、城市优先发展的国家战略，国家通过农村金融机构吸取农业、农民和农村的经济资源提供工业发展资本，因此，我国农村金融组织结构、金融工具结构、金融体系未能与农民发展需求、农村发展需求紧密结合。由于国有银行的营业网点很少覆盖到偏僻的农村、农村信用合作社逐渐向农村商业银行转型，正规金融机构很难将其经营目标与农村经济发展目标相结合。而农村民间金融由于缺乏规范的引导，始终难以杜绝非法集资、高利贷等非法行为。农民金融发展权制度强调引导农村民间金融，根据农村经济社会实际情况，通过制度保障农民积极发展合作金融、农业产业链金融等金融模式创新，并将农民的金融活动创新与农业生产、农村经济紧密结合，从而解决农村金融的信息不对称、逆向选择等问题。

（二）内生金融与外生金融的互利合作

农民参与金融活动具有规模小、风险高、社会性强、担保能力差等特点，农村内生金融的信息收集成本较低，其较少依靠财产担保，而是通过人际关系及地缘、亲缘关系的信用约束，切合农民生产生活的实际情况，有效实现了低成本运营。银行、农村信用社等外生金融机构具有强大的资金优势，但其经营模式主要反映城市环境下的工商业经营需要,农民从银行获取金融资源往往存在成本高、难度大等"贷款难"问题。农民金融发展权制度以农民金融发展需求为核心,强调农村内生金融与外生金融的互利合作,通过支农惠农制度吸收银行的资金投入与农民合作金融组织的经营运作,将金融资源集中于帮助农民增产增收的优势产业、特色产业,从而从整个产业结构的升级提升促进农业、农村、农民全面发展的乡村振兴目标。大型商业银行的经营模式很难适应农户信息分散、贷款数额小及信用体系缺失等问题,根植于农村经济社会的内生金融组织在风险和成本上具有比较优势,利用农村社会的人际关系约束及生产经济利益约束来实施信贷违约惩罚是降低农村金融市场风险和成本的重要途径。农村内生金融与外生金融的互利合作主要体现在信息共享、风险分担、资金融通等方面。在信息共享方面,由于农村内生金融机构获取的农民信用信息与银行的信用系统互为补充,从而形成立体多层次的农村金融信息体系,有利于减小因信息不对称带来的风险。在风险分担方面,由农村内生金融组织作为农民信用联保的载体,农村内生金融组织的担保不仅有利于降低农民获取贷款的成本,而且有效分担了银行的经营风险。在资金融通方面,农村内生金融组织的资金来源渠道较为狭窄,由于资金规模较小,难以对现代化大规模生产的农业产业提供有力支持,而各类银行在资金规模和融资渠道方面具有较大优势,结合银行的资金优势与农村内生金融组织的基层信贷服务优势,有利于降低农民的金融交易成本。农民金融发展权保障法通过建立外生金融机构与农村内生金融组织相互协作的激励制度,通过股权控制、信贷合作等方式促进二者的有效衔接。

(三)对农村内生金融组织建立制度规范

由于缺乏法律层面的制度规范,村镇银行、农民资金合作社等农村内生金融组织的定位和功能较为模糊,一方面,农村金融监管难以有效防控农村内生金融的宏观风险,另一方面,国家对农村内生金融组织的治理机制空泛,制约着农村金融组织的持续健康发展。农民金融发展权制度通过赋予农民开展农村金融合作的权利,在一定程度上确立了农村内生金融组织的合法地位,为各类行政法规建立农村内生金融组织制度奠定了重要基础。由于农村内生金融组织是服务农民金融需求的微型金融组织,其发展原则在于与当地农业生产、农村经济紧密结合,而不是片面追求发展规模扩大。各级地方政府在合理控制农村内生金融组织规模的基础上,对农村内生金融组织建立合理的风险防控机制及监管制度,从而保证农村内生金融机构的持续、健康发展。在农民金融发展权的制度框架体系下,各级地方政府可以通过制定规范性文件引导农村内生金融组织完善其管理体系和运行规则,保障其健康有序的开展业务。

(四)引导农民依法建立金融合作组织

分散的农民往往缺乏足够的社会资源维护自身权利,而农民以经济生产组织为载体表达金融利益诉求,其话语权及意愿表达权能够对利益分配产生实质性影响。农民金融发展权制度为农民提供的制度保障,为农民依法建立金融合作组织提供了相应法律依据。农民金融合作组织是联系国家、社会与农民个体的重要沟通桥梁,国家一方面通过农民金融发展权制度鼓励农民将相互之间的生产合作、供销合作延伸到信用合作,提高农业生产的组织化程度。另一方面发挥农民金融合作组织对内联结农户和对外联结市场的功能,结合农民金融合作的资金优势和产业优势,促进农村特色优势产业的发展。国家对农民金融发展权的扶持转化到农民金融合作组织中主要体现在以下方面:从国家宏观调控层面为农民金融合作组织提供财政资金投入、税收优惠、行政许可等扶持措施；在社会管理的中观层面通过法律明确农村金融合作组织的法律地位，推动农民金融合作组织在生产、流通、加工等领域加强资金对技术、劳动等生产资源的引导；在农民金融合作组织管理的微观层面，明确农民作为社员的权利和义务，积极引导农民表达利益诉求以维护自身权利。

第三节 完善农民金融发展权的市场服务制度

随着社会经济发展，农村金融需求主体从传统单一的农民信贷需求向新兴农业经营主体、现代农民、涉农企业等多元金融主体转型，农村金融需求结构的日趋复杂对农村金融市场服务提出了更加多元的要求。完备的金融市场服务制度是实现农民金融发展权的基础保障，而农民土地权利抵押担保制度、农村金融风险分担机制、农村金融基础设施建设是实现农村金融市场供求平衡、促进农村金融发展的重要支撑。

一、完善农民土地权利抵押担保制度

土地是农民最重要的资产，农民由于缺乏抵押物而难以获取信贷资源，土地权利抵押担保能够帮助农民通过金融市场而获得贷款，实现土地价值和农民产权权利的提高。由于农民的土地权利流转存在一定的法律限制，农民贷款缺乏抵押物的问题一直难以解决，因此，必须通过法制保障农民利用土地权利实现抵押贷款的途径。农民金融发展权制度通过合理分配权利、义务来解决农民与农

村集体经济组织之间的利益失衡,从而实现资源的优化配置。

(一)农民土地权利抵押担保的制度保障

农民土地权利流转是提高土地资源利用效率的重要途径,也是引导农村经济资源优化配置和合理流动的过程。基于农民土地权利流转中权利义务配置的不平衡,国家必须运用经济法律制度进行激励,确保农民土地权利流转的积极性和有效性。农民土地权利涉及农村承包地、宅基地、集体建设用地这三种不同性质的土地。《中华人民共和国民法典》就农民在集体经济组织中的知情权、决策参与权、权利救济等做出了明确规定。❶《中华人民共和国农村土地承包法》以法律形式规定了农村土地承包经营权流转及担保各方主体的权利义务关系,农村土地承包经营权抵押担保具有法律层面的制度依据,但其具体实施细则仍然需要进一步完善。因此,农村金融法制建设需要以公法调整宅基地权利配给、私法调整宅基地权利流转的原则明确相关法律制度体系。关于如何合理安排宅基地使用权基于身份的无偿原始取得和流转中基于交易的有偿继受取得问题,"三权分置"下的宅基地流转必须保持

---

❶ 《中华人民共和国民法典》第261条规定:"农民集体所有的不动产和动产,属于本集体成员集体所有。下列事项应当依照法定程序经本集体成员决定:(一)土地承包方案以及将土地发包给本集体以外的组织或者个人承包;(二)个别土地承包经营权人之间承包地的调整;(三)土地补偿费等费用的使用、分配办法;(四)集体出资的企业的所有权变动等事项;(五)法律规定的其他事项。"第264条规定:"农村集体经济组织或者村民委员会、村民小组应当依照法律、行政法规以及章程、村规民约向本集体成员公布集体财产的状况。集体成员有权查阅、复制相关资料。"第265条规定:"集体所有的财产受法律保护,禁止任何组织或者个人侵占、哄抢、私分、破坏。农村集体经济组织、村民委员会或者其负责人作出的决定侵害集体成员合法权益的,受侵害的集体成员可以请求人民法院予以撤销。"

宅基地属于集体所有的权属性质不变，保证流转之后宅基地仍然用于居住，不得改变土地用途。同时，需要明确规定宅基地流转中流转形式、流转对象、流转权能等限制。《中华人民共和国土地管理法》对农村集体建设用地流转方式进行了规范，农村集体建设用地可用于出租，也可用于转让。若用于经营性建设，则需要遵循一定的入市流程和管理规范，赋予了农村集体建设用地与国有建设用地同等的权利。农民金融发展权制度一方面对农民的用益物权给予充分的制度保障，另一方面通过落实农民对土地的处置权实现农民土地权利抵押担保的制度保障。

（二）依法确认农民对农村土地权属

农村集体土地承包经营权、宅基地使用权等权利和各项权能均建立在农村土地集体所有权的基础上，农村土地担保权的存在基础是农村土地使用权的可流转性。随着农村经济体制改革的深入，国家鼓励农村土地发挥其融资担保功能，实现农民土地权利的金融功能。农村土地所有权、承包权和使用权分置的土地三权分置制度保障了农民对农村土地承包经营权充分行使权能。农村土地承包经营权入股或采取土地托管等方式发展农业产业化经营，有利于激活农村土地金融，增加农民的股权收益。农民对农村土地权属的权利、责任、利益需要通过完善的法律制度加以保障，理顺农村土地产权与农业经营、农民抵押贷款、农村发展的关系，通过完善农村金融法制使农民的土地权利成为可流转的私法权利，从而实现农民金融发展权追求的价值目标和效果。农村土地所有权依法属于农民集体，这是农村土地权利流转中应当遵循的基本原则。农村土地承包经营权属于用益物权，其在流转中发生权属变动必须要依法登记才能产生法律效力。只有构建明确完善的土地权属确认制度，才能为高效便捷的农村土地流转打下坚实的基础。农村土地权属确认工作要加强外部监督和内部审计，严格审批流程，避免出现土地闲置及多占土地情况的出现，并且，要将与土地相关各项权能的申请登记落到实处，实现权利登记明示制度的推广和落实，保障农民正当权益不受侵害。

（三）确保农民对农村土地流转的处分权

农村土地的使用主体分散这一特征制约着农业规模化经营，农户之间小规模、碎片化的土地出租转让，难以实现现代化的农业规模经营。为了提高土地使用效率，国家发布的一系列政策文件不断明确了国家鼓励农村土地使用权、收益权进行抵押担保的政策导向。[1]《中华人民共和国民法典》明确规定了农村土地经营

---

[1] 中共中央《关于全面深化改革若干重大问题的决定》提出"赋予农民对承包地占有、使用、收益、流转及承包经营权抵押、担保权能"，2008年《关于加快农村金融产品和服务方式创新的意见》[银发（2008）295号]、2010年《关于全面推进农村金融产品和服务方式创新的指导意见》[银发（2010）198号]均提出发展集体林权抵押贷款、土地承包经营权和宅基地使用权抵押贷款、大型农机具抵押贷款等。2013年11月，十八届三中全会《决定》提出：赋予农民对承包地占有、使用、收益、流转及承包经营权抵押、担保权能选择若干试点，慎重稳妥推进农民住房财产权抵押、担保、转让，探索农民增加财产性收入渠道，明确赋予承包地、宅基地融资担保权能……允许集体经营性建设用地实行与国有土地同等入市、同权同价全面赋予农村集体土地融资担保权能。2015年8月国务院下发《国务院关于开展农村承包土地的经营权和农民住房财产权抵押贷款试点的指导意见》，2016年6月银监会、国土资源部联合印发《农村集体经营性建设用地使用权抵押贷款管理暂行办法》，2018年中央一号文件提出"全面完成土地承包经营权确权登记颁证工作……农村承包土地经营权可以依法向金融机构融资担保"，《关于引导农村土地经营权有序流转发展农业适度规模经营的意见》《关于金融服务"三农"发展的若干意见》中分别提出支持土地流转、设立服务"三农"金融租赁公司、建立农业信贷担保体系等要求。

权可以依法采取出租、入股、抵押或者其他方式流转。❶对农民而言，土地权利流转使农民可以从事其他产业获取劳动报酬，又可因转让土地权利获得其他收益，从而大幅提高农民土地权利边际收益。对农村经济发展而言，土地集中使用可以实现农业规模经营，从而吸引更多社会资本投入。完整的土地产权是土地金融发展的基础，但农村集体土地并非单一内涵，不同类型土地的行权主体、权利内容、公权力介入程度各不相同。实践中，农村集体土地所有权人的委托代理问题较为突出。由于农村集体经济组织的民主管理、农民参与决策均缺乏制度保障，乡镇政府或村委会私自卖地、违规办企业、侵犯农民土地权利的事件时有发生。集体经济组织对产权流转的限制导致农民的土地使用权不稳定、土地收益权受限等问题，影响着农民土地权利抵押贷款的广泛开展。农村土地是保障农民生存权、发展权的基础，农村集体土地的使用权能应落实到每一个集体经济组织成员，保障农民通过土地权利流转更好地实现资源的优化组合。不同类型土地实现担保权能的方式和程度存在差异，需要结合实际作针对性的制度安排。我国农村集体经济组织、村民委员会、村民小组均有权发包集体土地，集体土地所有权实现形式纷繁杂乱，容易造成农民的认识和预期混乱，因此，需要通过法律制度明确农村集体土地所有权的行权方式。村民委员会具有基层社会治理的公共管理职能，其依法具有管理村民集体所有土地的权利。因此，在农民金融发展权保障法中可进一步明确村民委员会行使发包农村土地、分配宅基地、分配土地财产性收入等权利。农村集体土地进行权利初次分

---

❶ 《中华人民共和国民法典》第 342 条规定："通过招标、拍卖、公开协商等方式承包农村土地，经依法登记取得权属证书的，可以依法采取出租、入股、抵押或者其他方式流转土地经营权。"

配后，占有、使用、收益以及其他不涉及所有权转移的处分权能应由农民行使。农村集体土地使用权的实践经验表明，流转制度设计的关键在于去身份化和对价化，用法制手段代替行政干预手段，通过保护流转权利以强化农村集体土地的担保属性，创设科学的担保权利实现方式。

（四）灵活创新农村土地抵押权实现方式

土地经营权流转是农业规模化生产的基础，逐步放开土地使用权流转限制，进一步延长土地的经营权限制，有利于消除农业资金投入的不确定性因素。农村土地使用权权能受限导致其可交易性不足，银行处置农村土地使用权缺少充分法律依据和保障。这不但弱化了土地抵押的有效性，还抑制着农村金融发展。为了提高土地的流动性，抵押权的实现可以创新农地信托、租赁、抵押、农地证券化交易等方式，例如，湖南土流信息有限公司开发的土流网通过发布土地确权数据、土地交易动态数据、相关价格等，进行土地信息采集、发布、价格评估等动态监测，不断完善农村土地使用权的在线交易体系。土地规模经营风险比较高，且需要投入较高的成本，在经营的过程中需要具有雄厚资金实力的机构参与。如果农村土地经营权流转时间比较短，经营主体并没有打算长期投资，就会对农业规模化经营产生很大的约束，同时也影响了土地价值提升。以农村土地收益或土地抵押贷款利息收入作为担保发行证券的土地证券化模式由于筹资范围广泛，对于提升农业生产效率发挥着积极作用。农村土地证券化使土地流向需求更强、效率更高的专业农业经营者，最终促进农业规模经济的发展，使得土地经营利润能够得到大幅度提升。就农村金融机构而言，设计土地资产证券化产品相对发放贷款来说，占用资金大幅度缩减。此外，由证券持有人承担资产证券化产品的风险，致使部分贷款风险被转移到资本市场中，促使农村金融机构对自身的盈利能力和经营方式做出适当的调整，进一步转型为现代金融机构。在这一模式下，农民增加了财产性经营收入，新型农业经营主体实现规模收益，农村金融机构实现了低成本低风险高收益的经营，从而达到了资源配置的帕累托最优。

二、构建有效的农村金融风险分担机制

随着农业经营多元化，农民的金融需求已不局限于融资贷款需求，还需要风险管理、农业保险等金融服务。农村保险体系的功能缺失使得金融机构业务风险过高，通过农业保险制度转移农村金融机构经营风险，能够有效降低农村金融机构经营成本，增强金融机构开展支农业务的积极性。

（一）完善政策性农业保险制度保障农民获得农业保险

农业发展不仅关系到农民个人利益，更和社会利益具有密切联系，所以，农民金融发展权已经突破了私权利的范畴，是一种"私权公法化"的社会本位权。由于农业生产易受自然条件影响、农产品的市场价格波动较大等自然风险和市场风险的双重影响，加剧了农村金融的高风险、高成本、低收益情况。对此情况，商业保险进行市场化运作很难解决保险成本较高的困境，只有明确农业保险的政策性定位，才能整合农业保险税收优惠、农业保险补贴等各项扶持措施，为农业生产及农村金融有效分散风险。在农民金融发展权的制度框架下，为了增加农民对金融资源的可获得性，国家应当建立政策性保险体系来控制农业风险，并且推动

农业政策性金融和农业保险的全面结合，基于重大自然灾害及风险因素优化保险和再保险的运营体系以及保障模式，制定相匹配的理赔和监管等制度设计。国家通过各种措施建立农村金融风险分散系统，提高对应的救助以及风险管理手段的配套系统构建，优化制度供给架构以打造信贷担保和农业保险密切联系、综合防控农村金融风险的全新体系。农业保险是推动金融资源流动至农村的重要杠杆，农村金融机构和保险公司协作能够形成农业贷款的风险分散模式，其重点表现为信贷和保险相互结合以及涉农贷款保险产品。农村金融机构应当把涉农保险投保状况当成授信因素，激励借贷方对贷款抵押物投保，深入研究吸纳金融机构及保险企业参与各种组合体系的农村保险共同体。

（二）发展多种农业担保制度以降低农业贷款风险

农村金融机构受限于高同质性的农业贷款、单一的金融服务产品及难以流转的抵押担保品等原因，使得其难以具备多元化的避险手段。农村金融机构对贷款的管理受限于农业贷款的分散性、小额性及不完善的农民征信体系等原因，客观上增加了经营成本，对此，世界各国为了推进农村金融可持续发展，逐步建立以政府、各类担保组织等多元主体构成的农村金融风险分担与补偿机制。例如，德国农村合作社为农民设立贷款担保基金，当成员机构出现经营危机，贷款担保基金提供现金代偿或各类替代性贷款；德国的各级合作银行通过加入全国存款保险体系以实现合作金融体系的风险防控及保障资金流动性。借鉴德国的发展经验，我国可通过设立融资担保机构、农业融资担保基金等方式构建政策性担保体系，由地方财政资金对出现农村产权抵押不良贷款的银行给予适当补助。在农民金融发展权的制度框架下，通过各级地方政府的扶持创建新型融资租赁和担保公司、设立涉农贷款风险补偿基金等；同时，进一步扩大农业贷款抵押担保物范围，将农业订单收益、农业项目经营权及收益权、农业设备机具等纳入农业贷款抵押担保物范围，提高农民获取金融资源的便利性。

（三）加快建立农业贷款保险配套机制

风险同收益始终都是相依共生，只有有效管理和控制风险，才能够确保最佳经济效益的实现。面对农业贷款风险，需要以分散风险的原则处理好经营与风险管理之间的关系。在农民金融发展权制度框架下建立有效的农业贷款保险配套机制，具体包括多渠道筹集资金、政府扶持与农民互助相结合等。各级地方政府或监管部门制定法规规章鼓励保险机构通过金融借贷、企业入股、社会捐赠、国家扶持资金等途径多方筹集资金，设立各类专项保险基金以分散农业自然灾害和市场风险。地方政府建立健全多元主体共同参与的农村信贷担保机制，对于农业灾害造成的实际损失由各类财政担保公司、保险公司、风险基金、担保机构分担风险。在政府扶持的基础上通过法律制度鼓励农民开展互保、联保等农业贷款担保，促进农村金融发展。保险机构以各类规范性文件健全农业贷款保险的评估、管理、处置制度，保障农业保险的可持续发展。保险除了对农业生产提供风险保障，还能充分促进农村信贷的发展，通过保险保障托底及保险融资输血机制加大农村金融资金投放力度，能极大增强农民对金融资源的可获得性。

三、强化农村金融基础设施建设制度

农村金融基础设施对农村金融运行成本及质量有着重要影响，

在乡村振兴战略指引下，2019年，中国人民银行、银保监会、证监会与财政部、农业农村部联合印发《关于金融服务乡村振兴的指导意见》，提出着重加强农村金融基础设施建设。结合农民金融发展权制度体系，完善农村金融基础设施服务需遵循"倾斜保护"的原则，通过各项优惠政策吸引资金和资源投入农村金融基础设施建设，促进农民便捷、高效地获取金融资源、参与金融活动。

（一）扩宽农村基本金融服务覆盖面

农村地域广阔、农民居住分散的状况决定了农村金融基础设施建设面临较大的成本收益约束，如果按人均拥有银行服务网点、人均拥有农业保险服务等指标考核农村基本金融服务覆盖面，事实上并不能反映农民对基本金融服务的使用频率及农村金融基础设施发挥服务功能的效率，因此，扩宽农村基本金融服务覆盖面需要从建设资金来源、服务途径、运营管理等方面完善制度规范。在建设资金来源方面，农村金融基础设施建设离不开国家财政资金的支持，但仅仅依靠财政资金支持在实践中产生了农村金融基础设施建设长期欠债、地方政府债务庞大等问题，表明农村金融基础设施建设需要扩大资金来源，依靠市场化运作提高资金使用效率。在服务途径方面，现代金融交易活动大多通过互联网平台、移动支付等信息技术开展，如果不能帮助农民尽快学会使用现代金融交易的信息平台，数字鸿沟将进一步扩大农民的发展差距，农民更难以分享现代金融发展福利。因此，金融机构应大力普及推广手机App、网络在线交易等金融交易方式，鼓励农村电商与金融机构合作共建服务网点。健全的支付结算体系有利于降低交易成本、扩大服务范围，通过农村金融基础设施建设来消除导致金融排斥的原因，从而实现农村金融普惠。❶在农村金融基础设施运营管理方面，我国农村金融基础设施建设涉及农业、信息产业、金融等部门，亟需制定农村金融基本服务体系建设规划，建立对农村金融基础设施运营和维护的标准体系，完善农村金融基本服务供给机制。结合农民金融发展权制度来普及专业高效的农村金融基础服务，优化农村金融的支付结算、资源配置和风险管理功能，促进农村资金向农业资本转化，从而更好地实现农民金融发展权。

（二）优化农村信用体系建设

我国传统农村社会结构依赖于农民的地缘、亲缘等各种非制度化的关系予以联结，正式制度规范对农民的信用约束往往较为薄弱，但农村信用环境脆弱不仅加大了农村金融机构开展金融业务的交易成本，也增加了农民获取信用贷款的难度。针对农村金融交易中"成本、风险、收益"失衡的矛盾，农村信用体系建设应当着重加强对农民的金融信息收集、应用机制，助力农村金融发挥市场功能。信息收集机制主要通过农民信用合作社、农业专业生产组织、农民协会及各类农村内生金融组织对农民的信用信息及金融需求加以整合，以农村内生金融组织的信用信息系统为载体，加强各类金融机构对农民信用信息的共享机制，促进农村信用体系为农村信贷提供有力支撑。从资产资源、生产经营、信用状况等多维度建立农民信息档案，加快推进乡村振兴信用示范村、信用户等建设。信息应用机制主要立足于发挥融资供需双方

---

❶ 马九杰，沈杰. 中国农村金融排斥态势与金融普惠策略分析［J］. 农村金融研究，2010（5）：9.

的信息对接，化解因信息不对称导致的融资障碍，利用信息网络技术让农村金融市场交易各方可以在征信系统查询相关资信状况、信用状况等，并结合金融市场实行守信联合激励和失信联合惩戒机制，推行公平的市场竞争环境，从而最大限度地减少道德风险和改善金融支农效率低下问题。

（三）加强农村数字金融平台建设

数字金融平台可以广泛覆盖偏远农村地区，因此，数字金融平台是实现农村金融包容性增长和可持续发展的重要途径。农村的信息技术基础设施不完善，农民对网络信息资源的获取能力、运用能力较低等因素都制约着农村金融发展。针对农民由于互联网技术应用能力较弱而产生的数字鸿沟问题，借助数字金融平台延伸普惠金融服务，金融平台不但能提供转账、缴费等综合性金融服务，还成为普及金融知识、了解金融产品、学习金融风险的重要途径，更好满足农民多元化的金融需求。针对农民获取银行贷款流程复杂、审批慢、周期长的问题，运用大数据、人工智能等金融科技手段采集账户与交易数据，为农民提供差异性的融资服务方案，实现信贷供给精准投放。从保障农民金融发展权出发，通过数字金融平台创新农村金融产品、农村金融渠道、农村金融形式等有效改善农村金融服务。通过在线供应链融资平台、在线供应链管理服务平台等链接银行端、核心企业端和供应链上下游客户端，借助互联网、大数据、区块链等技术为农业供应链上的农户、个体工商户、专业合作社提供便捷的信贷业务。通过金融科技赋能改善金融服务结构和效率，持续扩大信贷供给覆盖面，支持农村生态资源开发、农业产业园、特色农产品优势区等综合发展，提供孵化上市、投融资理财、财务管理等服务。利用金融科技赋能传统金融机构,通过引导信息科技平台与传统金融机构融合发展,降低金融交易成本。

(四)健全农民金融权益维权保障机制

金融产品和服务本身具有较强的专业性和复杂性,大多数农民由于受到认知水平的限制,难以甄别各类非法集资、高利贷、套路贷等犯罪行为,对较为复杂的股票、债券交易也难以理性认识。为了充分保障农民金融权益,农村金融机构应当从企业社会责任的角度加强金融知识宣传教育,农村金融法律制度应当对农村金融机构提出更高的金融风险告知义务,要求金融机构在金融服务各个流程及环节中加强履行风险提示及告知的义务,如果金融机构没有履行风险提示及告知的义务,则应当对金融活动的损害后果承担相应赔偿责任。农民的金融权益维权保障机制涵盖金融活动事前、事中、事后环节,在事先环节,通过农村金融法制要求金融机构在日常工作中开展法制宣传教育,从风险及损害的事先防范角度对农民加强宣传教育及提示告知,避免农民由于信息不对称而产生非理性投资行为。在事中环节,建立农村金融活动过程中的流程控制及业务规范要求,提高农民的金融风险意识和识别违法违规金融活动的能力。在事后环节,对于金融活动中发生的各类纠纷,特别是侵害农民金融权益的行为,各级地方金融监管部门应当畅通消费者投诉的处理渠道,及时对农村金融机构的违规行为进行处罚,对各类非法从事民间金融活动的组织和个人加大打击力度,依法追究其法律责任,从而构建良好的农村金融生态环境。

第四节　建立农村金融差异化监管制度

农村金融发展是一个极为复杂的社会经济系统运行过程，金融监管制度通过改变金融活动规则，会在长时期内影响微观金融活动主体的行为，对于确保农村金融市场的稳定和公平竞争秩序具有重要作用。农民金融发展权的实现不仅需要金融市场的健全与完善，也需要金融监管法律制度的保障，因此，农村金融监管应融入普惠、公平和社会化理念，制定有针对性的监管功能定位、监管组织架构、监管运行模式和流程等制度，降低农村的信贷交易成本和信贷风险，提高农民对金融资源的可获得性。

一、保障农民参与农村金融监管的权利

金融监管立足于克服金融市场的垄断、信息供给不足等缺陷，但金融监管权力应当审慎行使，否则，公权力很容易损害到市场经济主体的合法权益，从而阻碍农村金融市场的发展。为了保证金融监管权力到位而不越位的适度行使，赋予农民参与农村金融监管的权利有利于农民充分表达自己的意愿，也是对公权力的有效监督和制约。

（一）农村金融机构信息公开机制

我国大部分农村金融机构设在乡镇，而金融监管机构的分支机构仅在部分经济发达的县级城市设置办事处，监管力量很难延伸到农村。农民对当地的农村资金互助社、村镇银行等微型金融机构的经营状况较为熟悉，并且也是其主要服务的客户群体，因

此，农民参与金融监管更能发挥信息对称的优势。信息的畅通不仅有利于农村金融机构了解农民的金融需求，也有利于提高农村金融监管的效率和针对性。农民参与监管属于公众监管制度的具体形式，公众监管需要建立在监管者和监管对象互动的基础上，首先，农村金融机构应当向社会公开其经营信息，在不涉及国家机密及商业秘密的情况下，农村金融机构应当公开其业务范围、业务经营量、金融日常活动及大额资产流动等情况，农民可以查阅其居住地的农村金融机构资产负债表、现金流量表等财务资料。信息公开机制是农民行使监管权的基础，农民充分了解农村金融机构的经营状况，从而能够提出切中实际的建议和意见，协助金融监管部门开展工作。信息公开也有利于增强农村金融机构与农民在金融活动中的相互信赖程度，农村金融机构可以根据农民的需求和特征发展个性化服务，实现金融供给与需求的紧密契合。

（二）邀请农民代表参与农村金融监管部门决策听证

农村金融活动中金融机构与农民的利益诉求不尽相同，由于农村金融不仅影响农村经济发展，还影响着农村社会秩序稳定等社会问题，因此，地方性法规、行政规章等应建立完善的决策听证机制，使农村金融决策能符合农民金融需求并代表农民金融意愿。权力行使过程也是一种利益分配过程，严格的程序保障有利于促进权力行使的合理性、有序性。农民属于独立于监管者和监管对象之外的第三方，农民是农村金融机构服务的对象，对农村金融市场运行状况有切身体会，同时与监管部门没有隶属关系，能够客观真实的表达市场需求。农民对农村金融监管决策的参与可以起到双重监督作用，既能保障农村金融监管权力的合理行使，制约农村金融监管部门滥用权力，也能监督农村金融机构的市场经营行为，对其不正当竞争、侵害农村金融消费者等违法违规行为加强监督。为了保证农村金融监管的公开、公正，必须明确农村金融监管的业务范围、权利运行条件、滥用权力应承担的法律责任等。农村金融监管部门对农村金融市场主体做出处罚前应进行充分的调查并听取行为发生地农民的意见，对听证程序中农民的意见应当有专门记录，并作为最终做出处罚决定的重要参考。农村金融监管部门制定规章制度时应组织农民参与听证，并对农民代表反映的意见及时做出回应和答复。

（三）加强农民专业合作社与地方金融监管部门的协调配合

农民专业合作社属于农民自愿形成的组织，能够较好代表农民的意愿，相较于分散的农民，农民专业合作社的行为经过合作社集体讨论，更具有普遍性和代表性。农民专业合作社是保护农民权益的组织，能够较好防御各类侵害农民权益的行为，同时也是政府和农民之间的沟通桥梁。农民专业合作社配合金融监管部门对农村金融服务、农业生产风险、农村大规模经济活动等及时进行风险监测，有利于农村金融监管部门开展事前、事中、事后的全方位监管。农民专业合作社可以开展资金互助业务，但现有法律法规对其缺乏具体监管规范，地方金融监管部门与农民专业合作社进行定期的沟通协作、信息互通，不仅能强化对农村金融机构的监管，还能引导农民专业合作社增强自律管理、安全稳妥地开展资金互助业务。地方金融监管部门与农民专业合作社的协调配合既能够解决政府监管力量不足的问题，又能够最大限度地确保农村内生金融组织有序经营。农民通过专业合作社参与农村金融监管不仅增强了专业合作社的自我发展能力，也有利于全面提升农村金融监管效率，最终促进农民金融发展权的实现。

二、进一步完善地方金融监管制度

在我国农村发展地区差异较大的情况下,农村金融立法尚处于探索阶段,针对农民金融发展权的各种新问题、新矛盾,由地方金融监管进行法制创新,经过实践检验后上升为国家立法是一条较为科学的法制发展路径。

(一)扩大地方金融监管权限

地方金融监管部门立足于基层,能够结合各地区的发展实践有针对性地出台调控措施,其差异化的监管措施更符合我国农村金融发展差异较大的实际情况。农村金融具有小额、分散的特点,农村金融风险传导及公共利益大多限于地方局部,系统性金融风险较小。农村金融机构或金融行为的业务范围集中在一定地域范围内,成本负担与收益获得也限定在特定区域,如果发生金融领域群体性事件,地方政府能有效应对、快速处置,因此,地方政府监管符合农村金融的实际状况。农村金融监管的价值追求在于保障实质正义下的良法善治,在新型农村金融机构的法律属性、运行机制、金融风险尚不明确时,地方政府进行日常监管具有更大的灵活性,随着该新型农村金融机构的运行模式相对成熟,再根据其监管规律进行央地金融监管权限的划分。地方政府对区域性金融监管不仅具有信息资源优势,而且依托于地方各类组织机构,能够将金融监管与社会综合治理有机结合,有效实现社会内嵌式的综合监管,因此,农村金融监管更适于由金融活动发生地的地方政府实行监管。农村金融法制应当扩大农村地区的地方金融监管权限,实行中央统一监管制度下的地方差异化监管。

（二）明确地方金融监管范围

农村金融供给主体较为分散，各级地方政府的金融风险防范能力参差不齐，因此，多样化的农村金融体系需要差异化的监管制度设计与实施。地方金融监管往往立足于保障当地经济发展，倾向于制定追求经济增长的金融监管制度，往往忽视农村金融市场的社会公共服务性及农民金融需求。农民金融发展权法律制度提出保障农民金融发展需求是各级政府的法定责任和义务，通过要求地方政府完善农村金融基础设施、优化农村金融市场环境，从而有利于解决地方政府忽视社会服务功能、片面追求经济指标等短视行为。目前，我国尚未出台专门规制农村金融监管的法律，各地制定的农村金融监管规范性文件由于立法位阶过低，难以发挥长期稳定的指导作用。在农民金融发展权保障法的基础上，国家应当进一步制定法律法规改进农村金融差异化监管体系，强化地方政府对村镇银行、小额贷款公司、农民资金合作社等农村金融机构的监管职责及金融风险防控职责，通过法制手段对多样性的农村金融体系在监管技术层面进行优化和提升。

（三）加强地方金融监管协调

农村金融监管缺乏顶层协调机制的情况下，地方金融监管机构因职权有限而在金融风险处置中效力有限，农村的区域金融风险信息传递至中央金融监管机构有较多程序，监管措施往往难以及时到位。近年来，各地农村爆发的非法集资问题严重损害了农民的金融权益，但是，地方政府的日常监管与风险处置责任不一致、监管立法权与监管执行权不一致，制约着地方政府处理非法集资问题的效率。2016年以来，金融监管部门相继出台了一系列规范互联网金融经营规则的监管规范性文件,但互联网借贷平台违法开展业务的现象仍然屡禁不止,消费者合法权益无法得到有效保护。互联网科技提高了金融活动的便捷程度,但是,虚拟的网络也使金融欺诈行为更加隐蔽,网络借贷平台的注册地、经营地、侵权行为发生地均难以确认,农民在互联网借贷平台或涉及农业、农村、农民的金融服务平台遭受侵权行为后,往往难以找到维权部门,而部分监管部门又以不属于其主管地域为由拒绝维护农民合法权益。违法成本低、监管规则滞后、风险防控不完善等因素导致互联网金融活动处于失范无序的状况,各类金融欺诈行为极大损害了农民的合法权益。因此,农村金融法制建设应当实行多部门联合制定金融监管政策、共享信息、联动执法的协同监管模式,以综合性监管完善经营环境、以穿透性监管实现金融风险治理、以功能性监管解决监管空白及重叠问题。建立健全农村金融监管法律体系及地方金融监管协调机制,明确农村金融监管的性质、宗旨、组织形式等内容,才能使农村地方金融监管的运作模式和程序发展成为独立、成熟的体系,从而提升农村金融监管的协同性与专业性。

(四)加强农村民间借贷监管

民间金融是农村内生资金需求催生的金融模式,能够较为有效的解决农村金融信息不对称问题,便捷高效地满足农民资金需求。我国一直没有出台调整民间金融法律关系的经济法律规范,《关于严禁擅自批设金融机构、非法办理金融业务的紧急通知》《取缔非法金融机构和非法金融业务活动有关问题的通知》等行政措施仅仅偏重打击、取缔等事后惩罚,规范和引导民间金融业务经营、资金管理等日常运作的法律制度缺失。许多民间金融活动处于有效金融监管之外，往往受到高利贷、地下钱庄、非法集资等违法金融活动的干扰。在农村民间金融秩序混乱的情况下，农民往往成为违法民间金融活动受害者。近年来，农村成为民间高利贷、非法集资的高发地区，部分非法组织以高额利息回报、押钱领取农资等方式进行非法集资，大量农民被卷入非法集资、高利贷的陷阱，严重危害农村经济社会发展。民间借贷规范发展的重要途径是对民间资本进行有效引导，民间借贷监管应建立放贷人资格审查，经过依法注册的经营机构才能开展借贷活动。综上，应当由省级人民政府或者地方主管金融的部门承担监管职责，通过法律法规制度明确非法集资的风险防范、处置程序等事前监管体制，从而减少农村民间金融交易双方的交易成本，有效防止农村地区产生系统性金融风险。

三、完善对新型农村金融机构的监管制度

由于我国农村金融资源供给不足，而银行、农村信用合作社等提供的金融服务未能充分契合农民的金融需求，亟须发展新型农村金融机构以拓宽农民融资渠道，保障农村金融市场有序运转。在制度供给层面，农村金融监管应当对新型农村金融机构设立合理的市场准入、业务监管等制度，确保其规范、高效运营，保障农民金融发展权的实现。

（一）从法律层面制定新型农村金融机构监管制度

小额贷款公司、村镇银行、农村资金互助社等新型农村金融机构较好适应了农村金融业务小额、分散的多元化需求，并且能充分利用社会闲散资金满足农业生产经营者的资金周转需求，为

实现农民金融发展权提供更广阔的平台。❶新型农村金融机构对于降低农村金融交易成本,增加农村金融资源供给起到积极作用。金融监管部门制定了一系列监管制度规范,对新型农村金融机构的监管规范梳理见表7-2。

表7-2 新型农村金融机构的监管规范

时间	颁布主体	名称	内容
2006年	中国银监会	《关于调整放宽农村地区银行业金融机构准入政策更好支持社会主义新农村建设的若干意见》	鼓励境内外银行资本、产业资本、民间资本设立主要为当地农民提供金融服务的村镇银行、贷款公司和资金互助合作社
2007年	中国银监会	《关于银行业金融机构大力发展农村小额贷款业务的指导意见》	发展农村小额贷款业务的原则、运行规范与监督指导。要求小额贷款坚持为农民、农业和农村服务与可持续发展相结合;坚持发挥正规金融主渠道作用与有效发挥各类小额信贷组织的补充作用相结合;坚持市场竞争与业务合作相结合;坚持发展业务和防范风险相结合;坚持政策扶持与增强自身支农能力相结合

---

❶《村镇银行管理暂行规定》第2条:"村镇银行是指经中国银行业监督管理委员会依据有关法律、法规批准,由境内外金融机构、境内非金融机构企业法人、境内自然人出资,在农村地区设立的主要为当地农民、农业和农村经济发展提供金融服务的银行业金融机构。"《贷款公司管理暂行规定》第2条:"贷款公司是指经中国银行业监督管理委员会依据有关法律、法规批准,由境内商业银行或农村合作银行在农村地区设立的专门为县域农民、农业和农村经济发展提供贷款服务的非银行业金融机构。"《农村资金互助社管理暂行规定》第2条:"农村资金互助社是指经银行业监督管理机构批准,由乡(镇)、建制村农民和农村小企业自愿入股组成,为社员提供存款、贷款、结算等业务的社区互助性银行业金融机构。"根据《关于小额贷款公司试点的指导意见》小额贷款公司是由自然人、企业法人与其他社会组织投资设立,不吸收公众存款,经营小额贷款业务的有限责任公司或股份有限公司。

续表

时间	颁布主体	名称	内容
2007年	中国银监会	《村镇银行管理暂行规定》	规定村镇银行的性质、设立、组织机构、监督管理、终止等事项
2007年	中国银监会	《村镇银行组建审批工作指引》	村镇银行组建审批、组建要点、审核要求、试点要求等
2007年	中国银监会	《贷款公司管理暂行规定》	规定贷款公司的性质、设立、组织机构、监督管理、终止等事项
2007年	中国银监会	《贷款公司组建审批工作指引》	贷款公司组建审批、组建要点、审核要求、试点要求等
2007年	中国银监会	《农村资金互助社管理暂行规定》	规定农村资金互助社的性质、设立、组织机构、监督管理、终止等事项
2007年	中国银监会	《农村资金互助社组建审批工作指引》	农村资金互助社组建审批、组建要点、审核要求、试点要求等
2008年	中国人民银行、中国银监会	《关于小额贷款公司试点的指导意见》	允许自然人、企业法人与其他社会组织投资设立以促进农业、农民和农村经济发展为目的的小额贷款公司，并规定小额贷款公司的性质、设立、资金来源、监督管理、终止事项
2010年	中国银监会	《关于加快发展新型农村金融机构有关事宜的通知》	加大推动大中型商业银行参与力度，支持鼓励中小银行金融机构发起设立新型农村金融机构。加强对新型农村金融机构的指导、服务和监管，尤其要强化对农村资金互助社的日常指导和监管，同时对主发起人要实施并表监管，对大股东要强化责任监管
2012年	中国银监会	村镇银行监管评级内部指引	明确村镇银行监管评级的原则、要素、程序，并确定评级结果为衡量村镇银行风险程度、监管规划、合理配置监管资源、采取监管措施和行动的主要依据

续表

时间	颁布主体	名称	内容
2012年	中国银监会	《关于鼓励和引导民间资本进入银行业的实施意见》	支持民营企业参与村镇银行发起设立或增资扩股,将村镇银行主发起行最低持股比例由20%降低为15%
2014年	中国银监会办公厅	《关于加强村镇银行公司治理的指导意见》	提出优化股权结构、构建差异化的公司治理结构、明晰治理主体的权责边界、规范主发起行职责、强化激励约束机制建设、提高监管有效性的治理意见
2014年	中国银监会	《关于进一步促进村镇银行健康发展的指导意见》	提出积极稳妥培育发展村镇银行、加大民间资本引进力度、支持村镇银行调整主要股东、督促村镇银行专注支农支小市场定位、积极推进村镇银行本地化战略、强化村镇银行有限持牌经营、规范村镇银行主发起行的大股东职责、强化村镇银行属地监管责任、营造村镇银行良好发展环境
2017年	中国银监会	《村镇银行监管指引》	村镇银行遵循风险为本、强化定位、严格审慎、双线监管原则,规定市场定位、公司治理、内部控制、风险管理、资本管理等事项
2019年	中国银保监会	《农村中小金融机构行政许可事项实施办法》	农村商业银行、农村合作银行、农村信用社、村镇银行、贷款公司、农村资金互助社的机构设立,机构变更,机构终止,调整业务范围和增加业务品种,董事(理事)和高级管理人员任职资格等行政许可事项的审查规范

从表7-2可以看出,我国目前确立新型农村金融机构运行规范的法律文件主要由金融监管部门制定,法律位阶和效力较低。立法层次过低导致新型农村金融机构的监管体制不健全,缺乏专

业监管机构及系统的监管制度规范。监管不足导致我国的小额贷款公司长期受到民间高利贷的影响，未能充分发挥服务农民金融需求的功能。新型农村金融机构以服务农业、农村、农民为宗旨，通过小额、分散的低成本金融服务填补农民金融服务的空白，应当根据其经营特征健全监管制度规范。❶为保证地方政府金融监管的统一协调，应将对小额贷款组织、农村资金互助组织等新型农村金融机构的监管权集中于同一地方金融监管机构，并尽快制定农村金融法律制度规范新型农村金融机构的运行规则及业务监管等问题。

（二）降低新型农村金融机构准入条件

从我国新型农村金融机构的经营实际状况来看，农村资金互助社是弱势融资群体在一定地域范围内开展资金互助活动的信用合作，监管部门对其注册资本要求虽然低于其他金融机构❷，但是，农村资金互助社的筹资范围小，金融监管法律应当允许农村资金合作社进一步降低注册资本要求。法律制度对金融机构管理人员任职资格过于严格在客观上阻碍了农民对农村金融活动的参与机会，新型农村金融机构经营的金融业务相对简单、金融服务模式灵活，并且，农村金融管理人员的实际状况差距较大，因此，农村金融立法仅需要对新型农村金融机构管理人员的基本任职资格和禁止条件做出原则性规定，具体的条件由新型农村金融机构通过组织章程规定，或者由内部选举决定，这样才能使农民有机会

---

❶ 王怀勇，曹琳. 新型农村金融组织创新的理论逻辑与现实路径［J］. 新疆师范大学学报（哲学社会科学版），2011（4）：31.

❷ 根据《农村资金互助社管理暂行规定》的要求：在乡（镇）设立的农村资金互助社注册资本不低于30万元人民币，在建制村设立的农村资金互助社注册资本不低于10万元人民币，注册资本应为实缴资本。

参与新型农村金融机构的组织管理及经营活动。此外，农村金融法律制度应当放宽对农村资金互助社经营场所和办公条件的强制性要求，以降低其经营成本。新型农村金融机构的经营风险控制主要取决于其审慎经营和风险控制，准入条件过高将导致农民融资合作权难以实现，因此，我国农村金融法制应当灵活设置新型农村金融机构的准入条件，从而鼓励农民积极参与发展新型农村金融机构，形成多元化的农村金融组织体系。

（三）鼓励新型农村金融机构创新农业金融模式

农业金融强调对农村生产要素进行规模化整合以促进农业现代化发展。农民在销售农产品取得收入后会产生大量资金闲置，而赊购种子、农具等生产资料时常常面临资金不足困难，需要一定的资金融通来保障农业生产资金周转及价值增值。通过实地调研西部地区的E县，得到2009—2019年E县农民的贷款用途分布，如图7-3所示。

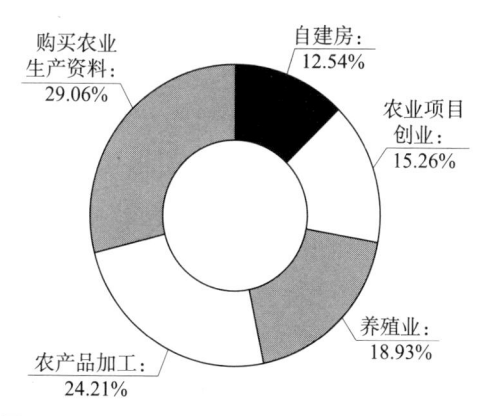

图7-3　2009—2019年E县农民贷款用途分布

从图7-3可见，农民贷款用途主要是购买农业生产设备、农民创业、房屋改造等生产、生活需求。新型农村金融机构应当针对农民的农产品加工、农业生产需求开发季节性贷款产品，满足农民的个性化需求。农业专业合作社成员之间既存在生产合作关系，也存在资金互助融通关系，相互的生产合作关系较为紧密，新型农村金融机构以农业专业合作社为载体进行联保贷款，有利于降低农民的贷款交易成本。农村金融监管具有区别于城市环境下的金融监管特征，新型农村金融机构发展离不开农民的支持，新型农村金融机构创新农业金融模式应当紧密结合农民金融需求，扩展服务的深度和广度，实现金融机构与农民共同发展的共赢局面。

四、对农村金融机构实施差异化监管指标

农民金融发展权强调机会公平与规则公平、权利公平相结合的社会公平。由于农村金融的特殊性、差异性和公共性，为实现公共利益最大化，我国农村金融监管法制应设置符合农民金融发展权特征的农村金融监管方式及监管标准，在监管途径、指标等方面实行差异化的制度安排。

（一）建立体现农村金融机构社会功能的监管指标

农村金融与城市环境下的金融模式在经营方式、风险控制机制、信用体系等方面有较大差异。对于规模较小的农村金融而言，监管指标繁杂将导致监管成本过高，容易产生监管不力的问题。监管指标过于严苛，往往导致农村金融资金运营效率受限，难以通过灵活多样的金融服务满足农村金融需求。由于农村金融机构的多元化，金融监管应该根据各金融机构实际情况进行差别化监

管，因此，农村金融机构监管不能照搬城市环境下的金融监管模式，而应该实行适度的非审慎性监管。农村金融属于一种社会公共产品，农村金融机构对农民提供普惠型金融产品体现着社会功能与经济绩效的均衡。农民金融发展权的目标在于保障农民通过获取金融资源实现充分的发展机会，对农村金融机构应实行社会功能评价与财务绩效评价相均衡的监管指标。具体而言，体现农村金融机构社会功能的监管指标包括农村地区银行自助设备增长率、农村普惠贷款占比、农村金融产品占全部金融产品之比等。农村金融监管效率并不是单纯指经济效率，还应当考察农村金融机构对社会的服务效率、农民金融需求的满足程度等。农村金融监管应对公共服务与市场效率实现动态统一：考察农业贷款比例、农民贷款数、农业项目融资比例等市场效率指标；适当扩大农村金融机构对其组织形式及业务经营规则的自主权。农民金融发展权强调社会提供公共金融产品与服务的实质公平，最终实现农民发展与农村金融发展的相互促进。农村金融监管的价值核心并非经济效益最大化，而是社会效益优先，例如，农民获得金融服务的普及程度、农业贷款增长率是否超出社会整体贷款增长率等。农民在收入水平、抵押担保等方面均处于弱势，难以获得各类金融资源。对此，农村金融监管应将农民的金融服务可获得性指标转化为农村金融机构服务"三农"资金的比例和量化指标，参考美国的《社区再投资法》，监管机构在审核金融机构开办分行、收购其他机构及办理存款保险等申请时，将金融机构对本区域金融服务的回报比例和绩效作为重要考核指标。例如，立法规定农村金融机构发放支农贷款达到监管机构规定的比例时，才能获得政府的税收优惠、财政补贴等扶持措施，通过制度设计激励农村金融机构调整产品结构，更好保障农民金融发展权的实现。

（二）适当调整农村金融机构财务监管指标

"在依法保障社会公共利益的前提下，使监管切实与市场主体的利益结合起来，让市场主体在合规中实现自己的相关目标，对各个方面都更有裨益。"❶我国关于金融监管的法律规范虽然较为丰富，但主要立足于规范以银行业为核心的城市金融活动。❷农村金融机构的服务范围有限、组织体系简单，主要为一定地域范围内的农民提供基础性金融服务，如果对农村金融机构进行过多监管限制，其业务很难顺利开展，因此，要在审慎监管的前提下适当放宽农村金融机构的财务监管指标，按照风险级别控制监管程度。具体而言，金融监管机构对农村商业银行制定法定幅度内相对较高的存款准备金率以防范信贷风险；对规模较小的新型农村金融机构制定相对较高的资本充足率指标以避免其盲目扩张；对风险防范机制较健全的农村金融机构实施指导性监管；对风险防范能力较弱的农村金融机构实施指令性监管等。满足农民金融需求不仅指农民自身的小额贷款需求，还包括服务农村金融基础设施建设的融资服务、对农民合作金融项目的资金扶持等。财政分担和补偿信贷损失不是为农村金融机构的所有经营亏损承担责任，而仅仅是对金融支农中低于市场利润部分的损失进行补偿。中国

---

❶ 张守文. 发展法学：经济法维度的解析［M］. 北京：中国人民大学出版社，2021：205.

❷ 《中华人民共和国中国人民银行法》《中华人民共和国银行业监督管理法》《中华人民共和国证券法》《中华人民共和国保险法》对金融监管主体、责任、监管范围进行了规定;《中华人民共和国商业银行法》对各类银行业金融机构办理存贷款、转账、支付结算等业务进行了规范。但没有专门针对农村商业金融机构的性质、日常运营制度、内部治理结构进行明确界定的法律。

人民银行应根据农村金融机构支农贷款的利率与市场利率的差额确定利息补贴率。农民金融发展权制度鼓励实行市场化的支农投融资模式、通过制定科学合理的农村金融机构支农资金评价体系、推进农村金融机构提高支农效率。

(三)确立农村金融机构损害农民金融发展权的责任追究制度

农民金融发展权保障法规定国家应保障农民享有获得金融资源、参与金融活动、获得金融扶持、表达金融需求等权利,从而促使各级行政机关履行完善农村金融基础设施、维护农村金融市场环境等义务。权利、义务、责任是法制实现过程中不可分割的整体,为了保障农民金融发展权不受侵害,农村金融监管应当建立责任追究制度以遏制侵权行为发生,促进农民金融发展权落实。实践中,部分农村金融机构通过系统内部存款、债券投资等方式将农村资金抽离农村,投入到金融衍生品的投机炒作。这类监管套利违反了投资者适当性、信息披露、市场准入、投资限制、资金杠杆比例等监管要求,并且加剧了农村地区金融资源流失。对此,农村金融监管应将共享收益与共担风险的准则制度化,并以不同资本形式连带责任的方式制裁监管套利行为,切实保障农民利益。农村金融法制在明确农民金融发展权的同时,还应强化金融市场主体的法定义务,规定农村金融机构在不遵循农村金融法定原则及标准时应当承担的责任,以切实保障农民金融发展权。

结　语

　　无论是经济学家对贫困原因的探寻，或法哲学对正义、权利的不断求索，人类社会的发展和进步绝不仅仅是经济的数字增长，更是一种对人类自身发展的不懈追求。人的实践活动从本质上以追求发展为目标，物质生产活动具有基础性的意义和价值，是减少贫富差距、缓解社会矛盾的重要途径。人的发展过程就是人的需要得以不断丰富以及发展力量得以不断增强的过程，在马克思看来，现实的人内含多重规定性，既是自然的人，也是社会的人，人类发展的最终目的是创造更加美好的生活，实现人的一切社会关系协调统一下的自由、全面、和谐的发展。农民发展不仅是农民自身的问题，还对农业经济发展、乡村振兴战略实施具有深远的影响。农民既是生产者也是消费者，农民发展相对落后不仅造成社会消费需求不足，还制约着农村经济社会的持续健康稳定发展。农村金融供需结构矛盾的产生源于农民金融需求未能成为主导农村金融发展的动力，一方面，农民的金融需求得不到满足，另一方面，农村金融资源大量流向城市。本书从我国农村金融发展的实际状况出发，提出按照实质公平的价值目标构建农民金融发展权。农村金融发展必须解决发展动力的核心问题，农民金融发展权强调农民在农村金融中的主体地位，主张通过农民金融发展权的保障带动农村金融发展与农村经济发展之间的内在联动,从而实现乡村振兴的全面繁荣。经济总量增长并不意味着社会收益分配均衡,虽然我国的脱贫攻坚工作取得巨大成就,农民已经解决了绝对贫困导致的生存权问题,但农民走向共同富裕的发展权问题仍然不容忽视。信贷机会可以改变资金分配,从而影响收入分配。因为市场失灵和金融抑制现象,农民往往受限于制度因素无法得到资金支持的相关权利保护。农民金融发展权让农民获得更多的发展机会,激发农民的生产积极性,有利于提高农业生产效率。

清代思想家魏源提出:"不善赋民者,譬则剪韭乎,日剪一畦,不罄不止。"只有法治才能确保社会分配的合理性与稳定性,筑牢市场经济的根基。权利平等是财富分配实质正义的根本保障,而法制建设是保障权利平等的根本途径。制度是分配社会资源的重要形式,通过经济问题背后的制度路径实现市场主体权利的合理界定和平等保障,赋予农民通过金融资源改善经济状况的途径,才能真正实现乡村振兴战略目标。农民金融发展权是在公民基本权利基础上对农民的倾斜性保障,农民金融发展权实现的宏观因素主要包括中国特色社会主义制度奠定的人民主体地位、我国宪法确定的平等发展权、人权观念对发展权的具体落实;中观层面的因素包括我国从"工业优先发展、城市优先发展"的国家战略转化为"城乡一体化发展"战略、我国大力实施的农村金融扶贫工作及乡村振兴战略;微观层面的因素包括现代化农业生产升级转型、农村金融体制改革、农民职业化素质提升、农民主体意识和权利意识增强等。农民金融发展权的实现机制包括宏观层面的权利确认及保障机制,中观层面的农村社会经济发展机制,微观层面的农民获取金融资源、参与金融活动、获得金融扶持、表达金融需求机制。本书提出宏观层面要加强农村金融法制建设；中观层面要合理应对与解决农村金融发展中的供需结构矛盾及发展动力不足问题，使农民金融发展权与农村金融、农村经济的发展形成协同效应；微观层面要实现政府扶持与市场机制相平衡、农民金融发展权利与义务平衡、社会多元化促进农民金融发展。任何制度体系发挥其功能都离不开法制保障，农民金融发展权的实现建立在完善的农村金融法律体系基础之上，农民金融发展权的创制、实施、保障等体现于农民金融发展权保障法的各项具体内容。我国农村金融立法在制定农民金融发展权保障法的基础上，完善行政法规、地方性法规等农村金融法制内容，明确规定地方政府的管理职能、农村金融基本规则与各地实施细则相结合等。在农民金融发展权保障法的指引下，建立农村基本金融服务有效供给制度、弱势群体金融权利保护制度、激励与约束制度及监管制度。通过农村金融法律制度的赋权与保障实现农民金融发展权，促进农业、农村、农民的和谐发展与共同进步。

基础理论研究是完善农民金融发展权体系的基础，农村金融在某种意义上是农村地域局限性、农业脆弱性、农民弱质性的集中体现，因此，农村金融发展模式不同于城市经济环境下的金融发展模式。本书通过历史分析法、比较分析法等研究方法对我国农民金融发展权的法律实现路径进行了深入分析，并提出了相应的立法建议。本书着重于论证农民金融发展权的权利构造与法律实现路径，研究农民金融发展权对农民全面发展、农业生产力提高、农村社会进步的重要作用等。由于研究主题的限制，对农村基层社会治理、农村非法集资治理等农民金融发展权相关问题未能作出详尽论述。经济增长的根本原因是制度的变迁，促进农村金融发展的关键在于提高规模经济收益和降低风险损失与交易成本,而降低农村金融交易风险和农村金融交易成本归根结底依靠农村金融制度保障。权利实现程度、法律制度完善程度由一定的物质与历史条件决定,随着生产力与历史的发展,农民金融发展权的权利内容将不断更新与完善,其权利实现的程度也会不断加深。法学界对农民金融发展权的研究仍处于不断的探索阶段,理论基础问题的研究是农民金融发展权体系完整化以及完善化的基础,在宪法基本权利体系、人权体系下,需要对农民金融发展权涉及的平等融资权、合作金融权、农地抵押权等进行权利体系的谱系整理,进一步明确各项具体权能、权益相关内容。在此基础上结合实践分析理论的运用价值,由此提高农民金融发展权的实践效果,使其充分发挥经济、社会功能。农民金融发展权研究今后仍然需要进一步借鉴农村金融学、制度经济学等观点方法与研究成果,深入实际调查分析乡村振兴背景下农民对农村金融的多元化、多层次、动态化需求,促进我国农村金融法制建设。

附 件

中华人民共和国农民金融发展权保障法（立法建议稿）

中华人民共和国农民金融发展权保障法（立法建议稿）

目 录

第一章　总则
第二章　农民获得金融资源的权利
第三章　农民参与金融活动的权利
第四章　农民获得金融扶持的权利
第五章　农民表达金融需求的权利
第六章　农民金融发展权保障的监督管理
第七章　法律责任
第八章　附则

第一章　总 则

第一条　为了发展农村金融事业，鼓励和扶持农民获得基本金融服务、通过金融支持提高生产能力，实现农民在社会经济领域各项权利的全面发展，根据宪法，制定本法。

第二条　农民享有金融发展权，国家和社会尊重、保护农民金融发展权。

第三条　发展农村金融事业应当坚持以人民为中心，为农民的金融需求服务，遵循实质公平、均衡发展的农民金融发展原则。

第四条　保障农民金融发展权应当遵循以下基本原则：

（一）坚持中国共产党的全面领导，确保中国共产党在农民金融发展权保障工作中始终总揽全局、协调各方。

（二）坚持以农民利益为中心，尊重农民在农村金融活动中的主体地位，充分调动农民参与农村金融活动的积极性、主动性、创造性。

（三）坚持尊重市场规律，充分发挥市场在农村金融资源配置中的决定性作用，国家宏观调控以实质公平理念引导金融资源在全社会范围内均衡配置，积极推进城乡一体化发展战略。

（四）坚持农村金融特色化发展，根据各地农村的发展状况、资源禀赋、产业基础，鼓励地方政府在法律制度框架内通过"先行先试"的方式开展农民金融制度创新，为农业、农村、农民提供有效的金融资源支持，保障乡村振兴战略实施。

第五条　国家按照因地制宜、循序渐进的原则保障农民金融发展权，统筹推进农民收入增长、农村金融发展、农村经济繁荣的协同发展，实现乡村振兴战略。

第六条　农民行使金融发展权不得损害社会公共利益，不得违反社会公序良俗。

第二章 农民获得金融资源的权利

第七条 农民依法享有从国家和社会获得基本金融服务的权利。

国家建立完善农村金融基础设施,建立健全农村金融普惠服务体系,保护和帮助农民获得基本金融服务。

第八条 国家通过各种方式的财政支持措施完善农村金融基础设施,在农村推广发展互联网金融交易平台、农业产业链金融等创新模式,提高农村金融服务覆盖面及服务效率。

第九条 县级以上人民政府应当根据农民金融需求及农村经济发展状况制定并落实农村金融基础设施建设规划,科学配置农村金融资源,为农民获得基本金融服务提供保障。

第十条 县级以上人民政府对财政支农资金建立补贴评级制度、基金运作机制、动态监控机制,以促进农民对金融资源的可获得性。

第十一条 国家采取各项措施保障农民享有安全有效的农村金融服务,从宏观调控角度控制农村金融发展的风险因素,提高农村金融风险治理水平。

国家建立农村金融风险检测、管理与防控制度,通过事先预防、事中管理、事后处罚相结合的综合措施防控农村金融风险,并将其纳入社会综合治理工作。

第十二条 国家完善金融风险分担机制,鼓励金融机构开展保险业务或者建立金融风险基金,鼓励农民参与农业保险。

第十三条 国家通过财政资金、社会投资、资本市场融资等多元资金来源渠道推进农村金融信息基础设施建设,制定农村金融数据采集、存储、分析和应用的技术标准,运用信息技术促进农村信用体系共享。

县级以上人民政府及其有关部门应当采取措施推进农村金融

机构建立健全农村金融信息共享制度，构建线上线下一体化的金融服务模式。

第十四条 农村金融服务体系由农村政策性金融、农村合作性金融、农村商业性金融等各类金融机构相互配合、协同发展。

村镇银行、农民资金合作社等新型农村金融机构是农村金融服务体系的重要组成部分，在地方政府及金融监管部门的引导下立足于发展本行政区域的基层农村金融服务。

第十五条 各类农村金融机构应当相互配合，经向地方金融监管部门备案后，可联合开展农村信贷、保险、担保等业务。

第十六条 农村金融机构应当按照行业标准建立健全内部质量管理和控制制度，加强农村金融安全风险防范，优化服务流程，持续改进农村金融服务质量。

第三章　农民参与金融活动的权利

第十七条 农民依法享有参与金融活动的权利。

国家鼓励和支持农民、农民专业合作社等各类农业生产主体依法开展资金互助、农业产业链金融等农村金融活动。

第十八条 农民接受农村金融服务时对金融服务方案、金融风险、相关费用等事项依法享有知情权、选择权。

农村金融机构提供金融服务时，农村金融机构工作人员应当及时向服务对象说明金融产品的风险、收益是否固定等情况，并取得其同意。法律另有规定的，依照其规定。

第十九条 国家鼓励民间资本提供农村金融服务，鼓励农民根据农业生产状况和金融需求发展内生型农村金融服务，满足农民多样化、差异化的农村金融需求。

第二十条 农民开展金融互助活动，应当服从国家宏观调控，维护正常的农村金融市场秩序。

第二十一条 农民开展微型农村金融合作活动应当具备下列条件，并按照国家有关规定办理备案手续：

（一）有符合规定的名称、组织机构和场所；

（二）有与其开展的业务相适应的经费、设施和工作人员；

（三）有相应的规章制度；

（四）法律、行政法规规定的其它条件。

第二十二条 国家建立农村金融风险监测、调查和风险评估的防控信息体系，加大对农村非法集资、高利贷的预先防控工作。

县级以上人民政府有关部门应当健全事前、事中、事后的农村金融风险治理机制，制定农村金融风险综合防治的预案，并报上一级政府的金融监管部门备案。

第四章 农民获得金融扶持的权利

第二十三条 农民依法享有获得金融扶持的权利。

各级人民政府应当把农村金融放在优先发展的战略地位，将人权保障理念融入各项农村金融工作，组织实施农民金融发展权保障的规划和行动，建立金融支农评估制度，完善农村金融风险防控工作体系。

第二十四条 各级人民政府应当切实履行保障农村金融发展事业的职责，建立与经济社会发展状况相适应的财政扶持机制。

第二十五条 国家设立农村金融扶持项目应由国务院农村金融主管部门、财政主管部门、农业主管部门等共同确定。

省、自治区、直辖市人民政府可以在国家农村金融扶持项目基础上，设立本行政区域的农村金融扶持项目，并报国家金融监管部门备案。

第二十六条　县级以上地方人民政府根据本行政区域农民金融需求，整合区域内各类农村金融资源，因地制宜建立政府与金融机构相互联动的金融支农合作机制。

第二十七条　国家建立健全农村支农资金供求监测体系，及时收集和汇总分析资金供求信息，定期公布支农资金流通、使用等情况。

第二十八条　国家根据农民金融需求合理规划和配置农村金融资源，采取财政、税收等多种措施优先支持服务农村基层的微型农村金融机构发展，提高其农村金融服务能力。

第二十九条　国家在农村建立以基本金融保险为主体，商业性金融保险、政策性金融保险等为补充的多层次金融保险体系。

第三十条　农民有依法获得金融教育的权利，国家有向农民提供金融教育的义务。国家鼓励各类金融机构及社会组织积极到农村开展金融知识宣传教育工作，向农民普及金融安全知识。

第三十一条　农村金融机构及相关部门应定期到农村开展金融知识宣传教育活动，帮助农民抵制非法集资、金融诈骗等违法活动，加强对农民金融活动的指导服务。

第五章　农民表达金融需求的权利

第三十二条　农民依法享有表达金融需求的权利。

农民有权参与农村金融相关制度的民主协商、民主决策、民主管理和民主监督。

第三十三条　国家鼓励农民参与对农村金融工作监督，通过信息公开、决策听证等各项制度保障农民充分表达金融需求。

第三十四条　农民对有关农村金融工作的批评或者合理可行的建议，有关部门应当听取和采纳；对有关侵害农民金融发展权益的申诉、控告和检举,有关部门应当查清事实,负责处理,任何组织和个人不得压制或打击报复。

第三十五条 县级以上人民政府的农村金融主管部门应当积极培育农村金融行业组织,发挥其在农民表达金融需求及开展金融监督等方面的作用。

第三十六条 村民自治章程、村规民约,村民会议、村民代表会议的决定及其他涉及农民金融权益事项的决定,应当充分听取农民的意见并及时进行反馈,不得侵害农民在农村集体经济组织中的各项权益。

第三十七条 县级以上人民政府应当开通农民金融权益保护服务热线,及时听取农民对金融发展需求的意见、建议。有关部门或者金融机构接到农民的意见、建议后,应当及时予以处理。

鼓励和支持群团组织、金融机构、社会组织和个人参与建设农民金融权益保护服务热线,提供农民金融权益保护方面的咨询、帮助。

第六章 农民金融发展权保障的监督管理

第三十八条 国家建立健全政府监管、行业自律、社会监督相结合的农村金融监管体系。

县级以上人民政府的地方金融监管部门对农村民间金融实行属地化、差异化监管。

第三十九条 县级以上人民政府通过预算、审计、监督执法、社会监督等方式,加强支农资金的监督管理。

第四十条 县级以上人民政府应当组织地方金融监管部门、发展改革委员会、财政部门及农民专业协会等建立协作治理机制,通过定期的协商交流加强配合,将农村金融监管与农村基层社综合治理有机结合，提高农村金融资源配置效率。

第四十一条 县级以上人民政府的地方金融监管部门应当组织农村金融机构、农村金融服务中介组织、农民金融合作组织联合实施农民信用信息记录制度，并将各类农村金融机构收集的农民信用信息纳入全国信用信息共享平台，依法对失信人员实施联合惩戒机制。

第四十二条 县级以上人民政府应当定期向本级人民代表大会或者其常务委员会报告农民金融发展保障工作，依法接受监督。

第四十三条 县级以上人民政府有关部门未履行农民金融发展保障工作相关职责的，本级人民政府或者上级人民政府有关部门应当对其主要负责人进行约谈。

地方人民政府未履行农民金融发展权保障工作相关职责的，上级人民政府应当对其主要负责人进行约谈。

被约谈的部门和地方人民政府应当立即采取措施，进行整改。

约谈情况和整改情况应当纳入有关部门和地方人民政府工作评议、考核记录。

第四十四条 县级以上地方人民政府的地方金融监管部门应当建立农民金融发展权保障的绩效评估制度，对农村金融机构的支农服务质量、涉农贷款等情况进行评估。评估应当吸收行业组织和当地农民参与，评估结果应当以适当方式向社会公开，作为评价农村金融机构的重要依据。

第四十五条 国家鼓励公民、法人和其他组织对农民金融发展权保障工作进行社会监督。

任何组织和个人对侵害农民金融发展权益的行为，有权向县级以上人民政府的地方金融监管部门和其他有关部门提出控告或者检举。有关部门接到控告或者检举后，应当依法及时处理，并为控告人、检举人保密。

第七章　法律责任

第四十六条　违反本法规定，侵害农民金融发展权益的，依法责令改正，直接负责的主管人员和其他直接责任人员属于国家工作人员的，依法给予处分。

违反本法规定，对侵害农民金融发展权益的申诉、控告、检举，推诿、拖延、压制不予查处，或者对提出申诉、控告、检举的人进行打击报复的，依法责令改正，并对直接负责的主管人员和其他直接责任人员给予处分。

第四十七条　违反本法规定，在农民金融权益保障中滥用职权、玩忽职守、徇私舞弊的，由县级以上人民政府的农村金融主管部门对直接负责的主管人员和其他直接责任人员依法给予处分。

第四十八条　违反本法规定，农村金融机构的金融风险防控制度、保障措施不健全并导致农民金融权益受到损害的，由县级以上人民政府的农村金融主管部门给予警告并责令改正，情节严重的，对直接负责的主管人员和其他直接责任人员依法追究法律责任。

第四十九条　违反本法规定，各类组织或人员具有向农民发放高息贷款、阻碍农民开展资金互助、强制农民参与集资活动等扰乱农村金融秩序的行为，构成违反治安管理行为的，依法给予治安管理处罚。

第五十条　违反本法规定，侵害农民金融发展权益，其他法律、法规规定行政处罚的，从其规定；造成财产损失或者人身损害的，依法承担民事责任；构成犯罪的，依法追究刑事责任。

第八章　附　则

第五十一条　省、自治区、直辖市和设区的市、自治州可以结合实际，制定区域性保障农民金融发展权的具体实施办法。

第五十二条　本法自××××年×月×日起施行。

参考文献

一、中文参考文献

[1] 弗里德里希·恩格斯,卡尔·马克思. 马克思恩格斯全集[M]. 中共中央马克思恩格斯列宁斯大林著作编译局,译. 第23卷. 北京：人民出版社,1975.

[2] 弗里德里希·恩格斯,卡尔·马克思. 马克思恩格斯全集[M]. 中共中央马克思恩格斯列宁斯大林著作编译局,译. 第25卷. 北京：人民出版社,1975.

[3] 弗里德里希·恩格斯,卡尔·马克思. 马克思恩格斯选集[M]. 中共中央马克思恩格斯列宁斯大林著作编译局,译. 第1卷. 北京：人民出版社,1972.

[4] 弗里德里希·恩格斯,卡尔·马克思. 马克思恩格斯选集[M]. 中共中央马克思恩格斯列宁斯大林著作编译局,译. 第2卷. 北京：人民出版社,2012.

[5] 弗里德里希·恩格斯,卡尔·马克思. 马克思恩格斯选集[M]. 中共中央马克思恩格斯列宁斯大林著作编译局,译. 第3卷. 北京：人民出版社,1960.

[6] 弗里德里希·恩格斯,卡尔·马克思. 马克思恩格斯选集[M]. 中共中央马克思恩格斯列宁斯大林著作编译局,译. 第4卷. 北京：人民出版社,2009.

[7] 孟德斯鸠. 论法的精神 [M]. 张雁深, 译. 北京: 商务印书馆, 1961.
[8] 勒内·达维德. 当代主要法律体系 [M]. 漆竹生, 译. 上海: 上海译文出版社, 1984.
[9] 霍布斯. 利维坦 [M]. 黎思复、黎廷弼, 译. 北京: 商务印书馆, 1985.
[10] 约翰·罗尔斯. 正义论 [M]. 何怀宏, 等, 译. 北京: 中国社会科学出版社, 1988.
[11] 道格拉斯·诺斯. 经济史中的结构与变迁 [M]. 陈郁, 罗华, 等, 译. 上海: 上海人民出版社, 1994.
[12] 柯武刚, 史漫飞. 制度经济学: 社会秩序与公共政策 [M]. 韩朝华, 译. 北京: 商务印书馆, 2000.
[13] 博特赖特. 金融伦理学 [M]. 静也, 译. 北京: 北京大学出版社, 2002.
[14] 阿玛蒂亚·森. 以自由看待发展 [M]. 任赜, 于真, 译. 北京: 中国人民大学出版社, 2002.
[15] 伯恩·魏德士. 法理学 [M]. 丁小春、吴越, 译. 北京: 法律出版社, 2003.
[16] 亚里士多德. 尼各马科伦理学 [M]. 苗力田, 译. 北京: 中国人民大学出版社, 2003.
[17] 星野英一. 私法中的人 [M]. 王闯, 译. 北京: 中国法制出版社, 2004.
[18] 博登海默. 法理学: 法律哲学与法律方法 [M]. 邓正来, 译. 北京: 中国政法大学出版社, 2004.
[19] 西塞罗. 论共和国 [M]. 王焕生, 译. 上海: 上海人民出版社, 2006.
[20] 道格拉斯·诺斯. 制度、制度变迁与经济绩效 [M]. 杭行, 译. 上海: 格致出版社, 上海三联书店, 上海人民出版社, 2008.
[21] 雅克·马里坦. 人和国家 [M]. 沈宗灵, 译. 北京: 中国法制出版社, 2011.
[22] 鲁道夫·冯·耶林. 为权利而斗争 [M]. 郑永流, 译. 北京: 法律出

版社,2012.
[23] 邓小平. 邓小平文选(第3卷)[M]. 北京:人民出版社,1993.
[24] 习近平. 决胜全面建成小康社会,夺取新时代中国特色社会主义伟大胜利[M]. 北京:人民出版社,2017.
[25] 中共中央党史和文献研究院. 习近平关于"三农"工作论述摘编[M]. 北京:中央文献出版社,2019.
[26] 习近平. 高举中国特色社会主义伟大旗帜 为全面建设社会主义现代化国家而团结奋斗:在中国共产党第二十次全国代表大会上的报告[M]. 北京:人民出版社,2022.
[27] 詹玉荣. 中国农村金融史[M]. 北京:北京农业大学出版社,1991.
[28] 郭书田. 变革中的农村与农业:中国农村经济改革实证研究[M]. 北京:中国财政经济出版社,1993.
[29] 费孝通. 江村经济:中国农民的生活[M]. 北京:商务印书馆,2001.
[30] 周雪光. 组织社会学十讲[M]. 北京:社会科学文献出版社,2003.
[31] 单飞跃,卢代富,等. 需要国家干预:经济法视域的解读[M]. 北京:法律出版社,2005.
[32] 李守经. 农村社会学[M]. 北京:高等教育出版社,2006.
[33] 商晨. 利益、权利与转型的实质[M]. 北京:社会科学文献出版社,2007.
[34] 付子堂,文正邦. 法理学高阶[M]. 北京:高等教育出版社,2008.
[35] 王煜宇. 金融法学[M]. 武汉:武汉大学出版社,2010.
[36] 王曙光,王丹莉,等. 普惠金融:中国农村金融重建中的制度创新与法律框架[M]. 北京:北京大学出版社,2013.
[37] 俞可平. 论国家治理现代化[M]. 北京:社会科学文献出版社,2014.
[38] 王曙光. 农村金融学(第二版)[M]. 北京:北京大学出版社,2015.
[39] 袁康. 金融公平的法律实现[M]. 北京:社会科学文献出版社,2017.
[40] 中国人民银行农村金融服务研究小组. 中国农村金融服务报告(2018)[M]. 北京:中国金融出版社,2019.

［41］张守文. 发展法学：经济法维度的解析［M］. 北京：中国人民大学出版社，2021.

［42］黄宗智. 略论华北近数百年的小农经济与社会变迁［J］. 中国社会经济史研究，1986（2）：11-18.

［43］杨天宇. 斯蒂格利茨的政府干预理论评析［J］. 学术论坛，2000（3）：27.

［44］谢平. 中国农村信用合作社体制改革的争论［J］. 金融研究，2001（1）：2.

［45］李昌麒，许明月，等. 农村法治建设若干基本问题的思考［J］. 现代法学，2001（2）：32.

［46］曾康霖. 我国农村金融模式的选择［J］. 金融研究，2001（10）：32-41.

［47］李昌麒. 中国实施反贫困战略的法学分析［J］. 法制与社会发展，2003：4.

［48］李长健. 我国农村法治的困境与解决方略研究［J］. 武汉大学学报（哲学社会科学版），2005（5）：625.

［49］张翔. 基本权利的受益权功能与国家的给付义务——从基本权利分析框架的革新开始［J］. 中国法学，2006（1）：24.

［50］江春，许立成. 内生金融发展：理论与中国的经验证据［J］. 财经科学，2006（5）：3.

［51］王启梁. 习惯法/民间法研究范式的批判性理解——兼论社会控制概念在法学研究中的运用可能［J］. 现代法学，2006（5）：19-27.

［52］杜晓山. 小额信贷的发展与普惠性金融体系框架［J］. 中国农村经济，2006（8）：72.

［53］彭克强，陈池波. 财政支农与金融支农整合论［J］. 中州学刊，2008（1）：78-82.

［54］彭克强. 财政与金融支农整合的理论架构与方略［J］. 社会科学，2008（12）：46-54.

[55] 丁德昌. 农民发展权保护的法律机制[J]. 行政论坛, 2009（3）：52.

[56] 马九杰, 沈杰. 中国农村金融排斥态势与金融普惠策略分析[J]. 农村金融研究, 2010（5）：9.

[57] 胡元聪, 杨秀清. 农村金融正外部性的经济法激励：基于完善农村金融法律体系的视角[J]. 农业经济问题, 2010（10）：30.

[58] 陈治. 财政激励、金融支农与法制化：基于财政与农村金融互动的视角[J]. 当代财经, 2010（10）：25-33.

[59] 裴志军. 村域社会资本：界定、维度及测量[J]. 农村经济, 2010（6）：93.

[60] 王莹丽. 农民金融发展权及其法律保障机制[J]. 上海经济研究, 2010（7）：46.

[61] 王莹丽. 农民金融发展权的法律保障机制[J]. 经济研究参考, 2010（60）：24.

[62] 王煜宇. 中国特色农村金融法律制度：历史语境、现实障碍与未来选择[J]. 浙江社会科学, 2011（2）：33-40.

[63] 王怀勇, 曹琳. 新型农村金融组织创新的理论逻辑与现实路径[J]. 新疆师范大学学报（哲学社会科学版）, 2011（4）：31.

[64] 葛洪义. 中心与边缘：地方法制及其意义[J]. 学术研究, 2011（4）：33.

[65] 冯果, 袁康. 从法律赋能到金融公平：收入分配调整与市场深化下金融法的新进路[J]. 法学评论, 2012（4）：85-91.

[66] 温铁军, 杨帅. 中国农村社会结构变化背景下的乡村治理与农村发展[J]. 理论探讨, 2012（6）：78-79.

[67] 潘施琴. 农民金融发展权立法：一个分析框架[J]. 经济纵横, 2012（7）：116.

[68] 方晓红. 论我国农民金融发展权的实现障碍及其解决对策[J]. 改革与战略, 2012（10）：70.

[69] 张晓彩, 张贵益, 沈军, 赵蕾. 金融支农资金与财政支农资金整合研究

[J].农村金融研究,2012(11):57-61.

[70] 左平良.农村金融调节的正当性及其法治保障[J].经济法论丛,2014(1):238.

[71] 王煜宇,黄德林.论我国合会的法律调整[J].经济法论坛,2014(2):20.

[72] 陈氚.理解民间金融的视角转换:从经济学反思到金融社会学[J].福建论坛,2014(4):182-183.

[73] 窦鹏娟.消费金融公平发展的法律突破路径:基于普惠金融视角的思考[J].现代经济探讨,2014(4):70.

[74] 韩占兵.中国区域财政支农与金融支农协同效率水平研究:基于省际面板数据的分析[J].经济与管理,2014(4):56-61.

[75] 孙彩虹,秦秀红.浅析发达国家农村金融法制建设及对我国的启示[J].农业经济,2014(6):37-38.

[76] 王曙光,王丹莉.农村土地改革、土地资本化与农村金融发展[J].新视野,2014(7):42-45.

[77] 吴玉宇,杨姗,张蔚怡.互联网+产业链:农村金融内生化的新路径[J].西部论坛,2015(5):18.

[78] 孙奎立."赋权"理论及其本土化社会社会工作实践制约因素分析[J].东岳论丛,2015(8):92.

[79] 温涛,朱炯,王小华.中国农贷的"精英俘获"机制:贫困县与非贫困县的分层比较[J].经济研究,2016(2):124.

[80] 刘景东.农村民间金融组织的稳定性和脆弱性研究——基于社会网络的研究视角[J].金融经济学研究,2016(4):118-128.

[81] 葛洪义.多中心时代的"地方"与法治[J].法律科学,2016(5):33.

[82] 池文强,刘艳.金融支农的国际经验及对中国西南革命老区的启示:基于四川省宜宾市的分析[J].世界农业,2016(11):207-212.

[83] 张军.地方政府行为与金融资源配置效率[J].经济问题,2016(12):

37-41.

[84] 杜晓山,张睿,王丹.执着地服务穷人:格莱珉银行的普惠金融实践及对我国的启示:兼与《格莱珉银行变形记:从普惠金融到普通金融》商榷[J].南方金融,2017(3):3-13.

[85] 王煜宇.农村金融法制化的他国镜鉴[J].改革,2017(4):158.

[86] 王煜宇.美国《农业信贷法》:法典述评与立法启示[J].西南政法大学学报,2017(4):69.

[87] 谭正航.我国农村普惠金融发展法律保障体系的构建[J].求实,2018(2):97-108.

[88] 何广文,何婧,郭沛.再议农民信贷需求及其信贷可得性[J].农业经济问题,2018(2):38-49.

[89] 李长健,孙富博.普惠金融、赋权转向及制度实现:以金融发展权为视角[J].世界农业,2018(3):4.

[90] 朱宁宁.涉及税收征管、农村金融与公务员多部法律制定修订工作启动[J].中国人大,2018(3):49.

[91] 毛安然,杨发祥.深度贫困地区金融扶贫的政策设计与实践悖论[J].甘肃社会科学,2018(5):142.

[92] 徐孟洲.金融立法:保障金融服务实体经济:改革开放四十年中国金融立法的回顾与展望[J].地方立法研究,2018(6):62-73.

[93] 魏后凯,刘长全.中国农村改革的基本脉络、经验与展望[J].中国农村经济,2019(2):16.

[94] 郑保胜.美国金融支农借鉴[J].农业发展与金融商业研究,2019(3):98-99.

[95] 董峻,于文静,等.确保如期完成"三农"硬任务的总部署:透视2019年中央一号文件四大信号[J].经济,2019(3):12.

[96] 马磊.中国农村非正规金融研究述评:经济学与社会学的视角[J].现代经济探讨,2019(4):54-58.

[97] 习近平.把乡村振兴战略作为新时代"三农"工作总抓手[J].求是,

2019（11）：1.

［98］曾康霖. 试论金融与社会发展的关系及其制度安排［J］. 征信，2019（11）：7.

［99］赵威. 权力伦理的历史追寻与马克思主义权力观的出场背景［J］. 东南学术，2020（2）：86.

［100］周孟亮. 脱贫攻坚、乡村振兴与金融扶贫供给侧改革［J］. 西南民族大学学报，2020（1）：115.

［101］梁岩妍，张媛. 我国贫困农民发展权法律保障现状成因及策略重构：以精准扶贫实地调研为进路［J］. 汉江学术，2020（3）：93.

［102］靳文辉. 空间正义实现的公共规制［J］. 中国社会科学，2021（9）：92.

［103］徐洪强. 财政支持农村金融发展的功能定位及路径选择［D］. 北京：财政部财政科学研究所，2010.

［104］马建霞. 普惠金融促进法律制度研究［D］. 重庆：西南政法大学，2012.

［105］左平良. 农村金融调节法治问题研究［D］. 长沙：中南大学，2014.

［106］刘玉春. 金融效率视角下的农村金融体系重构研究［D］. 呼和浩特：内蒙古农业大学，2014.

［107］姜庆丹. 金融发展权视角下农村合作金融法制创新研究［D］. 沈阳：辽宁大学，2014.

［108］刘姣华. 金融排斥、农民金融发展权与村镇银行可持续发展研究［D］. 武汉：华中农业大学，2015.

［109］汪习根. 中国特色发展权的实现之道，光明日报［N］. 2016-12-07(10).

［110］国家统计局. 中华人民共和国2017年国民经济和社会发展统计公报［R/OL］.（2018-02-28）［2023-03-07］. http://www.stats.gov.cn/tjsj/zxfb/201802/t20180228_1585631.html?ivk_sa=1024320u.

［111］国家统计局. 中华人民共和国2018年国民经济和社会发展统计公报［R/OL］.（2019-02-28）［2023-03-07］. http://www.gov.cn/xinwen/

2019-02/28/content_5369270.htm.

［112］国家统计局. 中华人民共和国2019年国民经济和社会发展统计公报［R/OL］.（2020-02-28）［2023-03-07］. http://www.gov.cn/xinwen/2020-02/28/content_5484361.htm.

［113］中国农业发展银行. 中国农业发展银行2017年年度报告［R/OL］.［2023-03-07］. http://www.adbc.com.cn/.

二、外文类参考文献

［114］Kapur B K. The Role of Financial Institutions in Economic—Development—a Theoretical Analysis Financing Problems of Developing Countries［M］. Palgrave Macmillan UK, 1985.

［115］BENTHAM J. The Principles of Morals and Legislation［M］. Prometheus Books Press, 1988.

［116］HOFF K R, STIGLITZ J. The Economics of Rural Organization: Theory, Practice and Policy［M］. Oxford University Press, 1993.

［117］RICHARD L, NAGARAJAN M G.Rural Financial Markets in Asia: Policies, Paradigms, and Performance［M］. New York: Oxford University Press, 1999.

［118］DEMIRGUCKUNT A. Financial structure and economic growth: a cross-country comparison of banks, markets, and development［M］. Cambridge: MIT Press, 2001.

［119］MATHIESON D J. Financial reform and stabilization policy in a developing economy［J］. Journal of Development Economics, 1980, 7 (3): 359-395.

［120］STIGLITZ J E, WEISS A.Credit Ratiioning in Markets with Imperfect Information.［J］. American Economic Review, 1981, 73 (3): 393-410.

［121］THORNTON, JOHN.Financial deepening and economic growth in developing economics［J］. Applied Economics Letters, 1996, 3 (4): 243-246.

[122] CHAVES R A, GONZALEZVEGA C.The design of successful rural financial intermediaries: Evidence from Indonesia [J]. World Development, 1996, 24.

[123] FRANZ H, DAVIS J R, GERTRUD S.Agricultural transformation and implications for designing rural financial policies in Romania [J]. European Review of Agricultural Economics, 1998 (3): 3.

[124] JENSEN F E. The Farm Credit System as a Government-sponsored Enterprise [J]. Review of Agricultural Economics, 2000, 22 (2).

[125] GOODWIN B K. Problems with Market Insurance in Agriculture [J]. American Journal of Agricultural Economics, 2001, 83 (3).

[126] DOLLR D, KRAAY A.Growth is Good for the Poor [J]. Journal of Economic Growth, 2002 (7): 195-225.

[127] BANK W.Rural financial services: implementing the Bank's strategy to reach the rural poor [J]. World Bank Other Operational Studies, 2003: 1-83.

[128] GONZALEZVEGA C. Deepening Rural Financial Markets: Macroeconomic, Policy and Political Dimensions [J]. Vega, 2003.

[129] BECK T, KUNT A D, LEVINE R.Finance, Inequality, and Poverty: Cross-Country Evidence [J]. NBER Working Paper, 2004.

[130] CONNING J, UDRY C R.Rural Financial Markets in Developing Countries [J]. Center Discussion Papers, 2005.

[131] HERATH, G. Rural Financial Markets in Asia: Policies, Paradigms, and Performance [J]. American Journal of Agricultural Economics, 2005, 87 (2): 528-529.

[132] LEYSHON, ANDREW, FRENCH S, etal Financial exclusion and the geography of bank and building society branch closure in Britain [J]. Transactions of the Institute of British Geographers, 2008, 33.

[133] REWILAK J.The Role of Financial Development in Poverty Reduction [J]. Review of Development Finance, 2017, 2 (7): 169-176.

[134] ULLAH A, HAQ N. Micro financing management and its prospects: A case study analysis on Bangladesh perspective [J]. South Asian Journal of Marketing & Management Research, 2018, 2(8): 38-46.

[135] MONKE J. Agricultural Credit: Institutions and Issue (CRS Report For Congress) [EB/OL]. www.national lag law center.org/assets/crs/RS2, 2005(23).

[136] GRAMEEN BANK.Annual Report 2015. 2016 [EB/OA]. http://www.grameen.com/wp-content/uploads/bsk-pdf-manager/GB.2015:33.